UMA CARONA COM OS

ENG OS DO HAWAII

ALEXANDRE LUCCHESE

UMA CARONA COM OS ENGENHEIROS DO HAWAII

2ª reimpressão/2025

Belas Letras

© 2016 Alexandre Lucchese

Nenhuma parte desta publicação pode ser reproduzida, armazenada ou transmitida para fins comerciais sem a permissão do editor. Você não precisa pedir nenhuma autorização, no entanto, para compartilhar pequenos trechos ou reproduções das páginas nas suas redes sociais.

Publisher
Gustavo Guertler

Coordenador editorial
Germano Weirich

Supervisora comercial
Jéssica Ribeiro

Gerente de marketing
Jociele Muller

Supervisora de operações logísticas
Daniele Rodrigues

Supervisora de operações financeiras
Jéssica Alves

Edição
Fernanda Fedrizzi

Revisão
Germano Weirich

Capa e projeto gráfico
Celso Orlandin Jr.

Foto da quarta capa: Luiz Armando Vaz, Agência RBS, 18/11/1993

2025
Todos os direitos desta edição reservados à
Editora Belas Letras Ltda.
Rua Visconde de Mauá, 473/301 – Bairro São Pelegrino
CEP 95010-070 – Caxias do Sul – RS
www.belasletras.com.br

Dados Internacionais de Catalogação na Fonte (CIP)
Biblioteca Pública Municipal Dr. Demetrio Niederauer
Caxias do Sul, RS

L934 Lucchese, Alexandre
Infinita Highway: uma carona com os Engenheiros do Hawaii / Alexandre Lucchese. _Caxias do Sul, Belas Letras, 2016.
328 p.: il.

ISBN: 978-85-8174-291-5

1. Engenheiros do Hawaii – História. 2. Rock gaúcho. I. Título.

16/74 CDU 784.8(816.5)

Catalogação elaborada por Maria Nair Sodré Monteiro da Cruz
CRB-10/904

SUMÁRIO

INTRODUÇÃO

Este livro começou a se delinear em novembro de 2014, quando empreendi minhas primeiras pesquisas para uma reportagem especial sobre os Engenheiros do Hawaii destinada ao jornal *Zero Hora* (ZH). Me envolvi com a história e não consegui mais largar, então me ofereci à Belas Letras para escrever este livro.

Como se vê, esta não é uma biografia feita sob encomenda. Nenhum dos integrantes leu o texto aqui impresso antes de sua publicação, tampouco teve qualquer ingerência sobre a pesquisa e a redação. Isso não quer dizer que não colaboraram. Pelo contrário: foram de extrema generosidade.

Humberto Gessinger me cedeu longos turnos de entrevistas presenciais, ofereceu preciosas anotações de agenda e jamais deixou qualquer de meus e-mails sem resposta. Carlos Maltz, que atualmente vive em Brasília, não foi menos atencioso, encontrando-me pessoalmente em Porto Alegre e também deixando a porta de seu perfil no Twitter sempre aberta para as dúvidas. Ambos ainda me ajudaram a entrar em contato com o que guardam de mais precioso: suas famílias. Sou muito grato a eles pela paciência e confiança.

Também sou grato a Augustinho Licks. Do Rio de Janeiro, respondeu questionamentos por e-mail e me deu liberdade para falar com amigos e familiares.

Além do trio de músicos, é preciso agradecer a cerca de uma centena de fontes entrevistadas, entre produtores, *roadies*, fãs, ex-colegas, professores etc. – na maior parte das vezes, as conversas se deram pessoalmente em Porto Alegre, no Rio ou em São Paulo. Jornais, revistas e reportagens de TV também foram essenciais no processo de pesquisa. Além disso, no meio deste projeto, tive a sorte de ser escalado para uma reportagem especial e um documentário sobre o álbum *Rock Grande do Sul* (1985). O material foi publicado em ZH e na hoje extinta TV Com. Alguns dos depoimentos aqui citados foram colhidos nas entrevistas sobre o disco.

Este é um trabalho com rigor jornalístico, no entanto, em alguns raros momentos, usei a imaginação para recriar diálogos ocorridos há décadas. Sinalizei em itálico essas falas, para diferenciá-las das que não contam com componente criativo algum. Todas foram escritas a partir de minuciosa pesquisa e carregam o sentido do que foi dito na realidade.

Por fim, esclareço que esta biografia enfoca o período entre o início dos Engenheiros do Hawaii, em 1984, e o rompimento de Humberto Gessinger e Carlos Maltz, em 1996. Dei atenção especial à trajetória da formação composta por Gessinger, Licks e Maltz, também conhecida como GL&M, que consolidou o grupo no estrelato do rock nacional, gravou sete discos e vendeu mais de um milhão de cópias até sua dissolução, em 1993. A banda seguiu na ativa com variadas formações até 2008, mas, depois da saída de Maltz, nenhum dos integrantes dividiu outra vez responsabilidades e ganhos em igualdade com Gessinger. Um grupo diferente nasceu a partir do rompimento da célula inicial, com pessoas, sonoridades e relações de trabalhos diferentes – e que, por sua vez, merecem um ou mais livros diferentes deste.

Três relatos de fãs foram colocados em pontos estratégicos da narrativa principal desta biografia. São paradas para esticar as pernas, conversar com outros viajantes e voltar renovado para as linhas desta *highway*. Ao final, um quarto depoimento serve como epílogo, apontando novas curvas desta estrada, muitas delas ainda a desbravar.

Se você leu essa introdução até o final, já está com o cinto de segurança bem afivelado. Vá em frente. Boa viagem.

VOCÊ
ME FAZ
CORRER
DEMAIS

DA JANELA DO ESCRITÓRIO, HUMBERTO GESSINGER VIA OS PEQUENOS FLOCOS GELADOS CAINDO E SALPICANDO DE BRANCO A CALÇADA E AS PLANTAS. PELO RÁDIO, A VOZ DO APRESENTADOR MAURO BORBA CONFIRMAVA QUE SIM, ERA DIFÍCIL ACREDITAR, MAS NEVAVA EM PORTO ALEGRE. MAURO ERA O LOCUTOR DAS TARDES DA DESCOLADA IPANEMA FM, ESTAÇÃO PARA A QUAL O JOVEM ESTAGIÁRIO DE ARQUITETURA DIRECIONAVA O DIAL QUANDO A CHEFIA, QUE ZELAVA POR UM AMBIENTE MUSICALMENTE NEUTRO, NÃO ESTAVA POR PERTO. PEQUENAS TRANSGRESSÕES DE UM ESTUDANTE QUE, AOS 20 ANOS, MAIS DO QUE NUNCA MANTINHA ACESA UMA CHAMA CRIATIVA, APESAR DE AINDA NÃO SABER MUITO BEM O QUE FAZER COM ELA.

Para a maior parte das pessoas, a capital gaúcha não era lugar para neve. E não era mesmo: o jornal anunciou no dia seguinte que o fenômeno não ocorria ali desde 1909, ou seja, havia mais de sete décadas. Só poderia ter voltado naquele ano mesmo. Nada parecia impossível naquele 1984.

Além de não ser fria o suficiente para a neve, a cidade também não era glamourosa o bastante para ver desfilar por suas ruas estrelas de cinema. No entanto, a vinda de uma das mais conhecidas atrizes do mundo, Catherine Deneuve, já estava anunciada para dali a uma semana, aterrissando no Salgado Filho em 31 de agosto. Quase tão fria e rápida quanto a neve, a *belle de jour* passou apenas um dia pelo Rio Grande do Sul, para divulgar uma nova linha de joias. Dormiu no hotel Plaza São Rafael, no centro da cidade, na mesma rua em que o adolescente Humberto costumava passar horas admirando os corpos esculturais de contrabaixos e guitarras elétricas através das vitrines das lojas de instrumentos.

Poucos meses antes, em abril, a cidade também viu mais de 200 mil pessoas irem às ruas em adesão ao movimento Diretas Já, que buscava demonstrar o apoio da população à Proposta de Emenda Constitucional (PEC) do deputado federal Dante de Oliveira cujo texto estabelecia eleições diretas para presidente.

A ditadura militar, que desde 1964 restringia liberdades políticas e comportamentais, não havia acabado, mas se encaminhava para o fim. No bairro Bom Fim, a poucas quadras da Faculdade de Arquitetura da Universidade Federal do Rio Grande do Sul (UFRGS), jovens que no inverno anterior conservavam longas melenas e usavam sandálias de couro então cortavam o cabelo, criavam bandas punk ou new wave e podiam ser vistos caminhando de bar em bar vestidos de coturno, meia-calça e alguns deles usando como adereço de pescoço uma tampa de vaso sanitário.

Um tempo havia acabado em Porto Alegre, mas outro não havia se iniciado. Compreender Albert Camus, uma das leituras preferenciais de Humberto à época, não deveria ser difícil naquele ambiente. O caráter absurdo da existência e a reflexão de que crenças são apenas... bem, crenças, ultrapassavam a filosofia e podiam ser comprovadas também estética, comportamental, política e – por que não? – meteorologicamente. Antigos valores ruíam, e os novos ainda não passavam de um esboço.

Humberto esfregou os olhos e olhou pela janela do escritório do arquiteto Oscar Escher, onde estagiava – em sua curta carreira, antes só havia trabalhado na Secretaria Municipal de Obras e Viação (Smov), também como estagiário. Avistou mais uma vez a Rua Pedro Ivo. Em poucos minutos, os flocos brancos haviam parado de cair. Por quantas horas seguidas seria possível nevar em Berlim? Berlim... outra vez Berlim. Já estava na hora de se mandar mesmo. O que estava esperando? O portão de embarque parecia a única saída para escapar de uma cidade que vivia em um hiato do tempo. E ele sabia direitinho para onde ir: Nina Hagen e até David Bowie (mesmo sendo britânico) apontavam que a Alemanha era o lugar ideal para sepultar o passado e projetar o futuro. Com o sobrenome Gessinger, era de se esperar que o jovem tivesse parentes por aquelas terras – e tinha mesmo, inclusive há pouco tempo alguns haviam visitado Porto Alegre e se mostraram bastante simpáticos.

Talvez fosse hora de começar a pensar mais seriamente no plano. Alguns amigos já estavam na Europa. É verdade que muitos eram abastados colegas de Anchieta, o tradicional colégio no qual o menos abonado Humberto só estudou porque seu pai era ali professor. Mas ele encontraria uma saída.

Já em casa, Humberto foi até a garagem e sacou do toca-fitas do Chevette Hatch da família uma cópia de *Scary Monsters (and super creeps)*, o primeiro disco de Bowie depois de sua fase em Berlim. Precisaria dela no *walkman* naquela noite, enquanto desenhava no seu quarto mais um "cabrito" – assim os estudantes de Arquitetura chamavam carinhosamente os projetos que faziam como *freelancers*. De fones nos ouvidos, mergulhava nos versos de *Ashes to Ashes*, em que Bowie denunciava a decadência de seu alucinado Major Tom e demonstrava que as soluções dos anos 1970 já não bastavam mais para quem queria entrar nos anos 1980. Entretido com a música, Humberto deixaria novamente para outro hipotético dia seguinte a tarefa de elaborar melhor seu plano alemão.

Em outro cômodo da casa, dona Casilda não imaginava quanta música fluía pela cabeça do silencioso filho em noites como aquela. E jamais poderia conceber que, em menos de seis meses, melodias e letras se tornariam centrais na vida do jovem. Na verdade, nem ele próprio conceberia.

Humberto nunca havia subido em um palco. Desde a adolescência, fazer música era um sinônimo de acolhimento. Dedo contra corda. Som se projetando. Quando a porta do quarto se fechava, cada acorde no violão sugeria outro, que sugeria outro, e assim iam se sucedendo. Um mundo de sons se formava e passava também a acomodar palavras, poesia anotada em folhas de papel.

Pálidas evidências dos mergulhos em estado criativo, as folhas se amontoavam ao longo dos anos em uma pasta. Restariam ali depois que voasse para a Alemanha ou as levaria consigo?

Eram canções feitas para ele mesmo. Seriam capazes de fazer sentido para mais alguém? A curiosidade em saber era grande, mas não a ponto de montar um repertório e apresentá-las. Quando precisava ir à frente dos colegas de classe para defender qualquer trabalho, sentia o rosto ferver, e a pele clara logo ia se tingindo de vermelho. O contraste com os cabelos loiros não deixava dúvida sobre o quanto estava sendo desconfortável estar diante de uma plateia.

Algum tempo atrás, lá pelos 16 anos, o desejo pela música já havia sido capaz de mobilizá-lo a fazer um par de tímidas performances em um bar que ficava a uma quadra de sua casa. Não eram shows. Apenas levava os amigos, que naquele tempo ensaiavam juntos todos os sábados, para tocar antigos chorinhos em uma mesa de boteco. Não eram músicas suas. E não durou muito.

Outro tipo de personalidade seria necessária para impulsionar aqueles versos para fora da gaveta. Humberto nem poderia imaginar, mas um colega da Arquitetura seria esse motor. De cabelo desgrenhado e espinhas na cara, Carlos Maltz ainda parecia um adolescente, mas era um ano mais velho que nosso tímido compositor, já era casado e havia mochilado pela Europa e por Israel, bem diferente de Humberto, para quem sair do país era apenas um sonho – conseguir uma namorada, idem.

De espírito inquieto e agregador, Maltz já havia participado de uma banda em Porto Alegre, tendo algumas apresentações no currículo, e circulava bem em qualquer ambiente, desde *bar mitzvahs* da comunidade judaica em que cresceu até torcidas organizadas do Internacional, seu time do coração.

De perfis tão diferentes, os dois não eram nada próximos, apesar de estudarem na mesma instituição. O ar recolhido e as poucas palavras de Humberto, que raramente oferecia um sim aos que o convidavam para ficar no bar da faculdade até mais tarde – estamos falando de um tempo em que os bares da UFRGS podiam vender cerveja – eram interpretados como arrogância por muitos colegas, sendo Maltz um deles.

Era uma aproximação pouco provável. Mas 1984 era um ano em que tudo poderia acontecer.

Carlos Maltz e Ricardo Sommer tomavam cachaça e conversavam no escritório que dividiam com as colegas Adriane Sesti (futura mulher de Humberto Gessinger) e Vivianne Canini (futura mulher de Ricardo) e os professores Eliane Sommer e Paulo Almeida, na Rua Lusitana – Ricardo era irmão de Eliane, por sua vez casada com Paulo. Era novembro ou dezembro de 1984, mas o semestre letivo estava longe de terminar. Por conta de uma greve dos professores da UFGRS, universidade na qual Maltz, Sommer e Adriane estudavam Arquitetura, as aulas deveriam se estender até 25 de janeiro do ano seguinte.

Algumas provas já estavam marcadas, e o veterano Sommer estava a postos para ajudar o colega mais jovem a repassar o conteúdo de matemática – seja pelos estranhos cigarros que fumava ou por qualquer outro motivo, Maltz jamais conseguia ter grande intimidade com os cálculos. Mas a matemática não era a pauta daquela noite, e sim um projeto que transformaria a vida de ambos, colocando até mesmo aquele tranquilo escritório de pernas para o ar em três ou quatro meses.

– Tu ficou sabendo que o Rainer quer fazer um show de rock na faculdade? – pergunta Maltz.

– Ouvi falar.

– Deve ser a primeira vez que uma banda de rock toca na faculdade.

– Não, de jeito nenhum, já vi de tudo lá. A Arquitetura sempre teve música. Nelson Coelho de Castro, Liverpool... Até Mutantes uma vez to...

– Sei, Caco, mas não é disso que eu tô falando. Estou falando de rock. Os caras têm uma banda que toca Van Halen.

Os dois conversavam sobre um show da banda Ritual marcado para 11 de janeiro, no Terraço da Arquitetura. Foi em conversas como essa que a ideia de montar uma banda de abertura para o show roqueiro começou a se solidificar. Em um desses papos, Maltz ouviu que seria legal se somar a Humberto Gessinger para montar uma banda, pelo menos para tocar naquele dia 11. Os amigos queriam ver uma banda só de estudantes de Arquitetura no palco. Entre os poucos alunos músicos, estaria Humberto.

"Tocar com o Humberto? Nem pensar. É um arrogante", sentenciou Maltz, na imaginação. No entanto, apesar da fama de pouco amigável, Gessinger, sem o saber, já havia aberto caminho para conquistar a atenção do colega.

– A primeira vez que percebi que Humberto tinha alguma coisa de especial foi em uma exposição de trabalhos da faculdade. Dava para perceber que ele dialogava em profundidade com conceitos e com a obra dos grandes mestres da Arquitetura. Ele não estava copiando, e sim debatendo de igual para igual – relembra Maltz, quando o entrevistei para este livro.

Por conta dessa admiração, e também porque a banda não deveria durar mais do que uma noite, o baterista topou tocar com o ensimesmado colega, e é possível dizer que se tornou o primeiro fã dele – não só de seus trabalhos acadêmicos como de sua música.

No entanto, naquela abafada noite de verão porto-alegrense em que Caco, futuro empresário dos Engenheiros do Hawaii, e Maltz, futuro baterista, conversavam sobre a Arquitetura, a música não era uma possibilidade clara para nenhum dos dois.

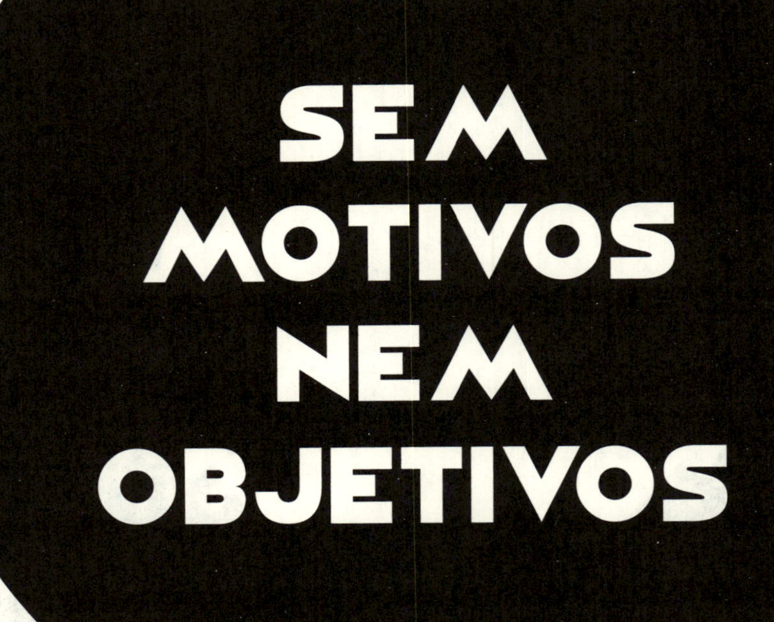
SEM
MOTIVOS
NEM
OBJETIVOS

É UMA TARDE DE DOMINGO E ESTOU NA FRENTE DO COMPUTADOR, COM A PERSIANA OBSTRUINDO A ENTRADA DE SOL EM TRÊS QUARTOS DA JANELA SEM CORTINA DO APARTAMENTO. PEGO O CELULAR E ESCREVO PARA RAINER STEINER:

– Che, ouve isso – envio no WhatsApp, e seguro um botão do ecrã por alguns segundos, gravando o que toca nas caixas de som do computador.

Do outro lado da linha, algumas horas depois, Rainer ouve o curto áudio, um pouco baixo e abafado. Fecha os olhos e finalmente distingue entre o som de aplausos e gritos a voz de Carlos Maltz, rápida e entrecortada: "Chama o Rainer! Chama o Rainer que escapou...", e aí sumia o som.

– Hahahahahahaha – ele me escreve como resposta. – Veja como é a vida, jamais pensei que aqueles momentos seriam importantes ou que teriam algum retorno – digita para mim e envia junto um emoticon com uma carinha amarela e uma lágrima escorrendo. (Roqueiros também choram).

A gravação que mandei a ele era um *bootleg* do primeiro show dos Engenheiros do Hawaii, que pode ser facilmente encontrada na internet. A apresentação, e talvez até mesmo os Engenheiros, não teriam existido se não fosse a determinação desse hoje funcionário público e baterista nas horas vagas.

Um ano antes de eu mandar aquele pequeno excerto do show para Rainer, ele já havia me contado como tudo começou. Foi quando ainda morava com os pais, naquele abafado final de 1984, que um dia recebeu a notícia de que a família passaria uma temporada nas calmas e frescas ondas de Itapirubá, em Santa Catarina. Seria um motivo para comemorar, não fosse o fato de que as aulas de Rainer na Faculdade de Arquitetura se estenderiam até 25 de janeiro, por conta da greve de professores que atrasou o início das aulas, impossibilitando a ida do jovem adulto de 24 anos em uma calma viagem com os pais.

Para evitar ficar sozinho em casa, deu uma cartada no irmão mais novo, Claus:

– *Claus, fica aqui comigo* – convidou.

– *Mas por quê?* – o irmão respondeu, pouco interessado.

– *Porque eu vou marcar um show na Arquitetura para nossa banda.*

– *E a faculdade vai deixar?*

Aos 19 anos, Claus não era apenas um guitarrista capaz de solar como Eddie Van Halen, mas também alguém com inteligência avançada o suficiente para fazer perguntas que o irmão mais velho não sabia responder. A verdade é que Rainer nunca tinha visto um show de rock na Arquitetura – rock de verdade, não aquela coisa meio hippie tropicalista. Mas não custava tentar.

– *Se eu conseguir, você fica aqui?* – perguntou o irmão mais velho.

O rock'n'roll falou mais alto que o mar azul e a areia clara. Claus topou.

A incipiente cena roqueira era assim mesmo na Porto Alegre do início dos anos 1980: dependente de quem tinha muita paixão pela música. O circuito de danceterias, nas quais era possível encontrar alguma infraestrutura técnica e público circulante, que se consolidaria em poucos anos, ainda estava engatinhando.

Foi por isso que, em 1980, quando deixou o serviço militar como segundo-tenente, Rainer não teve dúvida do que faria com o dinheiro que recebeu do Exército: apesar dos apelos do pai para comprar um Fusca ("dava para comprar um quase zero quilômetro") torrou tudo em equipamento de som. Além de uma bateria Saema Hexaplus perolada arrematada em um consórcio, o ex-milico, que até então passava as madrugadas de guarda ouvindo Yes em um *walkman* escondido no uniforme, adquiriu PA, amplificadores e uma guitarra destinada ao jovem Claus. Era o começo da banda Ritual.

Com alguns shows no currículo, incluindo um para 5 mil pessoas em Santa Maria, tocar para algumas centenas na Arquitetura não parecia um grande desafio. Bastou trocar algumas palavras com o pessoal do DAFA (Diretório Acadêmico da Faculdade de Arquitetura), ajustar alguns detalhes com a direção, e estava marcado o show para 11 de janeiro de 1985.

Foi só alguns dias depois de dar a notícia aos colegas de banda que Rainer teve seu primeiro revés. Sempre com problemas para encontrar um vocalista, o grupo viu mais um cantor repentinamente abandoná-lo. Sem tempo para cancelar o evento ou encontrar um substituto, o idealizador do show pensou consigo: quem sabe aqueles novatos que pediram para abrir o show não teriam a solução para aquele impasse?

Rainer tinha conseguido: um show de rock aconteceria na Arquitetura. Rock era a palavra da vez entre adolescentes e jovens adultos do Brasil naquela altura da história. No mesmo dia em que Ritual e Engenheiros do Hawaii tocariam para seus colegas e amigos, subiriam no palco da Cidade do Rock, no Rio de Janeiro, Ney Matogrosso, Erasmo Carlos, Baby Consuelo e Pepeu Gomes, Whitesnake, Iron Maiden e Queen. Era a primeira noite do Rock in Rio, festival saudado pela imprensa brasileira como "o maior desde Woodstock".

Não era exagero. 1,4 milhão de pessoas se reuniram em dez noites para ver 29 artistas nacionais e internacionais. Simbolicamente, o evento era ainda maior: aquele palco era a prova de que o Brasil era capaz de se relacionar cultural e tecnologicamente com o que havia de mais moderno no mundo. Tanto quanto os artistas, as toneladas de equipamento de som e de luz do festival tinham lugar garantido entre as resenhas dos jornais. O Brasil finalmente abria suas portas ao mundo depois de séculos de passado rural e décadas de uma ditadura que regulava tudo o que poderia entrar e sair do país.

Na tarde de 15 de janeiro, Tancredo Neves foi anunciado como o primeiro presidente civil após 21 anos de ditadura militar. Horas depois, Cazuza encerraria o show do Barão Vermelho, no quinto dia de Rock in Rio, com *Pro Dia Nascer Feliz*. "Que o dia nasça lindo para todo mundo amanhã, com um Brasil novo", disse ao microfone. O rock se transformava em uma possibilidade de fazer parte de um mundo mais amplo, mais alegre e livre. E sem precisar ir para a Califórnia – tampouco para a Alemanha.

Era uma revolução na qual se podia dançar. Todo mundo queria estar perto. Rainer logo pôde comprovar isso. A notícia de seu show na Arquitetura se espalhou pelos corredores da instituição e até uma banda de abertura apareceu. Na formação, estavam quatro colegas de curso: Humberto Gessinger, Carlos Maltz, Marcelo Pitz e Carlos Stein. O nome do grupo ainda era uma incógnita.

Não se tratava de uma reunião de bons músicos – a maioria deles não tinha grande experiência de palco – nem de amigos – não havia intimidade entre eles. Nem ao menos a ideia de montar uma banda havia partido daqueles quatro rapazes. Quem esteve por trás daquele encontro foi o colega de escritório de Maltz, Ricardo Sommer. Caco, como era chamado entre amigos, matutava de que modo era possível transformar aquele 11 de janeiro em algo maior do que um show. Chegou então à conclusão de que uma banda formada só por colegas da Arquitetura seria um bom motivo para agregar todo mundo.

– O clima da Arquitetura era esse mesmo, de muita folia e tiração de sarro. Lembro de ter participado de coisas como o enterro do Le Corbusier. Descemos as escadas na faculdade com um caixão, como se estivéssemos velando ele. Era esse ambiente que já vinha desde que a gente havia entrado ali e que seguíamos mantendo – lembra Caco.

Caco propôs a ideia a Maltz e logo aquilo se tornou assunto na faculdade e no escritório. O baterista já conhecia Carlos Stein, que fora até a casa dele havia algum tempo com amigos de amigos para ver um ensaio da primeira banda de Maltz, a ContraRegra. Eles até mesmo haviam dividido o palco uma vez em um festival no Campus da Agronomia da UFRGS. No Agrostock – sim, era esse mesmo o nome do festival –, Maltz acompanhou com percussão os violões de Stein e um amigo, que também fazia as vezes de vocalista. O nome do companheiro de Stein era Thedy Corrêa. Mais tarde a dupla fundaria outra banda gaúcha de projeção nacional, o Nenhum de Nós. O percussionista pouco lembra da apresentação, mas afirma que a aventura foi inesquecível por outros motivos:

– No dia do festival, choveu de maneira absurda, e aquele campus virou um lamaçal só. Foi uma das maiores roubadas em que me meti.

Na busca por formar a banda de aspirantes a arquitetos, Maltz foi avisado por algum colega que Gessinger também tocava e até tinha uma guitarra. O baterista torceu o nariz. Apesar de educado e conhecido por boas tiradas de humor, Humberto não era lá muito constante no bar da Arquitetura e nos encontros fora da universidade, o que lhe rendia fama de arrogante. No entanto, embora não gostasse de admitir a si mesmo, aquele colega não lhe despertava simples repulsa. Ao contrário, nutria uma secreta admiração por ele depois de ver alguns de seus trabalhos expostos na universidade. Se era mesmo arrogante, Maltz não poderia afirmar, mas que tinha gênio e criatividade, estava claro. Desfez a carranca e se permitiu a aproximação.

Foi assim que, em uma tarde, Carlos Maltz chamou o amigo Airton Seligman, estudante de jornalismo da UFRGS, para ir até a casa de Humberto. Dois anos mais velho que Maltz, Seligman tocara guitarra e craviola no ContraRegra, e tinha a admiração e o respeito do baterista. Poderia ser um bom reforço ao grupo de arquitetos.

Conhecido pelo baterista e pelo dono da casa, Carlos Stein também foi convidado para a reunião. Ele assumiria uma das guitarras da banda. Apaixonado por Paco de Lucía, o futuro membro do Nenhum de Nós tinha a fama de ser um bom violonista flamenco entre os colegas, embora naquela época estivesse mais dedicado a ouvir The Clash, Duran Duran e as bandas new wave que proliferavam pelo mundo.

O suor escorria pelo rosto dos quatro naquela tarde de dezembro (ou talvez novembro) de 1984 – depois do inverno rigoroso, o verão colocou os termômetros no extremo oposto. Sem muitos luxos, mas ampla o suficiente para abrigar com folga a viúva Casilda e seus quatro filhos, a casa da família Gessinger era construída sobre um declive, ganhando na parte dos fundos um andar inferior pouco utilizado. Ali, próximos do pátio, em uma sala sem uso e sem ornamentos, um violão começou a circular entre os quatro colegas, até que Humberto respirou fundo e disse:

– Eu tenho algumas músicas próprias. Vou lá pegar para mostrar.

Maltz e Seligman se entreolharam, cada um perscrutando o que o outro estaria pensando daquele novo personagem na história musical de ambos. Não demorou muito para que o alto e desengonçado vulto de Humberto voltasse um pouco mais encurvado do que de costume, carregando com todo o cuidado uma pasta de papel abarrotada de folhas. Depois de se sentar, começou a separar ainda sobre o colo algumas composições ali anotadas. Maltz espichava o olho e ia tensionando a sobrancelha na medida em que comprovava que aquele imenso volume de papel era constituído apenas por composições do próprio Humberto. Centenas delas.

Aquela pasta era a lacuna que faltava para entender a personalidade do colega.

A pele quase transparente, a intimidade com as palavras que demonstrava ao fazer todo mundo rir com trocadilhos e piadas rápidas e a maneira brusca como às vezes se calava e deixava o olhar se perder em algum mundo interior, inacessível a quem lhe cercava, estavam explicados.

– Naquele momento me dei conta de que ele tinha passado a adolescência inteira trancado no quarto escrevendo aquelas coisas – relembra Maltz.

Entre as músicas que integravam a pasta, estavam trechos e frases que seriam embriões de canções gravadas anos mais tarde, como *Infinita Highway, Fé Nenhuma, Ilusão de Ótica, Nunca se sabe, Causa Mortis* entre muitas outras.

A reunião acabou num amistoso bate-papo e a promessa de voltarem a se encontrar. Depois de cruzarem o portão da casa do anfitrião, Maltz permaneceu alguns segundos em silêncio, tentando entender o que havia acontecido ali. Eles estavam montando uma banda feita para durar apenas uma noite, mas aquela pasta bagunçou tudo. Havia descoberto um compositor. Sozinho no seu quarto, sem fazer muito barulho, Humberto se punha a dialogar de modo original com tudo o que já tinha ouvido e com a nova geração do rock que começava a surgir – *Causa Mortis*, por exemplo, tirava sarro da pose de mau das bandas punk que surgiam à época.

Maltz só despertou de seus pensamentos quando a voz convicta de Seligman se dirigiu a ele, com a equivocada certeza de que o amigo concordaria com sua avaliação:

– *Cara, que bosta as músicas desse cara!*

Maltz titubeou por um segundo, afinal de contas, tinha em alta conta a opinião do amigo, mas estava impactado demais pelas canções ouvidas para duvidar do potencial delas. Não fez questão de argumentar muito a favor das composições, pois deu-se conta de que Seligman não havia captado a essência delas por estar ligado a outra geração musical. Três décadas depois, Seligman concorda:

– Cresci em Santa Maria, ouvindo Led Zeppelin e Deep Purple. Quando o rock do Brasil começou a acontecer, fiquei um ano na Europa. Na volta, demorei a entender que o cenário estava mudando, que o rock no Brasil estava se consolidando a partir daquela onda new wave, meio B-52, meio The Police.

Depois da pouco otimista avaliação do ex-companheiro de ContraRegra sobre as músicas que ouviu naquela tarde de 1984, Maltz anotou mentalmente: "Seligman está fora da nova banda". E não voltou a convidá-lo para os ensaios.

A partir do encontro entre Humberto Gessinger e Carlos Maltz, estava formado o núcleo duro do que viria a ser os Engenheiros do Hawaii. Carlos Stein seria um apoio com mais uma guitarra, mas ainda faltava um elemento importante: um baixista. E o aparecimento deste é um mistério.

Marcelo Pitz não é lembrado como amigo de ninguém próximo de Humberto Gessinger, Carlos Maltz ou Carlos Stein.

– Não sei como os guris descobriram que o Pitz tocava baixo. Ele era um cara que entrava mudo e saía calado das aulas – lembra Caco Sommer.

Apesar do distanciamento em relação aos colegas de Arquitetura, Pitz também tinha seus amigos e convivia de perto com a emergente cena roqueira de Porto Alegre. Frequentando os bares da Esquina Maldita (Osvaldo Aranha com Sarmento Leite, ao lado da Arquitetura), conheceu músicos como Egisto Dal Santo e Itapa Rodrigues, com quem dividiu o palco duas vezes, meses antes daquele dezembro.

Não se tratava de um boêmio irresponsável. Ao contrário, Pitz é sempre lembrado por seu ar compenetrado e elegância – "se mexia todo com jeitinho, era um lorde", resume Egisto –, mas gostava de estar perto de onde estava a música.

Pitz já havia passado tardes tocando com Egisto e Itapa músicas do rock brasileiro setentista, como Os Mutantes, O Terço, Sá & Guarabyra e A Barca do Sol. Em duas apresentações do trio, uma no bar Theatro Mágico (Tomaz Flores, 123), no bairro Bom Fim, em Porto Alegre, e outra na Casa do Estudante de São Leopoldo, defenderam composições influenciadas por bandas argentinas como Sui Generis e gigantes do rock progressivo como Yes e Rush. As letras celebravam a vitalidade e as descobertas juvenis pelas quais passavam, entre elas o consumo recreativo de maconha, como na canção *Luz Vermelha*, que se referia a certa "ponta acesa na escuridão".

– Só os loucos sacavam que ponta era aquela. Vivíamos um período ainda muito repressivo, em que era preciso fazer certo malabarismo poético para falar de algumas coisas – relembra Egisto.

Do bicho-grilismo ao lado de Egisto e Itapa, Pitz partiu para ser um importante apoio naquela banda que surgia capitaneada pelos urbanoides e caras-limpas Gessinger e Maltz.

Quando o time estava recém-formado, consolidado por Gessinger, Maltz, Stein e Pitz, Rainer apareceu com uma má notícia em relação à Ritual:

– Humberto, nosso vocalista desistiu de cantar. A gente vai precisar fazer um show instrumental. Só que aí, não tem como a gente ser a banda principal. Vai ficar estranho. Tem como a gente ser a banda de abertura e vocês tocarem depois?

– Putz...

– Pode ser um show curto igual, 30 ou 40 minutos.

– Tá, meia hora eu acho que a gente consegue tocar.

E foi assim que os Engenheiros, sem ter qualquer experiência de palco, se transformaram nos protagonistas daquela noite, papel que originalmente caberia à Ritual.

Com a formação acertada, o grupo não fez mais que um ou dois ensaios com todos os integrantes. No repertório, ficaram de fora as canções da velha pasta de Gessinger. O motivo era simples: ele quis escrever novas canções especialmente para o show.

– Humberto era obsessivo-compulsivo em relação a compor. Eu era obsessivo-compulsivo em relação a fazer sucesso – avalia Carlos Maltz.

Dias antes do show, o nome da banda ainda era uma incógnita. Coube a Gessinger criar uma lista e começar uma votação. Para o estudante, o grupo deveria se chamar Frumelo & Os 7 Belos, em uma brincadeira com as balas de fruta populares em mercearias e bares, onde muitas vezes serviam como troco na falta de moeda em caixa

– a Frumelo saiu de linha em meados de 2000, mas a 7 Belo segue sendo fabricada.

Era uma escolha condizente com o humor da música da época. Bandas nacionais influenciadas pela new wave já estavam adotando epítetos inusitados como Kid Abelha & Os Abóboras Selvagens, Ultraje a Rigor e Paralamas do Sucesso. Tudo muito diferente dos grandiloquentes e diretos Liverpool, Utopia e Inconsciente Coletivo, referências do rock setentista de Porto Alegre, e até mesmo da então nova onda roqueira local, que vinha com os também diretos Os Replicantes, TNT e Garotos da Rua. Não que o humor não tivesse dado as caras no rock que se vinha fazendo no Rio Grande do Sul, como provam Musical Saracura e Almôndegas, nascidos nos anos 1970, mas nomes compostos a partir de termos contraditórios como Titãs do Iê-Iê (depois apenas Titãs), que denotam autoironia e calculada despretensão, ainda não haviam encontrado adeptos de destaque pela capital gaúcha.

Apesar da preferência de Gessinger por Frumelo & Os 7 Belos, o nome mais aceito foi o também jocoso Engenheiros do Hawaii, uma provocativa alusão aos estudantes de Engenharia que iam ao bar da Arquitetura azarar as garotas dali. A ida era mais do que justificável, uma vez que os cursos de Engenharia tradicionalmente recebiam muito menos mulheres do que homens em seu corpo discente.

A letra de *Engenheiros do Hawaii, a Canção*, que esteve no repertório do primeiro show, demonstrava o baixo prestígio que os alunos "intrusos" gozavam diante de Gessinger e sua turma. "Eles odeiam Albert Camus / Eles só querem ler gibi" eram alguns dos depreciativos versos da canção, que ainda qualificava os rapazes de "Beach Boys de Tramandaí", ou seja, jovens que queriam se vestir e agir como surfistas americanos em uma praia de terceiro mundo com ondas baixas e sem qualquer *glamour*.

O fato de transformar a brincadeira em nome para o grupo acabou jogando outra camada de significado sobre a canção e sobre a própria postura da banda. A crítica aos futuros engenheiros que iam até o bar da Arquitetura também ganhava um estranho tom de homenagem, na medida em que a própria banda assumia a identidade deles. Era um discurso que não dispensava provocações, mas que estava também aberto à alteridade.

Essa é uma fase em que Gessinger e Maltz agem muito influenciados pelas leituras compartilhadas com seus colegas de curso universitário. O fato de assumir a identidade de engenheiro e carregar Hawaii no nome tem grande relação com isso. Entre os autores mais celebrados daquele circuito estava o americano Robert Venturi, famoso por colocar em xeque o utilitarismo em voga por muito tempo na Arquitetura. Enquanto o lema dos utilitaristas era "less is more" ("menos é mais", em livre tradução), Venturi proclamava "less is a bore" ("menos é uma chatice", idem).

Além de advogar que as construções se beneficiavam ao transcender suas funções de uso, cumprindo papéis também estéticos e comunicativos, entre outros, Venturi também foi provocativo ao trazer para o debate acadêmico referências até então desprezadas. Las Vegas, cidade para a qual muitos urbanistas torciam o nariz por parecer mais um cenário do que uma cidade, foi o tema de *Aprendendo com Las Vegas* (1972), livro escrito em parceria com os colegas Denise Scott Brown (sua também mulher e sócia) e Steven Izenour.

Se era possível aprender algo com Las Vegas, por que não seria com um engenheiro que não gosta de ler Camus? O "Hawaii" carregado no nome da banda faz referência à estética *kitsch* – lembre de Elvis coberto de colares de flores cantando em um show em Honolulu –, para o qual o bom gosto muitas vezes manifesta aversão, mas que pode guardar muita dignidade e sabedoria. Não é à toa que Gessinger defende até hoje que seu Elvis Presley preferido é o da fase gordo e decadente em Las Vegas. "Elvis, Willie Nelson, por que não? Os caras acham uma droga, aí vem um (*Quentin*) Tarantino da vida e dá um verniz cult a isso, e todo mundo adota", diz o compositor exatamente 25 anos depois da estreia da banda, em uma entrevista para o jornalista Luís Bissigo, publicada em *Zero Hora* em 11 de janeiro de 2010.

Enquanto o repertório era criado e o nome era decidido, o espírito de comunidade junto aos colegas que cercavam os Engenheiros foi se desenvolvendo. Caco Sommer e sua futura mulher, então namorada, Vivianne Canani, cercados de amigos, começaram a batalhar na produção e na divulgação para que tudo ficasse impecável. Havia um clima de celebração pelo final do semestre que se avizinhava, com música se estendendo noite adentro depois dos shows e exposição de artes no hall de entrada da faculdade.

Paulo Leal, aluno que era conhecido por passar as tardes desenhando no bar da Arquitetura e por expor seus trabalhos pela faculdade para serem vistos entre os intervalos, ficou responsável pelo cartaz, que mesclava elementos da cultura pop como David Bowie, garrafas de cerveja mexicana e a Catedral de Brasília.

A festa teve destaque até mesmo na imprensa. Sob o título de "Rock no terraço da Arquitetura", uma nota na *Zero Hora* de 11 de janeiro de 1985 avisava que "Duas novas bandas de rock estreiam hoje". Segundo o texto, "elas resolveram abandonar a 'garagem' e tornar seu rock conhecido nos bares e teatros da cidade, embora já sejam conhecidas entre os estudantes da universidade federal". O texto é impreciso, uma vez que não se tratava da estreia da Ritual, e os Engenheiros haviam se formado havia muito pouco tempo para serem conhecidos além de seus colegas mais próximos. No entanto, o fato de uma festa feita por amigos, com duas bandas desconhecidas, sendo uma delas sem qualquer experiência, aponta duas coisas: (1) que apesar de amadora, a equipe estava organizada a ponto de fazer a divulgação chegar nas mãos dos jornalistas certos; (2) e que havia uma falta absoluta do que fazer em Porto Alegre naquela noite, pois qualquer show minimamente mais importante roubaria o espaço daqueles novatos no jornal.

Ao longo do intenso verão porto-alegrense, é comum que famílias passem longas temporadas no litoral gaúcho ou de Santa Catarina, principalmente as famílias de classe média e alta, alvo de shows e outros espetáculos. É por isso que a agenda cultural da cidade decai a partir de meados de dezembro e segue em baixa até o final do Carnaval. Outro fator importante para o esvaziamento da programação cultural naquela noite era o Rock in Rio, festival que se iniciava naquele dia. Garotos e adultos amantes de música, principalmente do rock, vendiam coleções de discos, aparelhos de som ou pediam anos de mesada antecipados para percorrerem em ônibus de excursão ou de linha mais de 1.600 quilômetros em cerca de 24 horas a fim de participarem da grande festa. Quem ficasse em casa ainda poderia acompanhar da televisão os melhores momentos e flashes ao vivo do histórico evento.

Foi só quando a Faculdade de Arquitetura começou a ficar abarrotada de gente, pouco antes das 22h, horário marcado para os shows, que os organizadores da festa se deram conta do sucesso da divulgação. Grande parte dos estudantes da UFRGS, que ainda não estavam em férias por conta da greve, além dos frequentadores dos bares da Esquina Maldita (Sarmento Leite com Osvaldo Aranha) e do Bom Fim, perceberam que aquele era um dos únicos eventos feito para (e por) jovens da cidade naquela noite. Foi assim que o saguão e o auditório da Faculdade de Arquitetura começaram a ficar lotados. Como a organização não queria ter problemas com órgãos arrecadadores, não cobrou nada pelas entradas além de uma "contribuição espontânea". A falta de rigor com os ingressos impediu que houvesse um controle no número de pessoas presentes, mas quem esteve lá cita que cerca de 500 pessoas visitaram a Arquitetura naquela noite – 300 delas lotando o auditório, e 200 espalhadas pelo hall de entrada e outras dependências.

Enquanto a plateia chegava, Gessinger, Maltz, Pitz e Stein faziam uma limpa no pequeno bar que seu Leão, pai de Maltz, mantinha em casa. Nem todo o álcool consumido foi suficiente para acalmá-los. Gessinger, Pitz e Stein mal conseguiam acertar a afinação de seus instrumentos minutos antes do show começar. Já Maltz tremia e dizia para Rainer diante da Hexaplus emprestada pelo baterista mais experiente, bem maior que a Pinguim que o Engenheiro costumava tocar em casa: "Meu Deus, é muito tambor! É muito tambor!".

Terminariam a noite sob aplausos e convites para voltar.

SÓ PRECISAMOS IR

DEPOIS QUE VOLUMES E TIMBRES DA RITUAL, A BANDA DE ABERTURA DAQUELE PRIMEIRO SHOW DOS ENGENHEIROS DO HAWAII, JÁ HAVIAM SIDO ACERTADOS, ERA A VEZ DA ATRAÇÃO PRINCIPAL PASSAR O SOM.

– *Passar som? Como assim? O que é "passar som"?* – respondeu Caco Sommer diante do desesperado técnico que queria saber o paradeiro dos quatro Engenheiros.

Logo que voltaram, estava na cara, ou melhor, no cabelo o motivo do atraso. Eles haviam perdido a hora no Scalp, salão de beleza cultuado pela juventude na época como o mais *in* para aqueles que queriam adotar o visual colorido, espetado e volumoso da new wave. Repleto de espinhas pelo rosto e couro cabeludo, Maltz deu trabalho aos cabeleireiros do local.

O atraso, no entanto, foi reforçado com a ida de última hora de Gessinger à casa de Steiner, na zona norte da Capital, para pegar parte do equipamento que levariam para o show com o Chevette Hatch modelo 1981 da família, facilmente identificável por um adesivo do Snoopy colado em um dos vidros dos bancos traseiros. Com o tanque de combustível do Chevette no vermelho, o carro parou de funcionar quando estavam voltando, na Rua Ramiro Barcelos, próximo à Protásio Alves, a menos de dois quilômetros da Arquitetura. Coube a Gessinger, trajado de bombacha e cabelo new wave para o show, ir até o posto de gasolina mais próximo e voltar com um engradado qualquer para fazer um abastecimento emergencial. Apressado com a proximidade do show, ao sacar a tampa do tanque, o motorista a deixou escapar, quicando no asfalto e rodando em direção ao meio-fio. Ainda com o galão nas mãos, Gessinger apertou os olhos azuis para ver onde o objeto ia dar, foi então que percebeu que precisava agir imediatamente: largou de qualquer jeito o combustível e se atirou no asfalto para agarrar a tampa que parecia teleguiada para a boca de lobo mais próxima. Os dedos nem chegaram a roçar o plástico duro antes que caísse diretamente na rede cloacal da cidade. Coube ao jovem cabeludo respirar fundo, reunir pedaços de pano e de jornal que encontrou em uma rápida inspeção no porta-luvas e no porta-malas e improvisar uma bucha que servisse de tampão para o tanque – que permaneceu meses convivendo com a gambiarra.

Mais um percalço necessitou da atenção da organização do show. Uma previsão de chuva fez com que seu local fosse alterado. Conforme se comprova no cartaz e na divulgação do jornal, o espetáculo estava previsto para ocorrer no terraço, área externa do segundo andar da Faculdade de Arquitetura. As nuvens, no entanto, fizeram a produção rever seus planos.

Foi assim que cerca de 300 pessoas se amontoaram pelas poltronas e corredores do Auditório da Arquitetura, projetado para acomodar apenas metade dessa multidão (a capacidade do espaço é de 151 pessoas), e mais 200 conversavam animadamente e dançavam no hall de entrada. No meio de toda essa gente, estavam pelo menos duas figuras que ficariam conhecidas no universo da música e da televisão nacional. Carlos Eduardo Miranda, também chamado de Gordo Miranda, e Edu K cheiravam cola juntos em algum canto do prédio. O tecladista e compositor das bandas Taranatiriça e Urubu Rei e o vocalista e guitarrista da Fluxo e DeFalla, que já gozavam de relativo prestígio na cena local, em alguns instantes tentariam roubar a cena naquela noite.

O espetáculo começou com uma música autoral da banda de abertura, seguida de 11 temas de hard rock e metal, todos interpretados sem vocal, mas com a competente guitarra de Claus Steiner Campos, o sóbrio baixo de Daniel de Moraes Ribeiro e a segurança rítmica da bateria de Rainer Steiner Campos.

Além da faixa criada pela banda, o setlist contou com *Panama* (Van Halen), *Wanted Man* (Ratt), *You're in Trouble* (Ratt), *Loving You*

Sunday Morning (Scorpions), *Ice Cream Man* (Van Halen), *Looks That Kill* (Mötley Crüe), *So This is Love* (Van Halen), *Where Have All the Good Time Gone* (Kinks, versão do Van Halen), *Ain't Talkin' 'Bout Love* (Van Halen), *Hear About it Later* (Van Halen) e *Unchained* (Van Halen).

Apesar do som pesado, o visual da Ritual não poderia ser mais leve e despojado. O mais próximo das transparências, tiras de couro, argolas, spikes e lápis escuro usados por Mötley Crüe e companhia era a comportada regata preta que Daniel usava. Claus, por sua vez, vestia uma camiseta listrada e uma calça branca de cintura quase tão alta quanto o ajuste de sua guitarra, que tocava bem junto ao peito. Mas o campeão em naturalidade era Rainer, que, atrás da bateria, usava bermuda, regata branca e um par de All Star.

A displicência visual, no entanto, não impediu que um empolgado grupo de espectadores se acercasse do trio ao final do show para cumprimentá-lo efusivamente – no meio deles, até algumas garotas subitamente interessadas em rock pesado. Era o resultado de uma performance tecnicamente bem-feita, com músicos que tinham domínio sobre seus instrumentos. No entanto, não foram só aplausos que tomaram conta da apresentação da Ritual. Momentos de tensão também tiveram espaço.

– Hoje avalio que nosso show foi muito longo. A gente tocou 45 minutos, o que é demais para um show de abertura, ainda mais com uma apresentação pesada, barulhenta como a nossa. Devíamos ter tocado no máximo meia hora – avalia Rainer.

O baterista lembra que uma vaia começou a partir de um jovem professor da Arquitetura, e foi engrossada por pessoas próximas, até que alguém tomasse o microfone da mesa de som e começasse a gritar nele. Edu K, então com 16 anos, e Gordo Miranda, 22, estavam no meio da confusão.

– Lembro que alguém me deu o microfone e a gente ficou gritando nele. Eu e o Edu estávamos ali, cheirando cola, zoando na plateia. Era uma gente muito comportada, aí a gente pensou "esses caras gostam de Rush, vamos zoar isso aqui tudo". A gente odiava Rush.

Nós éramos uns inconsequentes de merda, estávamos apenas nos divertindo – recorda Miranda.

A vaia parou quando alguns cabeludos vestidos de preto, atentos a cada nota tocada pelo trio do palco, começaram a urrar para os moderninhos que tentavam sabotar o show.

O episódio não chegou a ganhar dimensão grande o suficiente para atrapalhar a apresentação da Ritual, e até mesmo passou despercebido por grande parte da audiência, mas ilustra bem como a música estava polarizada na Porto Alegre de meados dos anos 1980.

– Porto Alegre tinha um quê de Londres naquela época no quesito de guerras de estilo. Era essa coisa, "nós somos os new wave e pós-punk e o resto são os pops" – explicou Edu K em uma entrevista que fiz com ele para um documentário sobre o LP *Rock Grande do Sul*, em 2015.

Gessinger lembra que, em 1984, depois de ouvir no rádio a música *Rebelde Sem Causa*, do Ultraje a Rigor, foi até a loja Disco Voador, próxima ao salão Scalp, descobrir se havia algum compacto com a faixa. Do dono da casa, Ricardo Barão, ouviu:

– Não. Aqui a gente só trabalha com rock.

Era uma maneira de Barão, educado musicalmente a partir das bandas de classic e hard rock, desqualificar a nova onda roqueira que surgia no Brasil, com seus instrumentistas tecnicamente limitados e hits radiofônicos. Por outro lado, Barão é a prova de que, mesmo com discordâncias estéticas, a cena roqueira de Porto Alegre tinha um espírito cooperativo na metade da década de 1980. Ele foi o produtor dos álbuns *Rock Garagem* (1984) e *Rock Garagem II* (1985), coletâneas que colocaram nas rádios – principalmente na jovem Ipanema FM – nomes então emergentes como Taranatiriça, Urubu Rei, Garotos da Rua, Replicantes, Os Eles, Prize, Fluxo e Astaroth.

– Entre 1983 e 1985, havia uma espécie de cooperativa dos músicos de Porto Alegre, do pessoal mais "cabeça", mais pós-punk. E tudo girava em volta do (*Gordo*) Miranda, basicamente. Ele era a ponte. Todo mundo tocava com todo mundo e era amigo de todo mundo. Quando saiu o *Rock Grande do Sul* (*coletânea da multinacional RCA com bandas locais*), que tornou algumas bandas nacionais, aí Porto Alegre voltou a ser essa coisa meio xarope, competitiva – avaliou Edu K, na mesma entrevista citada acima.

A cena new wave e pós-punk, que tinha como uma das figuras centrais Gordo Miranda, costumava se encontrar pelo Bom Fim, principalmente no bar Ocidente. Já os cabeludos de preto, amantes do heavy metal – os mesmos que trataram de aplacar a vaia de Miranda sobre a Ritual –, também tinham seus redutos, entre eles a Disco Voador e a MegaForce, loja que ficava na Galeria Independência.

E outra tribo também tinha destaque: hippies de cabelos compridos e sandálias de couro que não abandonavam discos de classic rock, progressivo e MPB e andavam pela Esquina Maldita e outros pontos do Bom Fim.

No meio dessa fauna, era de se esperar que os Engenheiros do Hawaii se aliassem a alguma dessas tribos para sobreviver. Não foi o que aconteceu. Franco-atiradores, referiam-se de maneira pejorativa à nova cena que tocava no Bom Fim como "Sindicato do Ocidente". E não foram poucas as entrevistas nas quais Gessinger e Maltz afirmaram não querer "fazer parte de nenhum sindicato".

– Nós não éramos *brothers* de ninguém, nem de nós mesmos. Éramos completamente *outsiders* – conta Maltz. – Tinha aquela questão do individual, herdado do romantismo alemão, de ser um indivíduo, da gente não fazer parte de nenhuma panelinha, de nenhum sindicato do rock.

Assíduo frequentador do Bom Fim nos anos 1980, o músico Nei Van Sória confirma o distanciamento dos Engenheiros do Hawaii em relação ao circuito frequentado por bandas como Os Replicantes, DeFalla e TNT. Ele recebeu com estranhamento a notícia de que a banda havia sido escalada para a coletânea *Rock Grande do Sul*, responsável por apresentar as bandas gaúchas ao Brasil:

– Os Engenheiros eram essencialmente de fora do meio. Todo mundo ali se conhecia e frequentava os mesmos lugares, menos eles. Eram estranhos no ninho – lembra Nei, então guitarrista da TNT.

Mais de 30 anos depois de tumultuar a noite de estreia dos Engenheiros, Miranda admira a trajetória feita pela banda, mesmo que o som do grupo "não seja a minha onda":

– Os Engenheiros eram os caras que não se sentiam representados pelo que nós éramos. A gente era uns puta duns porra-louca dementes retardados, e eles eram uns caras não exatamente normais, mas mais caseiros, mais de um outro mundo. E quando ninguém te representa, o que tu faz? Monta tua banda e tu mesmo te representa! E foi o que eles fizeram, e é o que eu acho do caralho neles. Foram sempre quem eles eram de verdade, mesmo contra a compreensão de todo mundo.

Depois de mais de 40 minutos do metal e do hard rock da Ritual, os Engenheiros do Hawaii subiram ao palco do auditório da Arquitetura para sua primeira apresentação. O visual despojado do trio de abertura deu lugar a quatro jovens de cabelos assimétricos e desfiados, no melhor estilo new wave, vestindo camisas floreadas e bombachas.

Mais estranho que o visual, só mesmo o som feito por eles. A primeira composição a ser tocada foi o tema de abertura de *Hawaii 5-0*, seriado policial americano ambientado no Hawaii. Rodado entre 1968 e 1980, o folhetim televisivo teve praticamente todos os seus episódios exibidos no Brasil, pelas redes Globo e Bandeirantes.

O tema instrumental de *Hawaii 5-0* não foi o único a sair direto da tevê para o repertório dos Engenheiros. A noite ainda contaria com as músicas dos comerciais do biscoito Sem Parar e do extrato de tomate Elefante. Foi assim que o público de repente viu aqueles estudantes de 20 e poucos anos cantando com a maior seriedade versos como "Quando você come um Sem Parar / Sem Parar Sem Parar / Você não para de comer / Sem Parar Sem Parar / Sem Parar só pode ser / biscoitinhos crocantes com chocolate Nestlé" ou "Ô Mônica, abrace o Elefante / Aperta ele bastante / Carinho é pra se dar".

Rainer Steiner ficou perplexo diante da apresentação.

– Estava todo mundo naquele clima de rock pesado, mais testosterona, e de repente entra aquela banda pop new wave. Falei para o Humberto depois: "Pô, tu adora Pink Floyd, achei que veria uma coisa mais viajandona". Aí ele me respondeu: "O problema é que a gente ainda não consegue tocar isso" – diverte-se Steiner ao lembrar. – Não era para eles serem a banda principal, então tinham um repertório menor. Acredito que eles tiveram que colocar esses jingles para aumentar a duração do show – completa o baterista.

Já Gessinger tem outra explicação para a presença dos jingles. Ele compara o ato de levar temas banais da tevê para o palco com o que Andy Warhol fez em relação às latas de sopa Campbell mais de duas décadas antes, transportando-as para uma galeria de arte. Em junho de 1962, Warhol, então com 33 anos, fez sua primeira exposição individual, na qual levou para a Galeria Ferus, em Los Angeles, uma obra de arte que consistia em 32 telas pintadas a partir de um processo semimecanizado de serigrafia, cada uma delas representando uma lata de sopa Campbell. A produção em série, sem qualquer traço de pincel aparente, e a escolha de retratar descartáveis latas de sopa escandalizaram os mais puristas, mas fizeram de Andy Warhol o nome mais conhecido da emergente pop art nos Estados Unidos. Produtos banais em galerias. Jingles banais em um palco.

– As músicas dessa primeira fase brincavam muito com o que a gente estudava e discutia na Arquitetura. Estávamos fazendo música para nossos colegas, com sutilezas que só aquele grupo ia sacar. Na medida em que a gente foi tocando para outros públicos, as composições também se tornaram mais amplas – explica Gessinger.

Carlos Maltz concorda que os jingles não entraram na apresentação por falta de composições. Colocar em um show música feita sob encomenda para programas e comerciais de tevê, produção considerada por muitos compositores menor em relação a trabalhos mais autorais, também tem relação com leituras como o já citado *Aprendendo com Las Vegas*, no qual Venturi, Denise e Izenour levam a pouco ilustre arquitetura de Las Vegas para a discussão acadêmica.

– A gente era fissurado por essas discussões, essa coisa de tirar algo do lugar e, com isso, criar novos significados. Isso permaneceu ao longo da história da banda. Esse lance da capa do *Ouça o Que Digo:*

Não Ouça Ninguém (1988), de colocar o símbolo hippie na frente daquele vermelho com letras góticas, também vem daí – relembra Maltz.

Outra canção que os Engenheiros aproveitaram para "tirar de lugar" nesse primeiro show foi uma versão reggae de *Lady Laura*, sucesso que Roberto Carlos escreveu para sua mãe e lançou em 1978.

– Era uma época em que ainda não havia rolado o *revival* da Jovem Guarda. Tocar Roberto Carlos em uma banda de rock era muito provocativo. Era mais punk que cuspir na própria mãe – avalia Gessinger.

O repertório também contou com mais um cover, desta vez antenado com o que vinha tocando nas rádios jovens do país: *Rebelde Sem Causa*, do Ultraje a Rigor. Para Maltz, um show do Ultraje, ocorrido em 30 de novembro de 1984, foi fundamental para que ele e Gessinger seguissem adiante em seu projeto de banda. O espetáculo se deu no Auditório Araújo Vianna e teve como abertura um show da banda Os Replicantes – os integrantes do Ultraje entraram no palco de bombacha, o que pode ter inspirado ou encorajado os Engenheiros a também adotar a indumentária em sua estreia.

– Eu e o Humberto não tínhamos ido juntos nesse show, mas lembro de termos nos encontrado lá e ficarmos pensando: "Pô, se esses caras podem, por que a gente não pode?". Esse show foi fundamental porque foi a primeira vez que vimos uns manés iguais a nós no palco – diz Maltz.

Gessinger, por sua vez, não lembra de ter ido a esse show. Para o vocalista, essa impressão de "sim, eu também posso", surgiu a partir de uma apresentação dos Paralamas do Sucesso no Circo Americano, com abertura de Fluxo (embrião do DeFalla) e Urubu Rei, em 20 de outubro de 1984.

– Nossa geração gostava de umas bandas com uns puta músicos, por isso fazer música era algo que parecia inacessível para quem não fosse um virtuose. Eu estava mais ligado que o Carlos nessa cena que estava ocorrendo no Rio, lia umas revistinhas de lá, Pipoca Moderna, essas coisas assim. Eu também já tinha cortado o cabelo. Lembro do Carlos ir para a faculdade de bombacha, ele tinha essa ligação mais hippie gaúcha.

Além de *Lady Laura*, jingles do biscoito Sem Parar e do extrato de tomate Elefante e o tema de *Hawaii 5-0*, o show dos Engenheiros se completou com seis composições de Humberto Gessinger, nenhuma delas posteriormente registrada em álbum. No entanto, três tiveram sobrevida: *Por Que Não*, também chamada de *Spravo*, foi o primeiro sucesso radiofônico do grupo em Porto Alegre; *Engenheiros do Hawaii, a Canção*, também foi registrada em demo; e uma música sem título que depois deu origem a *e-Stória*, parceria de Maltz e Gessinger gravada no disco *Surfando Karmas & DNA* (2002).

Em *e-Stória*, os versos que começam com a fórmula "Cara, cê não vai nem acreditar", servem para que os compositores contem como andam suas vidas depois de anos sem conversarem. "Continuo mergulhando sem saber nadar" e "eu tô plantando manga aqui na margem do Paranoá" são alguns dos versos. Já o original dizia coisas como "Cara, cê não vai nem acreditar, / Bukowski passou no vestibular / Cara, cê não vai nem acreditar, / ele só queria seguir a carreira militar". O refrão de 1985, "História, história / Papo furado", deu lugar a "Agora, agora / Virando as voltas que essa vida dá / Agora, Agora / Surfando karmas e DNA" em 2002.

As composições restantes têm um humor nonsense e juvenil mais marcado, como um alucinado discurso sobre Porto Alegre – "nossa terra, nosso chão" –, com direito a linhas melódicas do tema de final de ano da Rede Globo na guitarra; uma faixa em que os indecisos integrantes gritam versos como "Eu não sei, eu não sei / Se sou mascavo ou sou spray" e "I don't know, I don't know / Se é Bora Bora ou Moscou"; e uma impagável balada para uma provocativa e dissimulada Marta, com o precioso apelo "Marta, cê não sabe como dói / Ter que levar para cama um poster da Playboy / Marta, eu passo a minha vida / vendo filme pornô no Cine Avenida".

O visual do grupo, tal como seu repertório, conciliava referências diferentes e, até certo ponto, contraditórias. O uso de bombachas e camisas havaianas como indumentária causou gritos do público:

– Menudo! Ô Menuuuuuudo! – alguém urrava da plateia, fazendo os mais próximos rirem.

Era uma referência às calças largas com as quais o grupo porto-riquenho se vestia em shows e programas de auditório naquela época. Enquanto isso, outros gritavam "Sting!", por conta da semelhança de Gessinger com o líder do The Police. Também era possível ouvir muitas palavras de estímulo como "Vai lá, Alemão!".

Mas nenhuma recepção seria amistosa o suficiente para diminuir o nervosismo dos integrantes do grupo. No intervalo entre a primeira e a segunda música, por exemplo, Maltz passou a gritar para os outros músicos: "Chama o Rainer! Chama o Rainer que escapou o pedal do bumbo!", embora o colega estivesse mais próximo do que poderia imaginar.

– Maltz estava tão nervoso que não se deu conta de que eu já estava aos pés dele arrumando o pedal assim que a música acabou – relembra Rainer.

O nervosismo, no entanto, converteu-se em energia. Os vocais eram gritados, com palavras entrecortadas, e o andamento, acelerado. A euforia captou a atenção do público, que terminou o show aos gritos de "mais um!". Os músicos se entreolharam sem saber o que fazer: não haviam pensado na hipótese de um bis. Sem mais repertório inédito, voltaram ao palco para repetir um par de canções que já haviam tocado.

Segundo Maltz, a banda era para acabar naquela noite, até que alguém veio falar com os integrantes. Ele lembra da aproximação de um homem ligado à Danceteria 433 (Silva Jardim, 433), que viu potencial nos rapazes para tocarem na casa:

– A proposta era que a gente tocasse lá em março. Aí passamos o verão inteiro ensaiando.

A aparente sucessão de acasos que deu origem e ajudou a desenvolver os Engenheiros do Hawaii pode esconder elementos importantes da criação do grupo. Frases como "colegas da faculdade nos uniram", "alguém da 433 veio falar para a gente se apresentar lá" podem não ser falsas, mas ocultam parte da história ao colocar como agentes principais nomes externos à banda.

Talvez Gessinger e Maltz nem mesmo percebessem como o próprio desejo deles foi importante para colocar o grupo em movimento. A primeira apresentação dos Engenheiros fora da Arquitetura, por exemplo, foi mesmo em março, mas não na 433, que só os receberia em maio, e sim na Terreira da Tribo, e foi proposta por ninguém menos que os próprios vocalista e baterista do grupo. Quem lembra deste episódio é Edu K, que à época fazia as vezes de guitarrista na KM0, banda que acompanhava o cantor e compositor Julio Reny:

– Eu estava de tarde na casa do Julio, na Santana (Rua), naquele estúdio clássico onde todo mundo ensaiava, aí alguém bateu na porta. Quando abrimos, estava um cara com uma cachopa crespa e um loirinho com um cabelo de cuia. Fiquei pensando quem eram aqueles estranhos. Eram o Maltz e o Gessinger – lembrou Edu, na entrevista sobre *Rock Grande do Sul*. – Eles disseram: "a gente viu que vocês (*Julio Reny & KM0*) vão tocar na Terreira da Tribo. Vocês se importam de deixar a gente abrir o show?". E nós: "Não, beleza, podem abrir".

O próprio Maltz deixa transparecer a vontade de que a banda durasse mais do que uma noite ao lembrar da letra de *Engenheiros do Hawaii, a Canção*, que esteve no primeiro show da banda. Os versos falam em "to be or not to be Engenheiros do Hawaii":

– Esse lance de "to be or not to be" tem tudo a ver com aquele momento. A dúvida de largar tudo e cair na *highway*, a questão existencial, de ser um Engenheiro do Hawaii, e não apenas estar numa banda que se chamava Engenheiros do Hawaii.

Para entender melhor a intensidade do desejo que mobilizou dois rapazes que, sem muitos planos e com alguma ajuda do acaso, montaram uma banda e seguiram juntos nela por 11 anos, vendendo mais de um milhão de unidades de seus nove discos, é importante mergulhar no passado de ambos. Eu e você faremos isso nos próximos capítulos.

TENHO
OS OLHOS
ÚMIDOS

– NÃO ME SURPREENDEU DE FORMA ALGUMA – DIZ UM EX-COLEGA DE COLÉGIO DE HUMBERTO GESSINGER SOBRE O APARECIMENTO DO NOME DO MÚSICO E DE SUA BANDA NA IMPRENSA EM MEADOS DOS ANOS 1980.

O ex-colega em questão me atende em uma das silenciosas e ordenadas salas da sede da maior empresa do Sul do país, uma gigante da siderurgia brasileira com operações industriais em 14 países, sendo uma das principais fornecedoras de aços especiais no mundo. Claudio Gerdau Johannpeter conversa comigo na presença de uma assessora por cerca de 40 minutos depois de quase três meses de negociação de datas. A demora é compreensível: membro da família que fundou e administra a Gerdau há mais de um século, Johannpeter é atualmente o ocupado presidente do Conselho de Administração e vice-presidente do Comitê Executivo da empresa.

A agenda do meu entrevistado, no entanto, nem sempre foi assim tão agitada. Quando adolescente, podia passar as tardes de sábado inteiras na casa de um colega de Colégio Anchieta tocando música. Naqueles dias, as mãos que assinariam documentos capazes de mudar os rumos de uma organização bilionária se ocupavam apenas em fazer sólidas notas graves ao violão para que o amigo Beto, um remediado filho de professores, voasse alto em seus solos de bandolim.

Beto era Humberto Gessinger, que ao lado dos colegas Johannpeter, Ricardo Horn e Nestor Forster, compunha um dos regionais de choro com os sobrenomes mais germânicos da música popular brasileira. Apesar dos integrantes carregarem assinaturas repletas de consoantes, o repertório do quarteto era composto por temas com títulos bem brasileiros, como *Carinhoso*, *Lamento*, *Brejeiro* e *Brasileirinho*.

Na liderança do grupo, estava Humberto Gessinger. Havia partido do estudante, que tinha à época cerca de 16 anos, a ideia de formar o quarteto com seus colegas de sala de aula. Os ensaios ocorriam aos sábados, na casa do próprio Humberto, na Rua Dona Leopoldina, nas proximidades da Rua Dom Pedro II e da Sociedade de Ginástica Porto Alegre (Sogipa). Eles tocavam no andar de baixo da casa, em uma sala desocupada, chamada de "porão" pelos familiares – foi também onde os Engenheiros futuramente fariam sua primeira reunião, já descrita neste livro.

Junto aos jovens instrumentistas, estava sempre um importante reforço, o professor Ayrton Fagundes da Silva, um conhecido "chorão" e professor de música da cidade. O mestre, que já havia entrado na casa dos 40 anos, era contratado para ensinar e reger os rapazes, coordenando o que e como cada um dos meninos teria que tocar.

Timidamente, o grupo fez até mesmo algumas apresentações fora do "porão", em um extinto bar que ficava a menos de uma quadra da casa em que ensaiavam. Um par de vezes foram até lá e se sentaram em uma mesa para tocarem seus chorinhos, com Gessinger no bandolim, Horn no violão e no cavaquinho e Johannpeter em um violão de seis cordas no qual fazia os baixos – Forster fazia bases no violão, mas não lembra das idas ao boteco.

– Não tenho dúvida de que ele (*Gessinger*) já tinha o *drive* para isso (*a carreira musical*). Esse negócio de montar a banda, de chamar o Ayrton, de tentar fazer alguma coisa pequena em público... Isso tudo foi iniciativa dele – lembra Johannpeter.

A carreira de Gessinger pode não ter surpreendido os amigos mais próximos, mas foi recebida com assombro por muita gente que convivia há mais tempo com ele – até mesmo por quem o conhecia meses antes de vir ao mundo.

– A última profissão que eu imaginaria para o Humberto seria ele ganhar a vida no palco. Foi uma surpresa que a vida me deu. É uma coisa para a qual até hoje não tenho explicação – afirma Casilda Gessinger, mãe de Humberto. – Ele era muito quieto, muito calado, e a gente associa um show a alguém que saia bastante, que tenha muitas amizades, relacionamentos. Ele nunca foi assim – completa ela.

Forster, que seguiu carreira diplomática e atualmente vive em Nova York, lembra que o amigo, desde pequeno, era interessado em espetáculos, mesmo que permanecesse nos bastidores.

– Ficamos amigos de verdade na colônia de férias que os padres (*do Colégio Anchieta*) organizavam no seminário dos jesuítas em São Salvador do Sul, um lugar magnífico, em cima de um planalto, rodeado de florestas. Ali passamos, 36 guris, três verões inesquecíveis, logo após o final das aulas, no início de dezembro. Tínhamos então de 11 a 13 anos, e o Beto deu a ideia de montarmos uma apresentação em que eu contasse algumas histórias de cunho biográfico – narra Forster por e-mail.

Além de dar a ideia, o pequeno Humberto partiu para a prática.

– Ele (*Humberto*) foi como que o produtor e diretor, fez até alguma iluminação especial usando lanternas e papel celofane vermelho. Na época eu era muito magro e usava aparelho dentário, o que levou alguns colegas mais velhos a me chamarem de Frankenstein. Em vez de ficar chateado com isso (ou processar a todos e ao colégio por "discriminação", como é moda hoje), fizemos um monólogo, em que eu narrava o meu nascimento em uma sexta-feira 13, com chuvas e trovoadas. E passado esse introito, eu contava algumas aventuras de guri e piadas inocentes sobre futebol e namoricos – conta o diplomata.

Forster também lembra que a encenação teve êxito:

– A apresentação, feita depois do jantar, no que se chamava "hora de arte", foi um sucesso, e tivemos de repeti-la no encontro de despedida, um churrasco ao qual vinham as famílias de quase todos os 36 guris. Acho que foi ali que nasceu nossa amizade, e pode-se dizer que naquela tenra idade o Beto já tinha algum interesse em arte e espetáculo, embora ainda atrás dos holofotes.

Mas o que Johannpeter percebeu, talvez antes mesmo que os familiares de Humberto, era que o amor do jovem pela música tinha uma dimensão tal que conseguia superar até mesmo sua timidez

– que não era pouca. Para o futuro dirigente da Gerdau era fácil se dar conta da intensidade dessa paixão, afinal ele próprio havia sido captado pela empolgação musical de Gessinger, entrando para o regional que este inventara mesmo sem ter sido anteriormente um grande ouvinte de choro.

– Ele era um cara supertímido e muito inteligente. Humberto era sempre tido como um dos caras mais inteligentes da aula. Ia muito bem nas provas, tinha muita facilidade, não precisava estudar demais para tirar notas altas – relembra Johannpeter. – Ele falava pouco com as meninas, ficava mais conosco. Nosso grupo de amigos era pequeno, era mais ou menos sempre a mesma turma – completa.

Fora do colégio, a agitação também não era lá muito intensa. Entre os mais chegados, corria a história de que Gessinger gastava todas as horas do final de semana ouvindo repetidamente a discografia do Pink Floyd, em ordem de lançamento, do primeiro ao mais recente álbum.

Além de fazer música, um dos poucos prazeres lembrados pelos amigos era comer bomba de chocolate no Mercado Público. As horas de lazer de Gessinger se completavam com leitura e jogo de tênis. A segunda atividade não era muito menos solitária que a primeira.

– Sempre gostei mais de bater bola no paredão do que jogar com alguém. É uma coisa de personalidade. Gosto daquela coisa concentrada para dentro, tu contigo mesmo, mais do que jogar e socializar – esclarece Gessinger.

De alguma maneira, tênis e literatura estão relacionados também pelo fato de que na Sogipa, onde praticava o esporte, havia uma biblioteca da qual se servia. Além dos livros escolhidos no precário acervo, que impossibilitava o estudante de se aprofundar nos autores que gostava, uma vez que não havia ali a bibliografia completa de nenhum deles, Gessinger lembra que o primeiro romance que comprou com o próprio dinheiro foi *O Lobo da Estepe*, de Hermann Hesse, por conta do título ser o mesmo da banda Steppenwolf. As leituras de Hesse o levariam também a conhecer Albert Camus e os existencialistas, o que mais tarde seria marcante no seu trabalho como compositor.

Além da personalidade, outros fatores ajudam a explicar o caráter ensimesmado do líder dos Engenheiros do Hawaii. Um rápido olhar por sua infância pode ajudar a melhor compreender a afinidade com a solidão.

Humberto Gessinger nasceu na véspera de Natal de 1963, no hospital Ernesto Dornelles, no bairro Azenha. Naquele 24 de dezembro, Casilda e Huberto Gessinger ganhavam o primeiro varão da família, que já contava com Maria Rosália, então com seis anos, e Rosana Maria, com dois. Em 1965, a casa ficaria completa com a chegada do caçula João Rodolfo.

O encontro de Casilda e Huberto foi também um encontro entre Serra e Vale. E entre mapas e letras. Casilda Minatti nasceu em uma família de origem italiana de Vista Alegre, então distrito de Nova Prata, na Serra Gaúcha. Já Huberto Aloysio Gessinger era de origem alemã, e vinha de Santa Cruz do Sul, no Vale do Rio Pardo. Ela era professora de geografia. Ele, de latim, francês e português.

Apesar das diferenças, havia muito em comum. Ambos vinham de famílias numerosas – ela tinha nove irmãos; ele, também – e vieram do Interior em busca de oportunidades de vida, formando-se professores em diferentes áreas, mas os dois igualmente pela UFRGS.

Enquanto a maior parte da família de Huberto seguia morando no interior, os dez irmãos Minatti se mudaram todos juntos com seus pais para Porto Alegre quando Casilda, a caçula, tinha três anos. Depois de namorarem por sete anos, Huberto e Casilda se casaram quando a noiva concluiu os estudos, aos 23 anos. Vivendo em uma cidade diferente daquela na qual crescera e sem muitos parentes próximos, o patriarca dos Gessinger estreitou laços com a ampla família Minatti, com o próprio núcleo familiar que constituía, com o trabalho e com a religião.

Todos os domingos, a família ia até a igreja São João para a missa, da qual geralmente saíam um pouco antes do fim, logo depois da distribuição de hóstias da comunhão, para alívio dos pequenos, que se entediavam com o ritual.

– Meu pai tinha envolvimento com o Movimento Familiar Cristão, era muito atuante nisso. Minha mãe dava aula de cataquese. A formação católica é muito importante no meu inconsciente. É o modo como formataram meu HD – diz Gessinger.

A dedicação de Huberto ao trabalho deu frutos. Foi professor na Escola da Polícia Civil, lecionou e foi vice-diretor do Colégio Estadual Júlio de Castilhos, e também deu aulas na Universidade do Vale do Rio dos Sinos (Unisinos). No Colégio Anchieta, instituição com alunos de classe alta de Porto Alegre, foi professor e vice-diretor, o que lhe possibilitava ali matricular seus filhos sem pagar as altas mensalidades cobradas.

Foi dessa forma que o pequeno Humberto, apesar de ter feito um ano de pré-escola no Colégio São João, que ficava a menos de dez minutos de caminhada da sua casa, cursou todo o primeiro e o segundo graus no Colégio Anchieta (Nilo Peçanha, 1521), no bairro Três Figueiras.

Na adolescência, Gessinger tinha duas opções para pegar o mesmo ônibus T1 para ir à escola: ou encarava quase 500 metros de íngreme subida até a parada do Colégio Pastor Dohms, ou pegava o coletivo na frente de casa e tentava convencer o motorista a seguir no ônibus depois do fim da linha sem pagar uma nova passagem. A segunda opção parecia mais cômoda, mas nem sempre dava certo. Se o motorista não fosse compreensivo, teria que encarar uma subida ainda mais íngreme para retomar o caminho e seguir a pé.

Na dúvida, saía de casa e percorria os 40 minutos até o Anchieta caminhando. A solução era boa também porque economizava o dinheiro da passagem.

– Em um mês dava pra comprar um LP – conta o compositor.

Enquanto Gessinger guardava suas moedinhas e colocava as pernas para funcionar, a maior parte dos seus colegas mal havia começado a arrumar suas coisas para ir à aula, pois eram meninos e meninas que viviam nas proximidades do colégio. Johannpeter e Horn, por exemplo, moravam respectivamente na Praça Japão e na Rua Pedro Chaves Barcelos, o que significava menos de dez minutos de caminhada até o Anchieta.

Num tempo em que o transporte público de Porto Alegre era ainda mais precário que o atual e a comunicação digital não existia, a distância física facilmente se convertia também em distância afetiva. Ou seja, fora da escola, Gessinger não tinha muitos amigos por perto. Via os colegas na aula, mas não estreitava relações fora dela.

– Acho que isso é uma questão pessoal. A gente não era de fazer turma. Nem eu, nem minha irmã e meus irmãos. Sou talvez menos tímida que o Beto, mas não lembro de a gente fazer turma mesmo assim. Não sei se isso tem a ver com o colégio ou com nossa personalidade – opina a irmã Rosália.

Dentro de casa, por outro lado, a ligação entre os Gessinger era intensa. Certa vez, logo depois do chefe da família sair para um retiro católico que duraria alguns dias, os filhos ouviram alguém bater à porta, e qual não foi a surpresa de ali ver Huberto.

– Era o pai voltando para casa. Ele tinha se dado conta de que não ia conseguir passar aquele tempo todo longe da gente – lembra Rosália. – A gente era muito família. Tínhamos muitos tios que nos cercavam de carinho. Passar um final de semana com eles para nós era a melhor festa.

Casilda lembra com detalhes a primeira vez que o mais velho dos seus meninos lhe deu demonstrações de ter gênio criativo.

– Um dia fui guardar os cadernos dele, que ele havia deixado esparramados sobre o birô, e achei um texto tão bonito escrito ali. Era a letra dele, mas será que foi ele quem escreveu? Fiquei me perguntando. Quando meu marido chegou, mostrei a ele, que disse: "Não, isso deve ser do Anchieta, porque lá os padres trabalham poesias e textos". Aí chamamos o Humberto e pedimos para ele escrever alguma coisa. Foi quando nos demos conta de que era ele mesmo o autor do texto – conta Casilda.

O menino não tinha mais que oito ou nove anos quando a descoberta aconteceu.

– Era uma reflexão, algo bem filosófico. Aquilo me marcou porque não era compatível com a idade dele.

Os jornais da casa tampouco passavam incólumes à caneta do jovem, que sempre os deixava marcados com comentários ou brincadeiras sobre as fotos ou acontecimentos narrados naquelas páginas.

– Eu tinha certeza de que ele seria um escritor, que faria livros, ou até escreveria música, mas jamais pensei que apresentaria ele mesmo essas músicas – diz a mãe.

Já a filha mais velha dos Gessinger se impressionava com o ecletismo do irmão.

No toca-discos, colocava desde os antenados e lisérgicos Os Mutantes até o regional e tradicional José Mendes, passando por Pink Floyd, The Beatles, Os Incríveis e muito mais.

– Eu gostava de Chico, Mutantes, Elis... Hoje até tenho um olhar diferente, mas naquele tempo não conseguia ouvir Zé Mendes cantando *Para Pedro*, por exemplo. O Beto ouvia. Ele tinha mais abertura. Conseguia curtir artistas que não eram para o grande público, mas também não tinha preconceito com coisas mais populares – lembra a irmã.

Antes de Gessinger comprar os próprios discos, ouvia o que entrava em casa por duas vias: uma era o tio Lídio, funcionário de uma empresa arrecadadora de direitos autorais, que havia casado com uma tia materna; e a outra era Rosália. Enquanto a irmã comprava discos de pop rock e da mais sofisticada MPB, o tio entregava ali os que recebia de presente das gravadoras, com os mais diferentes gêneros, alguns bons artistas e outros de qualidade duvidosa.

– Lembro do Beto afanar alguns discos meus e às vezes trocar por outros. Eu tinha o *Imagine*, do John Lennon, e lá pelas tantas eu não o achava mais. É que o Humberto já tinha dado um jeito de trocar ou negociar por outro – diverte-se Rosália ao lembrar.

Mas foi ouvindo dois dos discos trazidos pelo tio que Gessinger teve o primeiro impulso musical. Fissurado nas canções *Era Um Garoto que Como Eu Amava os Beatles e os Rolling Stones*, gravada por Os Incríveis, e *Picaço Velho*, do José Mendes, queria muito tocá-las no violão. Foi assim que por volta dos seis anos ganhou o instrumento, um presente de tia Bambina.

– Minhas irmãs faziam aula de piano, embora a gente não tivesse piano em casa. Então me sugeriram fazer aula de violão, mas eu era um moleque muito tímido, então não quis fazer. Eu era muito fechado na escola, nada muito radical, não sofria *bullying* nem nada, mas não me sentia bem, não conseguia socializar legal – relembra Gessinger.

Não havia muitos músicos por perto da família, mas a música se fazia presente. Além dos LPs, uma harmônica às vezes ressonava pela casa. Era o professor Huberto tocando algumas melodias à noite.

– Ele era muito brincalhão. Às vezes chegava no quarto e tocava um pouco de gaita para a gente – lembra Gessinger.

A casa na qual seu Huberto crescera, em Boa Vista, distrito de Santa Cruz do Sul, chegava a abrigar uma pequena orquestra familiar.

– Meu avô era dono de uma venda. Tinha dez filhos, e não tinha tevê nem rádio por ali, aí tinham uma orquestra. Meu pai tocava violino, uma tia minha tocava acordeon e outra tia tocava piano – explica Gessinger.

O futuro músico jamais viu a orquestra da família reunida. Anos antes de Huberto e Casilda se casarem, os pais do noivo morreram em um acidente de carro. Depois da tragédia, os filhos foram aos poucos se dispersando daquele núcleo rural, e o grupo foi silenciando.

Depois do violão da infância, o ímpeto musical de Humberto Gessinger só voltou na adolescência. E depois de outro episódio trágico para a família.

Após um breve período de muito cansaço, o ativo professor Huberto, que vivia correndo de um colégio para outro exercendo seu trabalho, fez um hemograma para descobrir o que estava minando sua energia.

– Lembro que eu estava recém começando a cursar Medicina, então peguei um livro meu (*com os padrões saudáveis de um hemograma*) e comecei e comparar os resultados do exame do pai. Estava tudo diferente. Não tinha noção do que era aquilo – conta Rosália, que se formou na PUCRS.

O diagnóstico foi de leucemia. A doença se estendeu por cerca de dois anos, com idas e vindas ao hospital.

– Ele adoeceu quando eu tinha 12 anos e morreu quando eu tinha 14. Foi um período traumático lá em casa. Eu já adorava caminhar, indo e voltando sempre a pé do Anchieta. Aí, numa tarde qualquer, eu vinha pela rua, tri bem, e quando chegava na esquina de casa vi uma ambulância no meu portão – relembra Humberto.

O professor Huberto Aloysio Gessinger morreu em 7 de agosto de 1978, aos 48 anos. "Não deu tempo para ele me ensinar a fazer a barba", lamenta Humberto no livro *Pra Ser Sincero* (2009). "Enquanto meus colegas brigavam com seus pais na saudável busca pela identidade, à noite, eu colocava os chinelos do meu pai para andar no escuro da casa. Fisicamente, não nos parecíamos, mas o som dos chinelos caminhando era igual. Matava um pouco da saudade", escreveu.

– Um dia o Humberto me falou: "agora o quadro é outro". E era mesmo. Tudo tinha mudado. Foi difícil. Cada um procurou se orientar em uma profissão de livre escolha e seguir seu caminho – lembra a mãe, que se dedicou ainda mais imensamente ao trabalho para não deixar faltar nada aos filhos.

"O que havia de bom nessa época era ouvir música", escreveu Gessinger em *Pra Ser Sincero*. Além de bombas de sorvete, o Mercado Público era também onde ele conseguia ter acesso a revistas nacionais e importadas sobre rock. Em uma época com divisões bem marcadas no gênero, como hard, punk e progressivo, o jovem aderiu ao último grupo.

Os elaborados trabalhos de bandas como Pink Floyd, Yes e Rush devem ter ajudado o jovem a abrir também os ouvidos à musica instrumental, que vinha conquistando espaço na indústria fonográfica e no circuito de shows da época. Estavam em alta artistas como Egberto Gismonti, Sivuca, Hermeto Pascoal, Pat Metheny, Stanley Clarke, entre outros. O virtuosístico *Friday Night in San Francisco* (1981), por exemplo, com Al Di Meola, John McLaughlin e Paco de Lucía esmerilhando seus violões em velocidades inacreditáveis, tornou-se um sucesso de vendas. Um pouco mais tarde, em 1984, a cena local também conseguiu desenvolver seu virtuose com apelo comercial. *Gaita-Ponto*, de Renato Borghetti, um gaiteiro porto-alegrense que então gozava de seus 21 anos, conquistou o primeiro disco de ouro da história da música instrumental brasileira. E não era só o novo nativismo, que então aflorava no Estado, o único segmento musical a ter seus fenômenos instrumentais. No rock, grupos como Cheiro de Vida se destacavam, e até mesmo a banda Taranatiriça, que mais tarde teria Alemão Ronaldo e Marcelo Perna nos vocais, começou se apresentando em uma formação sem cantor.

Mas curtir música não era apenas algo passivo para Gessinger. Aos poucos, o menino estreitava novamente a relação com o violão e começava a escrever algumas canções.

– Era um lance de levantar minhas questões, de reagir à vida, mesmo sendo uma maneira muito subjetiva e introspectiva de reação. Mas também tinha aquele puro prazer de tocar um acorde. Parece uma bobagem, mas o ato físico de tocar me dá uma sensação muito boa. Às vezes passo horas com um instrumento simplesmente tocando, fazendo soar coisas desestruturadas, não canções completas – explica o músico.

Aos 15 anos, ele ganhou de aniversário o dinheiro para comprar sua primeira guitarra, uma Giannini Diamond, e um amplificador. A decepção com o barulhento instrumento, no entanto, foi total. "Não era um instrumento introspectivo", explica em *Pra Ser Sincero*.

Foi assim que se matriculou na escola de música Palestrina, no Centro da cidade, para ter aulas de violão. Ao chegar na sala em que teria os primeiros ensinamentos, viu o professor Ayrton Fagundes da Silva tocando um choro ao bandolim. A paixão pelo pequeno instrumento foi instantânea.

O poder hipnotizador de Ayrton ao tocar choros naquelas dez cordas era conhecido de toda a comunidade da música instrumental de Porto Alegre. Não era à toa que o sargento – ele conciliava aulas na Palestrina e shows em casas noturnas com o trabalho na Brigada Militar – era conhecido no meio como Ayrton do Bandolim.

O contexto também era de valorização do choro, o que ajudou a atrair a atenção do jovem.

– Era o momento da Abertura, do Brasil olhar para si mesmo. Com isso, tinha também uma onda muito bacana de renascimento do chorinho. Aliás, é uma coisa meio cíclica na cultura popular brasileira: de 15 em 15 anos renasce o chorinho. Fiquei fascinado por aquilo e logo passei a procurar os discos do Waldir Azevedo e Jacob do Bandolim.

Gessinger logo deixou o violão de lado e disse que queria se dedicar à nova descoberta. Ayrton orientou o jovem: bandolim era um instrumento para ser tocado em grupo, então ele precisaria conseguir mais dois violões e um cavaquinho.

O jovem estudante do Anchieta precisaria vencer a timidez mais uma vez. Já havia superado a barreira interna que na infância o impedira de começar as aulas de violão, mas agora precisaria convencer mais três pessoas a tocar com ele. Deu conta do recado.

Aos sábados à tarde, a convite de Gessinger, Ayrton passou a dar aulas ao quarteto formado pelo anfitrião, Claudio Johannpeter, Nestor Forster Filho e Ricardo Horn. Eram encontros essencialmente práticos, sem qualquer tipo de aprendizado de leitura musical.

– Ayrton fazia tudo na hora. Dizia: "Claudio, faz o baixo assim; Nestor faz o acompanhamento desse jeito", e assim por diante – recorda Johannpeter.

Mais tarde, em 1994, Cadinho – esse era o apelido de Horn entre amigos –, voltaria a tocar com Gessinger, desta vez nos Engenheiros do Hawaii, depois da atribulada saída do guitarrista Augustinho Licks. Mais adiante, será possível ver que a saída de Horn da banda também não foi muito amigável.

Na época do regional, no entanto, a convivência era tranquila. Com uma mãe que tocava piano e uma avó que cantava em óperas, Horn demonstrava inclinação para a música ao violão e, aos poucos, foi aprendendo também cavaquinho, sob a orientação de Ayrton.

– O Cadinho tinha uma facilidade musical impressionante – avalia Ayrton.

Além de algumas poucas e tímidas apresentações sentados no bar próximo à casa de Gessinger, o regional era ouvido apenas por quem vivia na casa do anfitrião.

– Não foi nada formal, mas o Humberto começou a ter vontade de tocar em público. Aí a gente foi duas ou três vezes no fim de tarde a algum bar próximo à casa dele – lembra Johannpeter. – Sentávamos em uma mesa e saíamos tocando.

Ninguém lembra exatamente quanto tempo o regional durou, mas se estendeu por alguns meses, talvez pouco mais de um ano.

– Nós ensaiamos uns chorinhos, mas não demorou muito para o pessoal se desinteressar – afirma Gessinger.

A proximidade do vestibular talvez também tenha contribuído para que os estudantes diminuíssem sua rotina musical. Sem saber muito bem para onde direcionar a carreira, o futuro engenheiro do Hawaii escolheu a Arquitetura. "Esquina entre arte e ciência" ou "entre engenharia e artes plásticas", como muitas vezes Gessinger se referiu ao curso, a Arquitetura não tinha tradição alguma na família, nem por isso a escolha surpreendeu os mais próximos.

– A Arquitetura tem sua relação com a arte e com a música, o que tinha muito a ver com ele – conta a mãe do vestibulando.

Músicos da MPB como Chico Buarque e Tom Jobim também haviam passado pelo curso, além de escritores e cartunistas. Em algumas biografias mal traduzidas lidas por Gessinger, até os membros do Pink Floyd passaram pela faculdade. Tudo isso ajudava a criar em torno do curso de Arquitetura uma aura de criatividade e debate que atraía – e talvez ainda atraia – jovens com ideais românticos. Particularmente, a Arquitetura da UFRGS costumava receber apaixonados pela música. Seus estudantes, em 1969, por exemplo, trouxeram para o Arquisamba, um festival não competitivo ali realizado, artistas como Gal Costa, Os Brazões, Tom Zé e Os Mutantes.

Com diferentes possibilidades de atuação e interseções com as mais diferentes áreas, desde matemática e engenharia até arte e sociologia, o curso também era uma boa opção para quem ainda não estava bem certo do que gostaria de fazer pelo resto da vida. Gessinger se encaixava nesse grupo.

– Era um curso escolhido por muita gente que não sabia muito bem o que escolher – resume o compositor.

Apesar de não saber muito bem o que fazer, ele ia sendo cada vez mais tomado pelo ímpeto musical – mesmo sem perceber. Até a timidez, característica apontada como dominante por todos que conviviam com o jovem, havia sucumbido em diferentes momentos diante do desejo musical. Buscar finalmente as aulas de violão, convencer os amigos a montar um grupo de choro e fazer apresentações improvisadas fora de casa eram algumas demonstrações de que o amor pela música podia ser a tônica de sua vida. Mas ainda não era.

– Lembro que uma vez a mãe de Humberto me procurou para falar que ele daria um tempo no estudo musical para se dedicar aos estudos para o vestibular. Falei que estava tudo bem, mas que, se ele me procurasse, não deixaria de atendê-lo. E ele me procurava. Era danado! Aquela vontade de música tomava conta dele – lembra Ayrton.

Humberto Gessinger entrou na Faculdade de Arquitetura da UFRGS depois de seu primeiro vestibular, começando o curso em 1981. E ali mesmo encontraria terreno para começar a expor sua poesia e musicalidade de maneira definitiva. O primeiro show, em 11 de janeiro de 1985, foi o início de uma caminhada que, em menos de um ano, o transportaria para uma gravadora de alcance nacional. Foi um caminho trilhado com criatividade incomum, dedicação absoluta e nenhum medo de criar desafetos. O mergulho cego do menino de cara limpa ao mundo do rock'n'roll estava apenas começando.

Nesse salto, contudo, não estava sozinho. Ao lado dele, ou melhor, alguns passos atrás, na bateria, estava alguém com a mesma – ou até maior – disposição para conquistar novos públicos e imergir em um mundo criativo que logo se tornaria uma bolha com códigos e dinâmicas próprias. Quando a bolha estourasse, muita lama e farpas seriam escoadas, mas até lá se tornariam o maior fenômeno do rock nascido no Rio Grande do Sul, percorrendo o Brasil inteiro juntos, marcando presença nos maiores festivais de rock, dando entrevistas lado a lado em programas de tevê e gravando nove discos de êxito estrondoso nas rádios e lojas do país.

UM
BEATNIK

ENQUANTO HUMBERTO GESSINGER TENTAVA DESCOLAR SUA PRIMEIRA NAMORADA, FAZIA PLANOS JAMAIS REALIZADOS DE MORAR FORA DO PAÍS E HESITAVA EM TOCAR EM PÚBLICO, CARLOS MALTZ JÁ ESTAVA CASADO, HAVIA MORADO EM UM *KIBUTZ* PRÓXIMO À FAIXA DE GAZA E SE APRESENTADO COMO PERCUSSIONISTA COM UM GRUPO DE ARTISTAS LATINOS NAS RUAS DE BARCELONA.

Era mais velho que Gessinger, é verdade, mas apenas um ano. Já na Arquitetura, a diferença de tempo se invertia: Maltz só começou a frequentar o curso em 1982, dois semestres depois de Humberto.

Encontrei Maltz na Feira do Livro de Porto Alegre de 2015. O cabelo estava curto, do jeito que as barbearias hipsters haviam começado a adotar há um par de anos: mais baixo dos lados e um pouco mais abundante no topo da cabeça. O corte lhe caía bem.

– Um fã acabou de dizer que eu tinha que deixar o cabelo crescer de novo, como se isso fosse fazer o tempo voltar – contou ele, logo depois da sessão de autógrafos de seu romance *O Último Rei do Rock* no sexagenário evento da capital gaúcha.

A fila que Maltz enfrentou naquela tarde demorou pouco mais de trinta minutos para se dispersar. Entre os que ali aguardavam, estavam fãs com as mais diferentes idades, desde adolescentes com 13 anos até cinquentões. A maioria deles carregava consigo, além do novo livro, vinis, fitas e outros objetos relacionados aos Engenheiros do Hawaii para deixar marcados neles a assinatura do ídolo.

De perto, as marcas de acne do rosto de Maltz não são tão impressionantes como alguns colegas de Arquitetura haviam me descrito. O tempo dissolveu alguns sinais, mas também imprimiu outros:

o princípio de uma redonda barriga, que fica mais aparente quando o ex-baterista fecha o zíper de seu casaco de couro escuro, contradiz a magreza pela qual era conhecido na adolescência. Fino como David Carradine no seriado *Kung Fu*, Maltz tinha o apelido de Fu entre amigos e colegas, em uma alusão ao folhetim da tevê. O apelido pegou. Até hoje, alguns companheiros desta época têm dificuldade de chamá-lo de "Carlos" – nas entrevistas para este livro, falavam "Fu fez tal coisa", "Fu era de tal jeito" e assim por diante.

Em nosso encontro na Feira do Livro, a assessora da editora nos avisa que, antes da entrevista que temos marcada, um bate-papo com a Unisinos FM foi interposto. Só me resta acompanhar e aguardar. Caminhamos pelo meio da Praça da Alfândega, tentando desvendar onde seria o estúdio da rádio, enquanto Maltz olhava a paisagem e explicava a influência que o ascendente teria sobre o signo da assessora, que a cada palavra arregalava os olhos e balançava a cabeça em acordo com o que ouvia.

Em cinco minutos encontramos o estúdio. E foi ali que acabei dando minha primeira entrevista sobre o livro que você está lendo. Eu não havia sequer escrito uma linha disto tudo. Em meu favor, no entanto, devo dizer que a pesquisa ia de vento em popa. Quem me chamou para o microfone foi o próprio Maltz:

– O rapaz aí está escrevendo um livro sobre a banda – disse ao apresentador, em um intervalo da conversa.

O hoje astrólogo, psicólogo e escritor me agregou ao papo radiofônico com descontração e proximidade. Ainda dentro do estúdio, presenciei um abraço emocionado de Maltz com o guitarrista e jornalista Jimi Joe, que escreveu o release do disco *Filmes de Guerra, Canções de Amor* (1993), para o qual explicou brevemente a possível influência dos astros no momento em que o músico vivia. Agregador, também me apresentou a Jimi. Saímos de lá com Maltz me dando dicas de como deveria divulgar e distribuir meu trabalho. Havíamos nos conhecido há menos de uma hora.

Já tinha ouvido falar muito do caráter incentivador, confiante e otimista do cofundador dos Engenheiros do Hawaii, mas só quando estive na presença daquele polo de energia e generosidade é que consegui compreender sobre o que me falavam.

Filho de um casal de ascendência judaica, Carlos Maltz nasceu no hospital Beneficência Portuguesa, no Centro de Porto Alegre. A gravidez, no entanto, não foi acompanhada pelos médicos daquela centenária instituição – tampouco por qualquer outro doutor da cidade. O primogênito do casal Leão e Marta foi concebido e gestado a mais de 3 mil quilômetros da capital gaúcha, no pequeno distrito de Mataripe, no município de São Francisco do Conde (BA).

Logo depois de se casarem, em dezembro de 1961, os porto-alegrenses Leão, então com 30 anos, e Marta, aos 21, foram levar a vida longe de suas famílias por demanda do trabalho. Seu Leo, como é chamado entre os mais próximos, havia recém passado em um concurso para se tornar engenheiro da Petrobrás. A perspectiva de bons salários veio junto com a – nem tão boa – necessidade de passar alguns anos ocupado em refinarias longe da terra natal. Além de Mataripe, ambos viveram também algum tempo em Tramandaí (RS), antes de se restabelecerem em Porto Alegre, quando o pequeno Carlinhos contava três anos.

Primeira geração de suas famílias no Brasil, Leão Emílio Maltz tinha os pais de origem austro-húngara, e Marta Trachtemberg era descendente de romenos. Apesar de ambos pertencerem à comunidade judaica porto-alegrense, só foram se conhecer na idade adulta, quando Seu Leo entrou de penetra em uma festa de casamento de uma amiga de Marta. O namoro foi de apenas um ano, e logo o casamento foi marcado.

A pouca convivência do casal antes do matrimônio não parece ter sido empecilho para uma vida feliz. Dez meses depois de trocarem alianças, nascia Carlinhos em 24 de outubro de 1962. Dois anos depois veio Renata, sucedida por Nilton, que chegou em 1969.

O casal permaneceu unido até a morte de Leão, em 14 de agosto de 2016, aos 84 anos. Os dois me receberam juntos para darem seu depoimento a este livro em uma tarde de dezembro de 2015.

– Queria que o Carlinhos nascesse em Porto Alegre – explica Marta.

Ela enfrentou sozinha horas de estrada e de voo no final da gestação para vir de Mataripe à capital gaúcha, pois Leão só teria férias alguns dias depois do voo marcado pela mulher.

Já morando em Porto Alegre, Carlos passou a vida escolar no Colégio Israelita (Protásio Alves, 943), no Bairro Santa Cecília. Ali, não era dos alunos mais populares, mas tinha um bom grupo de amigos e não hesitava em ser o centro das atenções em qualquer atividade.

– Antes de ter fama, fazia questão de se apresentar em qualquer coisa para a qual fosse convidado. Ele ia imediatamente. Depois de famoso, era o contrário: não entrava em um restaurante se não houvesse um cantinho escondido – contou Leão.

Na casa dos Maltz, música não vinha em primeiro lugar. Na coleção de vinis de Leão estavam alguns discos de música erudita e de bandas de calipso da América Central, com seus melódicos tambores de metal (*steel drums*). Os últimos exerciam fascínio especial sobre Carlinhos – mais tarde, a fita com a gravação do primeiro show da banda que o tornaria famoso ficaria guardada na casa do baterista com uma improvisada capa na qual se podia ler "Engenheiros do Hawaii" e "Uma banda de rock 'calipso'".

Em 1975, o primogênito da família ganhou em seu aniversário dois álbuns que o acompanhariam ao longo de muitos anos: *Led Zeppelin IV* (1971) e *The Dark Side of the Moon* (1973), do Pink Floyd.

– Fiquei dois ou três anos ouvindo apenas esses dois discos. O acesso à musica era muito mais restrito do que hoje. Quando a gente tinha um disco, permanecia muito tempo curtindo aquilo – recorda Maltz.

Marta lembra de ter contratado um professor que ia até a casa da família para dar aulas de violão em algum momento da infância de Carlos e Renata, mas o envolvimento definitivo do filho com a música se deu por outra via: o futebol. Abrão, pai de Marta, era um imigrante israelita muito peculiar. Em uma época em que o nativismo ainda não gozava do status atual, na qual quem passeava pela rua pilchado era comumente hostilizado, chamado de "grosso" ou "bárbaro", Abrão vestia sua bombacha e, de lenço vermelho no pescoço, demonstrava à família seus dotes de churrasqueiro a cada domingo.

Além do lenço, vermelho também era o time do coração do avô do adolescente Carlinhos. Dono de uma cadeira no Estádio Beira-Rio, não deixava de ir a nenhuma das partidas do Sport Club Internacional quando este jogava em casa. A paixão do avô euro-guasca pelo time foi também transmitida ao neto. Os dois logo iriam juntos periodicamente aos jogos na Avenida Padre Cacique, embora Carlinhos em breve passaria a frequentar o local em companhias menos familiares.

No mesmo ano de seu *bar mitzvah*, Carlos teve a alegria de ver o time que apoiava da arquibancada ao lado do avô se tornar o grande campeão brasileiro. Em campo, estava nada menos que o chamado "esquadrão imortal", que tinha, entre outros destaques, craques como Figueroa, Falcão e Escurinho. A empolgação com o time foi tamanha que o jovem resolveu ir além dos gritos de apoio que dava aos jogadores ao lado de Seu Abrão.

Foi assim que Carlos, o branquelo filho de uma professora de inglês e de um engenheiro de uma gigantesca empresa petrolífera, entrou para a popular torcida organizada Camisa 12, que fazia o Beira-Rio tremer com sua percussão e canto. Segundo Carlos, foi com estranhamento que os membros da organizada encararam o desejo do estudante se unir à bateria do grupo.

– Pedi para entrar, mas os caras riram da minha cara. Era uma época em que praticamente não tinha brancos na Camisa 12 – lembra o torcedor.

Apesar do olhar desdenhoso, ele não desistiu de seu intento:

– Percebi que tinha um tambor que ninguém queria carregar porque era muito grande. Era o sopapo, um surdo de corte. Estava ali sobrando. Aí falei: "posso tocar aquele negócio?". Eles riram de novo, mas me deixaram ficar.

Foi assim que Maltz passou o ano de 1976 saindo da moderna e confortável casa de seus pais, no bairro Petrópolis, e indo direto para o andar superior do estádio do Internacional, onde se unia a trabalhadores e malandros de todos os cantos de Porto Alegre para fazer a trilha sonora de mais uma campanha vitoriosa do time, que se sagrou campeão nacional pela segunda vez consecutiva naquele ano.

A participação na Camisa 12 seguiu até que Carlos resolveu fazer sua própria organizada. Ao lado de colegas do Colégio Israelita, desenvolveu a Bom Finter – trocadilho do nome do time com o Bom Fim, bairro conhecido pela concentração de sinagogas e famílias judaicas.

– No primeiro grenal que fomos, o Inter perdeu para o Grêmio, e o pessoal logo se desmobilizou – conta o grande incentivador do projeto.

Como se pode ver, Carlos desde cedo desenvolveu a capacidade de ser aceito nos espaços em que queria. Além desta habilidade, o traquejo em escapar de ambientes nos quais não desejava estar é também uma característica notável. Convocado para o serviço militar, deu um jeito de escapar rapidinho do quartel. Aos 18 anos, ele ainda não tinha a cabeleira imensa que lhe rendeu o apelido de Capitão Caverna em seus anos de Engenheiros do Hawaii, mas já cultivava algumas madeixas, que foi obrigado a abandonar diante da máquina de raspar do Exército.

– Ah, ele ficou tão brabo – suspira Marta ao lembrar.

Logo o rapaz deixou claro para a família que aquele negócio de servir a pátria não era com ele. E mais: fugiria do país se precisasse cumprir o serviço! Uma rota de fuga pela América do Sul começava a se delinear. Desesperada diante dos planos do impulsivo Carlinhos, Marta rogou a Leão que fizesse o que fosse preciso, mas que livrasse o filho do quartel.

A família não precisou ver o filho escapar clandestinamente do Brasil. Na verdade, tudo foi resolvido em uma conversa em um ambiente tranquilo e relaxante.

– Precisei cantar um oficial amigo meu. Era meu companheiro de sauna – relatou Leão.

A participação de Carlos na Camisa 12 e na Bom Finter durou aproximadamente dois anos. Por essa época, o amor dele pela música já começava a extrapolar os tambores das torcidas organizadas, primeiro com os discos de hard rock e progressivo ganhos em seu *bar mitzvah*, depois frequentando os espaços de show de Porto Alegre.

– Eu era fissurado pelo Musical Saracura. Não perdia um show deles no Círculo Social Israelita. Devo ter cruzado algumas vezes com o Humberto nessas ocasiões, mas ainda não o conhecia – lembra Maltz.

Fundado em 1978, o Saracura tinha em sua formação Nico Nicolaiewsky (teclado e voz), Sílvio Marques (violão), Flávio Chaminé (baixo e voz) e Fernando Pezão (bateria). Mistura de rock e música regional, a banda lotava todos os locais do Estado por onde passava, e se tornou o preferido grupo local de muitos adolescentes – entre eles Carlos e Humberto.

Provavelmente os do Saracura não tenham sido os únicos shows que os futuros Engenheiros curtiram juntos sem saber. Uma nova cena urbana começava a se estabelecer em Porto Alegre na virada dos anos 1970 para os 1980, buscando aliar influência nativista com sofisticação e apelo pop. Era o nascimento da chamada MPG (música popular gaúcha), que tinha entre seus principais expositores nomes como Bebeto Alves, Carlinhos Hartlieb, Gelson Oliveira e Nelson Coelho de Castro. Todos estes citados, além do Saracura e de muitos outros, estiveram no show coletivo Explode 80, no dia 30 de dezembro de 1979, no Auditório Araújo Vianna. O espetáculo tentava projetar o que seria a cena musical na nova década. Errou feio. Ninguém poderia prever que, em pouco mais de cinco anos, a música que tomaria conta do Rio Grande do Sul e lançaria artistas locais nacionalmente seria feita, em grande parte, por músicos tecnicamente primários e que negavam a influência regional. O rock gaúcho, tal como ficou conhecido nos anos 1980, ainda estava para ser inventado.

Mais um nome que estava no Explode 80 era Nei Lisboa, outra preferência compartilhada por Carlos e Humberto. Mais tarde, os três dividiriam o palco algumas vezes, além de se convidarem mutuamente a gravarem participações em seus discos. Além disso, Augustinho Licks, parceiro musical de Nei, ajudaria em alguns anos a compor a mais conhecida formação dos Engenheiros do Hawaii, gravando sete discos, até a ruidosa separação.

Além de marcar presença em show de artistas locais, Maltz e sua turma de amigos também acompanhavam de perto a vinda de artistas nordestinos como Amelinha, Zé Ramalho e Fagner ao Estado. Ver estes espetáculos sob influência de um baseado compartilhado com os amigos no caminho era o máximo de proximidade com drogas que aqueles jovens se permitiam chegar.

Do crescente interesse pela música compartilhado por Carlos e seus colegas de Colégio Israelita, nasceu a banda ContraRegra, montada no início dos anos 1980. Tudo era muito caseiro e familiar. Além de Carlos, o grupo contava com seus primos Rogério e Marcelo Bondar (irmãos entre si), Airton Seligman (primo dos Bondar) e Bernardo Stolnick (também primo dos Bondar). Os ensaios eram na garagem de Rogério e seu irmão, na casa onde Airton, vindo de Santa Maria, também estava morando.

As funções dos músicos foram se definindo na medida em que a banda ia se estruturando e comprando instrumentos. Rogério tocava violão, craviola, bandolim e baixo; Marcelo começou no violão, mas foi assumindo o contrabaixo; Bernardo era um importante apoio no violão e na percussão; e Airton ficava na guitarra, mas também manejava bem outras cordas. Como ninguém era muito chegado em cantar, os vocais se diluíam entre os integrantes ou recaíam sobre convidados, mas grande parte dos temas eram instrumentais. Já para compor, todos apresentavam suas composições, construindo um repertório totalmente autoral e com influências diversificadas.

Mesclando diálogos teatrais, música latino-americana e rock, a ContraRegra foi aos poucos apresentando composições em festivais da cidade. Um deles, realizado em janeiro de 1982, rendeu a maior de todas as conquistas materiais da história do grupo: um violão Tonante. O prêmio foi conferido à banda pela segunda melhor composição do evento.

– Para nós, o segundo lugar foi até melhor que o primeiro, já que o grande vencedor ganhava uma viagem ao Rio. Mas era uma passagem só, e nós éramos em cinco. Além disso, estávamos em um momento de aquisição de instrumentos – diverte-se Rogério ao lembrar.

Mas as participações do grupo em festivais não foram sempre tão exitosas. No Musipuc, em maio de 1982, a faixa *Programa* teve um destino lamentável, demonstrando que o Brasil ainda precisaria avançar muito em termos de liberdade artística e de expressão.

A composição começava com dois músicos representando uma conversa telefônica no palco. Trajado como um sargento de voz grave e empostada, Rogério convidava uma mulher para ir a um show. Do outro lado da linha, quem respondia era Airton Seligman, hoje um jornalista com passagem por diferentes meios de comunicação do país, mas que naquela longínqua performance segurava sua guitarra sobre um longo vestido, simulando uma personagem feminina que sua barba insistia em tornar pouco crível. A personagem logo topava o convite e perguntava ao sargento como chegariam ao local.

– De Puma! – era a resposta do militar.

Em seguida, um estrondo tomava conta da música, seguido de sirenes simuladas na guitarra, até que alguém perguntava:

– O que foi isso?

– A bomba! – gritavam em uníssono os integrantes do grupo.

A composição era uma óbvia referência ao atentado do Riocentro, em que uma bomba explodiu no estacionamento de um show comemorativo ao Dia do Trabalhador, em 30 de abril de 1981, matando um sargento do Exército. O governo tentou responsabilizar grupos radicais de esquerda pelo ocorrido, mas logo ficou claro que tudo se tratava de uma ação militar para plantar uma bomba no local e depois jogar a responsabilidade da explosão sobre os opositores à ditadura. O artefato, no entanto, explodiu antes do esperado, no momento em que a dupla de militares designada para a ação manobrava o carro que continha o explosivo. O veículo em questão era um Puma cinza-metálico.

A ContraRegra comemorou ao receber a notícia de que a música foi uma das 30 selecionadas entre cerca de 400 inscritas para o 8º Musipuc.

Era um feito e tanto. Nos anos 1970, o festival gozava da fama de ser a principal competição de música urbana do Sul do Brasil. Com sua primeira edição em 1972, organizada por alunos da PUCRS, o evento ajudou a revelar músicos e compositores que futuramente estariam na base de sustentação da MPG. Por seu palco, passaram nomes como Joe Euthanázia, Nelson Coelho de Castro, Mario Barbará, José Fogaça, Os Almôndegas (banda dos irmãos Kleiton & Kledir), Gilberto Travi & O Cálculo IV, Inconsciente Coletivo e muitos outros. Entre 1975 e 1977, ano em que foi interrompido para retornar apenas em 1980, alguns destes artistas saíam do festival direto para os estúdios da jovem e descolada Rádio Continental, onde gravavam suas canções, que começavam a fazer parte da programação, ciceroneados pelo radialista e jurado do Musipuc Julio Fürst.

Apesar da canção estar escalada entre as selecionadas daquela edição, nem chegou a ser executada no palco do Salão de Atos da PUC em nenhum dos três dias do evento, que ocorreu entre 7 e 9 de maio de 1982. Motivo: a faixa foi censurada pelo regime militar.

– A gente nem fazia ideia de que a música precisava ser submetida a qualquer tipo de censor – relembra Rogério.

O grupo não se resignou. Foi em busca de apoio para a apresentação, chegando a mostrar a letra a deputados de oposição ao regime, na tentativa de viabilizar a performance. Nada deu certo. Ficaram de fora do evento, que teve como grande vencedora a faixa *Êta Moleque*, de Totonho Villeroy, compositor que alavancou sua carreira em 1999 com o hit *Garganta*, gravado por Ana Carolina. Atualmente, apresentando-se com o prenome Antonio, já teve mais de 150 canções gravadas por nomes como Gal Costa, Ivan Lins, Maria Gadú, Maria Bethânia, Seu Jorge, João Donato e Wanessa Camargo.

Já os nomes do segundo lugar não tardariam a dividir o palco com Maltz – um deles inclusive se tornaria uma das pontas do tripé da formação mais conhecida dos Engenheiros. A faixa vice-campeã foi *Não Me Pergunte a Hora*, uma parceria entre Nei Lisboa e Augustinho Licks, guitarrista que entraria para os Engenheiros em 1987. A dupla também tocou *Outros Sentidos*, assinada por ambos. Com as canções, Nei levou ainda o prêmio de melhor intérprete, que já havia angariado no Musipuc anterior, no qual Licks arrematou igualmente o troféu de melhor instrumentista.

Nem por isso a ContraRegra desanimou das competições. A mesma música teve a letra alterada e novamente submetida a um concurso, desta vez sediado no antigo Teatro da Ospa, na Rua Independência, como palco. Desta vez, a faixa passou pelos censores.

– Não tenho certeza, mas acho que tínhamos a ideia de subir no palco e tocar a versão original, mas acabamos tocando a adaptada. Ficou legal, mas se descaracterizou, não dava mais para entender do que queríamos falar – lamenta Rogério.

Além de mostras competitivas, a ContraRegra também participou do festival Agrostock, no campus da Agronomia da UFRGS, na mesma ocasião em que Carlos Maltz fez percussão para a apresentação de Carlos Stein e Thedy Corrêa, e fez um show em parceria com o conjunto Arte Final. O espetáculo, batizado Na Pauta do Dia, ocorreu nos dias 26 e 27 de junho de 1982, no Círculo Social Israelita – o mesmo palco em que Carlos e Humberto, embora ainda ignorando a existência um do outro, assistiam ao Musical Saracura e a outros artistas.

O Arte Final contava com os músicos Carlos Dias (bateria e vocal), Miguel Bastos (bandolim e craviola), João Lantman (violão e vocal) e João Kugland (baixo, violão e vocal). O grupo ainda teve uma participação especialíssima: o músico fluminense Pedro

Figueiredo, recém-chegado do Rio para se tornar um respeitado nome da música do Estado, atuando como flautista, saxofonista, arranjador e compositor.

Já o quinteto ContraRegra levou como convidada ao Círculo Social uma futura atriz global, então com apenas 17 anos. Ilana Kaplan anunciava a banda no início do show e também cantava uma das músicas. O repertório era composto pelas seguintes faixas: *ContraRegra* (criação coletiva), *Agrostocke I* (criação coletiva), *Retrato* (Marcelo Bondar), *Frias Noites* (Marcelo Bondar), *Abertura* (Airton Seligman), *Falas* (Carlos Maltz), *Vento Solar* (Airton Seligman), *Vinheta Noites Brasil* (criação coletiva) e *Agrostocke II* (criação coletiva).

A plateia era composta quase que majoritariamente por amigos e parentes dos músicos do palco, que reagiram bem às canções, fazendo daquela uma noite de muitos aplausos. O projeto da banda, no entanto, acabou se desmobilizando na medida em que seus integrantes foram tomando novos rumos. Carlos Maltz seria o primeiro deles a dar um tempo na parceria. O motivo estava do outro lado do mundo: tinha passagem marcada para encontrar a namorada em Israel, onde começaria uma viagem que também passaria por diferentes países da Europa, estendendo-se por todo o segundo semestre de 1982.

Nas fotos guardadas por Rogério Bondar, é possível ver Carlos Maltz – ou Fu, como era chamado pelos companheiros de ContraRegra – tocando um bongô e um bumbo-leguero improvisado, feito a partir de um tambor coberto com diferentes peles. Mas os registros também dão conta de mostrar o músico em ação sobre sua primeira bateria: uma Pinguim madreperolada conquistada com sua aprovação no vestibular.

O pai, Leão Maltz, não estava disposto a dar ao filho o instrumento, mas prometeu a ele um Fusca se visse seu nome entre os calouros. A solução seria usar o dinheiro do veículo para adquirir a almejada Pinguim. Mas a tarefa não era tão simples: o pai não se contentaria em ver Carlinhos em qualquer curso.

– Vestibular para o meu pai era um só: Engenharia na UFRGS – lembra Carlos.

Foi assim que o estudante escolheu uma das engenharias menos concorridas do concurso e foi à luta.

– Não sabia absolutamente nada das provas de matemática e física, mas chutei tudo na mesma letra e consegui entrar – explica o ex-vestibulando.

Foi assim que o nome de Carlos Maltz apareceu no listão da UFRGS de 1980 como calouro de Engenharia de Minas.

– Na primeira aula, chovia muito. Era aquele cheiro de macho molhado na sala de aula. Olhei pela janela. Lá estavam as alunas de Arquitetura indo para a aula segurando aquelas réguas T enormes. Desisti da Engenharia na mesma hora – recorda.

O gosto pela leitura e por História ainda levaria o estudante a ser aprovado em um novo vestibular, em 1981, desta vez para Ciências Sociais. Mas ele logo se desinteressou novamente, frustrado com o viés ideológico do curso.

– Era uma parada súper PT, marxista. Enchi o saco – resume ele.

Foi assim que o indeciso jovem adulto se dedicou a um novo vestibular, entrando na Arquitetura em 1982, mesmo ano de Marcelo Pitz – embora os dois não fossem amigos antes de montarem a banda.

– Até hoje me pergunto como meus pais me deixaram fazer tudo que eu quis. Eles foram muito legais comigo. Legais de um modo que talvez eu não seria – avalia mais de três décadas depois.

Além de propiciarem tempo para que o filho se definisse por seu curso universitário – embora também a Arquitetura seria abandonada –, Leão e Marta oportunizaram a Carlinhos uma pausa na universidade para conhecer o mundo. O estudante embarcou no início do segundo semestre de 1982 para Israel, onde viveu por alguns meses em um *kibutz* próximo à Faixa de Gaza. Lá ele encontrou a namorada, com quem mantinha um relacionamento desde os tempos de Colégio Israelita, e que havia ido algum tempo antes para o local.

A viagem, no entanto, não se restringiu ao Oriente Médio. O casal também andou pela Europa. Na Suíça, ambos trabalharam na colheita da uva para vinícolas, levantando algum dinheiro para viajar com maior tranquilidade por outros países, como França, Itália e Espanha. A parceira precisou voltar antes, mas Carlos permaneceu mais cerca de dois meses do outro lado do mundo, mais especificamente em Barcelona. O motivo da permanência na cidade catalã era simples: música. Foi ali que fez amizade com alguns músicos estrangeiros que costumavam tocar na rua e logo se uniu a eles, tocando percussão e ganhando uma parte das moedas e cédulas que caíam no chapéu de doações.

– Era um grupo grande de argentinos, mas tinha também músicos da América Central. Tocávamos umas paradas bem latinas – recorda Carlos.

A experiência despertou no estudante um desejo de seguir fazendo música para viver:

– Quando cheguei ao Brasil, estava no maior pique de tocar profissionalmente – relembra.

De volta em 1983, Carlos também tomou mais uma resolução pouco comum entre seus colegas: casar-se. Depois de meses de estreita ligação compartilhada mundo afora, voltar a morar distante da namorada não parecia fazer sentido outra vez. Mas os costumes da classe média não eram tão liberais à época, o que os obrigava a oficializar o matrimônio para evitar indisposições familiares. Em breve os dois pombinhos dividiriam a vida em um apartamento no bairro Bom Fim, mesmo sem que tivessem qualquer salário que lhes garantisse o pagamento de despesas com condomínio, luz, água e comida.

– Fomos morar juntos, mas nenhum de nós dois ganhava grana. A gente era casado, mas sustentados pelos pais – explica Carlos.

O desejo de tocar profissionalmente, que animava o coração de Carlos Maltz desde que voltara da Europa, só seria realizado a partir de 1985, e ao lado de um colega de Arquitetura com perfil quase oposto ao seu. Colorado, agregador e de origem judaica, Maltz vai se complementar musicalmente com o gremista, introvertido e descendente de alemães Humberto Gessinger. O sucesso viria em breve, mas não custaria barato: em pouco tempo, sairia da Arquitetura e veria seu primeiro casamento se esfacelar.

CENTO E DEZ, CENTO E VINTE, CENTO E SESSENTA

OS ENGENHEIROS DO HAWAII MAL TINHAM FEITO SEUS PRIMEIROS FÃS NA ARQUITETURA E JÁ ESTAVAM DECIDIDOS A CRIAR SEUS PRIMEIROS INIMIGOS. NOS PRIMEIROS DIAS DE FRONT HAWAIIANO, O CLIMA ERA DE SABOTAGEM – NÃO APENAS EXTERNA, MAS PRINCIPALMENTE INTERNA.
LOGO NO SEGUNDO SHOW DO GRUPO, É FEITA UMA DECLARAÇÃO DE GUERRA CONTRA O GRUPO QUE ELES JULGAVAM IMEDIATAMENTE À FRENTE: OS ELES. COM UMA MÚSICA TOCANDO SEM PARAR NA IPANEMA FM, A ÚNICA RÁDIO DE PORTO ALEGRE QUE ABRIA O MICROFONE PARA DEMOS SEM QUALIDADE DE GRAVAÇÃO PROFISSIONAL, O GRUPO ENTÃO FORMADO POR LEANDRO BRANCHTEIN (VOCAL) ALCEU GOMES (GUITARRA), BERNARDO HANSSEN (BAIXO), DANNIE DUBIN (GUITARRA) E RÉGIS DUBIN (BATERIA) FOI A GRANDE ATRAÇÃO DE UMA FESTA PROMOVIDA PELO DIRETÓRIO ACADÊMICO DA FACULDADE DE ARQUITETURA (DAFA) PARA ENCERRAR AQUELE ARRASTADO ANO LETIVO DE 1984 NA UFRGS.

Naquela sexta-feira, exatamente um mês depois da estreia dos Engenheiros do Hawaii, quem abria o show era Humberto Gessinger, Carlos Maltz, Marcelo Pitz e Carlos Stein. Os Engenheiros entraram em cena vestindo paletós brancos, em uma debochada alusão ao fato de que Os Eles era uma banda formada na Medicina da UFRGS, sendo Branchtein e Gomes alunos do curso.

Por baixo dos jalecos, a coisa não melhorava muito: Gessinger, de origem alemã, carregava o desenho de uma estrela de Davi na camiseta, enquanto Maltz, descendente de judeus, tinha uma suástica desenhada. Era mais uma ironia sobre a atração principal da noite, que tinha três de seus músicos com sobrenomes judaicos. Em um dos cantos do palco, Marcelo Pitz dava mais um toque de absurdo ao time, travestido de lutador de boxe, vestindo apenas um calção e exibindo os músculos besuntados de óleo.

– A gente fazia piada com essas coisas preconceituosas. Não sei como a gente achava que mais alguém além de nós acharia graça naquilo. Ficou todo mundo olhando confuso, pensando quem eram aqueles malucos. Acharam tão estranho que nem atinaram de vaiar – avalia Maltz.

Gessinger resume ao lembrar:

– Foi uma coisa bem de mau gosto.

Para Maltz, aquela era uma maneira de provocar a banda que mais se destacava no campus Centro da UFRGS.

– Eles estavam muito na nossa frente – recorda.

Nem tanto. Apesar de ter a música *R.U.* sendo bem executada na Ipanema FM, aquele era apenas o terceiro show d'Os Eles, sendo que os anteriores ocorreram nas dependências do prédio onde Branchtein e Leandro Dubin estudavam, no bar da Faculdade de Medicina, atualmente Instituto de Biociências. Talvez não fosse uma vantagem tão grande em relação aos Engenheiros, mas já era o suficiente para despertar o instinto competitivo de Maltz:

– A gente tinha muito que remar para alcançá-los – recorda ele.

Esperando para entrar no palco, Leandro Branchtein estranhou quando uma das guitarras dos Engenheiros foi desafinada propositalmente e fez soar um acorde inclassificável. O som fora de harmonia continuou soando quando Gessinger se dirigiu ao microfone e começou a cantar "Eu conheci uma gatinha no R.U., mas só que ela...". Era uma paródia do hit radiofônico d'Os Eles.

– Eles começaram a tocar *R.U.* completamente desafinados e de um jeito arrastado. Aí o Humberto começou a cantar, mas ao invés de dizer "mas só que ela era da Libelu" *(movimento estudantil Liberdade e Luta)*, dizia "mas só que ela era um jaburu" – lembra Ilton Carangacci, então estudante de Direito e amigo d'Os Eles. Já Maltz lembra que a versão dos Engenheiros era bem menos polida:

– A gente cantava "mas só que ela não tirava o dedo do cu".

Mais de 30 anos depois, Branchtein afirma que não se sentiu nem um pouco ofendido com a paródia:

– Eu não conhecia eles, e a gente também achava que eles nem sabiam quem a gente era, mas provavelmente já tinham ouvido no rádio. Demorei até me dar conta de que eles estavam tocando *R.U.*, mas depois achei legal. Era uma brincadeira.

Já Ilton Carangacci, que em breve se tornaria empresário da banda dos amigos, convertendo-se mais tarde em um dos mais importantes administradores de carreiras musicais do Rio Grande do Sul, não tem a mesma lembrança sobre a reação dele e de seus próximos:

– Naquele momento, a gente percebeu que não teria muito *fair play* na jogada. Não sei se precisava ou não precisava. O fato é que foi uma cutucada, e a nossa galera se mordeu.

Os Eles tiveram um relativo sucesso dentro e fora do Estado, despontando do incipiente circuito universitário para shows em casas noturnas e clubes da cidade, conquistando palcos do interior do RS e lançando dois discos, um independente (*Às Vezes se Perguntam*, de 1986) e outro por uma grande gravadora multinacional, a Polygram (*Não Adianta Mais*, de 1987). Darwin Gerzson (baixo) e Leo Henkin (guitarra) foram mais dois músicos fundamentais para o grupo, substituindo Gomes e Hanssen e contribuindo para a fase de maior sucesso da banda. A dissolução, no entanto, veio depois do segundo álbum.

Antes disso, Engenheiros e Os Eles deram prosseguimento a provocações mútuas. Carangacci, por exemplo, sempre desestimulava os empresários a contratarem os Engenheiros quando estes pediam uma opinião sobre a banda:

– Quando a gente tocava e ia bem, era normal o contratante perguntar nossa opinião sobre quem mais valia a pena contratar.

Sempre indicava outras bandas e colocava em dúvida Engenheiros. Mas isso não durou muito, logo vimos que eles cresciam com consistência. Depois do primeiro disco deles, era consenso entre nós que eles seriam a maior banda do Brasil.

Já os Engenheiros se divertiam passando trotes telefônicos para a casa dos integrantes d'Os Eles – passar trotes era um dos passatempos preferidos dos Engenheiros em suas madrugadas insones nos anos 1980, principalmente quando estavam reunidos em turnê ou gravação de discos. A banda de Branchtein jamais desconfiou que as estranhas ligações que recebia, como de um suposto empresário de uma gravadora espanhola interessado em contratá-los, eram na verdade performances do melhor imitador dos Engenheiros, Carlos Maltz, em algum quarto de hotel distante.

– A gente recebia às vezes alguns telefonemas estranhos, mas é uma coisa tão boba que nem imaginávamos que pudesse ser dos Engenheiros – conta Carangacci.

Depois do segundo show, a banda foi formando seu casulo. A casa de Carlos Maltz, no bairro Petrópolis, passou a ser o local oficial de ensaios. A garagem era o ponto de encontro inicial, embora o ambiente não fosse o mais agradável: sem janela, a respiração dos meninos era aditivada com o vapor de gasolina e cheiro de óleo lubrificante que emanava dos veículos da família anfitriã. Não demorou para que um dia Marta Maltz chegasse em casa e desse de cara com os três rapazes tentando acertar seu ritmo sob as luzes do belo rebaixamento de acrílico colorido de sua sala de estar.

– Eles mesmos se convidaram para ocupar a sala. Aí foi o fim da picada. Ficava todo o material deles ali – a mãe de Maltz ri ao lembrar. – Mas, assim que eu chegava, eles sabiam que tinham que parar de tocar.

Ninguém desobedecia ao combinado: ao final da tarde, quando Marta voltava das aulas de inglês que dava no Colégio Israelita, era o momento dos músicos deixarem a sala. Até que os Engenheiros mudassem para o Rio, em 1988, os bibelôs e porta-retratos familiares que alegravam o cômodo precisaram disputar espaço com guitarras, violões, contrabaixos, tambores de bateria e amplificadores.

Não tardou para que Gessinger homenageasse em rede nacional a genitora de seu baterista por sua paciência com o grupo.

– A gente queria agradecer no ar a mãe do Carlinhos porque ensaiamos por três anos na sala de estar da casa dela – disse ao microfone do apresentador Fausto Silva, logo depois de Maltz ter executado um solo de bateria ao vivo em homenagem ao dia das mães no Domingão do Faustão, em 14 de maio de 1989.

Para conversar, os integrantes iam até um pequeno bar do outro lado de uma praça próxima à casa dos Maltz. No estabelecimento, uma rústica construção com paredes de madeira e cartazes de refrigerante e cerveja pendurados, saboreavam os salgados à disposição, acompanhados de garrafinhas de Coca-Cola.

O QG hawaiiano em Petrópolis contribuiu para um afastamento ainda maior da cena roqueira que crescia na cidade, pois até mesmo Os Eles, que tinham a fama de caretas diante das bandas mais radicais, cruzavam eventualmente com outros grupos ao sair de casa para ensaiar no estúdio do baterista e operador de som Ivo Eduardo Seben de Azevedo, no bairro Rio Branco (São Manoel, 206). Sem nome ou registro, o espaço era muito conhecido no meio musical da época, chamado simplesmente de "estúdio do Ivo".

Além do local de ensaio, a própria formação inicial dos Engenheiros do Hawaii se definiu naquele fevereiro de 1985. Carlos Stein saiu da cidade para acompanhar a família em férias no litoral gaúcho. Os outros integrantes, decididos a aproveitar fevereiro para os ensaios, não esperaram o retorno do guitarrista para continuar o projeto.

– Outro dia encontrei o Stein em um backstage e falei para ele: "cara, às vezes me perguntam por que tu saiu (*da banda*), mas eu nem sei", porque na verdade a banda nem existia ainda. A gente tocou aquele show, ele foi para a praia, a gente continuou ensaiando... Do ponto de vista de quem vê as coisas depois de tudo que aconteceu, alguém pode pensar "pô, o cara saiu", mas nada disso era visível no horizonte, nem mesmo a possibilidade de seguir na estrada profissionalmente – conta Gessinger.

Já Stein não vê com tanta naturalidade a própria saída:

– O jeito como eu saí da banda, hoje vejo assim, foi extremamente desrespeitoso. No Nenhum de Nós, isso nunca aconteceria, sob nenhuma hipótese – avalia Stein.

Segundo Stein, ele foi avisado por Gessinger que não era mais um engenheiro do Hawaii de forma indireta. Depois da formação de trio fazer alguns ensaios, esta teria se apresentado em um show particular, feito na sala de estar de um professor da Arquitetura que tinha proximidade com os rapazes.

– Depois desse show, o Humberto me disse, "a banda soa muito melhor com uma guitarra só", como quem dissesse "já era" – relembra Stein. – Se ainda fosse um show de verdade, mas não depois de um show na sala de estar de um professor.

O guitarrista, no entanto, pondera:

– Para ser bem franco, na época eu nem estava levando a sério, nunca imaginei que a banda iria adiante.

Gessinger não lembra da conversa citada pelo guitarrista, tampouco confirma a existência do show na casa do referido professor, que supostamente seria a terceira apresentação dos Engenheiros:

– Nunca fui à casa dele *(do professor)*.

Caco Sommer, parente do professor em questão, também assegura que não houve a apresentação.

Segundo as anotações de Gessinger, o terceiro show do grupo foi no espaço Terreira da Tribo, abrindo para a atração principal da noite: Julio Reny & KM0. Então localizado na boêmia Cidade Baixa, no nº 527 da Rua José do Patrocínio, a Terreira contava com menos de um ano e tentava se consolidar como um palco para a cultura alternativa de Porto Alegre. Segundo seus coordenadores afirmaram em jornal da época, a ideia era "abrir espaço para todas as pessoas transarem e pesquisarem a sua criatividade sem os empecilhos e a caretice dos burocratas que controlam as 'bastilhas culturais' de Porto Alegre".

Março contou com apenas mais uma apresentação dos Engenheiros, no campus Agronomia da UFRGS. Em abril, a universidade também foi palco da única apresentação do mês, mas no Centro de Estudantes Universitários de Engenharia.

– Não existia um circuito universitário. A gente simplesmente criou. Não há nada de heroico nisso, a gente fez apenas porque era o que havia para fazer se quiséssemos tocar – relembra Gessinger.

A partir de maio de 1985, danceterias como a 433 (Silva Jardim, 433) também começaram a abrir suas portas para os rapazes, bem como alguns bares e clubes. Alguns tinham uma estrutura técnica precária. Outros, nem isso. Em um show conjunto no extinto bar Pastelão, localizado no bairro Independência, próximo ao Bom Fim, o já celebrado compositor Julio Reny passou todo o show dos Engenheiros amarrotando sua camisa deitado contra o piso, segurando a conexão de um cabo de energia que alimentava a aparelhagem do grupo de novatos. Se deixasse escapar, adeus som.

As casas não eram lá muito equipadas, mas a precariedade da banda era ainda maior. Com as restrições às importações praticadas pelo governo brasileiro da época, era praticamente inviável a compra de um instrumento de fora do país. Por conta da mesma barreira, os nacionais também não gozavam de componentes de melhor qualidade, que circulavam por outras partes do mundo. Com muita paciência, Gessinger só conseguiu adquirir seu primeiro instrumento profissional no último dia de 1985, exatamente uma semana depois de seu aniversário de 23 anos. Até lá segurou a onda com sua semi-acústica Giannini Diamond e com empréstimos de amigos.

Quando tinham um instrumento melhor nas mãos, a precariedade era de conhecimento. Em um show em uma movimentada boate de Porto Alegre, que já havia recebido bandas de fora do Estado, Gessinger conseguiu de última hora uma guitarra emprestada por

Airton Seligman – o mesmo que tocava na ContraRegra com Maltz e esteve no primeiro ensaio dos Engenheiros. Pouco tempo antes de entrar no palco, ficou mexendo em uma alavanca do instrumento, tentando entender o que fazia o dispositivo. Com o rosto começando a corar de vergonha, tomou coragem e pediu ajuda ao técnico de som. Experiente e interessado em aparelhagem e tecnologia, o homem explicou que a chave alterava o funcionamento dos captadores. Ficaram os dois fuçando na pecinha por algum tempo antes que o show começasse. Na lembrança de Gessinger, aquela foi a primeira lição que aprendeu com Augustinho Licks, músico que em 1987 entraria para a banda e ajudaria a projetá-la para sua fase mais popular.

– Foi a primeira vez que encontramos o Augusto. Ele trabalhava como técnico de som. Era um técnico acima das nossas posses, mas como a casa era importante, já que bandas de fora tocavam lá, resolvemos chamar ele – relembra o então guitarrista.

O que não faltava, desde o início dos Engenheiros do Hawaii, era o clima de sacanagem mútua e tiração de sarro. No mesmo show em que Augustinho assumiu a mesa de som da banda, Gessinger foi o alvo do trote. Localizada em uma esquina da Farrapos, avenida famosa por agregar todas as castas de meretrício da cidade, a casa em questão era mais um negócio de uma reconhecida dama da prostituição da área. Depois da passagem de som, a equipe da banda foi falar com o vocalista para lhe dar uma importante instrução: ele precisava entrar no palco oculto em uma enorme caixa, saindo dela somente para começar a cantar. Aquela era uma exigência da temida dona do local, que havia contratado o show para o aniversário de sua filha. O vocalista alto, loiro e de olhos azuis era o presente. E deveria ser entregue à garota empacotado como tal.

– Ficamos um tempo no tradicional impasse de banda adolescente: "Vai! Não vou! Vai! Não vou! Vai! Não vou!". No fim não rolou o "presente", e até hoje não sei se era fato ou se viram a caixa no backstage e resolveram me sacanear. Esse tipo de pegadinha era o que mais se fazia – relembra Gessinger.

As brincadeiras não se limitavam aos integrantes da banda. Enviar releases engraçadinhos para a imprensa também era prática comum nesses primeiros meses de Engenheiros do Hawaii. Nos textos de divulgação, os nomes de Humberto Gessinger e Carlos Maltz se transformavam em H. Getz e Fu Matz, para fazer coro ao Pitz de Marcelo – que, apesar de assim ser conhecido, na verdade foi batizado como Marcelo Nascimento Fagundes (mais tarde, conto também a história desse apelido).

Foi sob tais alcunhas que o trio Getz, Pitz e Matz começou a ganhar as páginas de jornais. A tentativa de conceituar o som dos rapazes também não ajudava muito: "O grupo apresenta em suas composições cenas de niilismo moderado, o abismo das gerações, conflitos conjugais nos verbos irregulares, corações em busca e banalidades de temática complexa – tudo ao som da intransponível contradição entre 1º e 3º mundo", dizia um trecho do release.

A mania de tocar fantasiado era mais uma fonte de diversão para os rapazes. Entrar no palco como se fossem milicos era uma das zombarias favoritas. E não dava muito trabalho, já que Maltz tinha entre seus parentes alguém que vendia roupas para o Exército. Não faziam ideia de que estavam cometendo um crime capaz de lhes render alguns bons meses de detenção. Por sorte, escaparam da cadeia, mas perderam de exibir seu primeiro clipe, feito por alunos de graduação da PUCRS. Os estudantes entraram em contato com a banda para fazer o vídeo de *Engenheiros do Hawaii, a Canção*, como um trabalho para a faculdade. Depois de fazer todas as gravações e edição, finalmente descobriram que estavam cometendo um delito, o que fez com que arquivassem o resultado.

Embora o visual nunca seja uma das tônicas das entrevistas de Gessinger, e ele até mesmo dê a entender que o tema é desimportante para ele, o músico desde cedo demonstrou conhecer o potencial comunicativo daquilo que veste. Pelo menos, é assim que pessoas bem próximas o interpretavam:

– Lembro que, aos sábados, antes dos ensaios do grupo de chorinho (*com os colegas de colégio*), às vezes alguns amigos meus de faculdade iam lá em casa estudar e lá estava o Beto com uma roupa esquisita, um calção vermelho sobre uma calça, ou algo assim – conta a irmã Rosália. Ela reflete e completa: – Talvez fosse um modo de provocar a mim e a meus amigos, todos estudantes de Medicina, com aquele visual certinho. Afinal, a Medicina falhou com a gente. Nosso pai tinha um prognóstico otimista, mas nada do que foi aplicado a ele deu resultado.

No casamento de Rosália. em 1985, por conta do atraso de um padrinho, Humberto foi de última hora convocado para entrar na igreja acompanhando uma das madrinhas. No altar, entre as testemunhas da união matrimonial, com seus conservadores ternos escuros, o irmão da noiva despertava a curiosidade dos convidados com seu recém-adquirido terno de linho branco. Nos pés, um par de tênis.

– O Beto sempre foi muito tímido. Talvez a roupa fosse um modo de expressar algo quando não conseguia pelas palavras – opina Rosália.

Depois dos shows da Arquitetura, Humberto Gessinger começou a trabalhar em um repertório com sonoridade e letras menos herméticas que as apresentadas aos seus colegas.

– Foi uma surpresa constatar que as coisas que eu escrevia para mim poderiam ser compreendidas fora do meu quarto – lembra o compositor.

Um salto importante para que a banda começasse a fazer shows cada vez maiores foi a gravação de suas fitas-demo. Em abril, *Causa Mortis* (registrada em disco apenas em 1996) e *Engenheiros do*

Hawaii, a Canção foram gravadas em um mesmo dia, no estúdio da Eger. Poucos dias depois, Gessinger e Maltz levaram a fita até a Ipanema FM. "Tem banda nova no pedaço...", registrou Mauro Borba no caderno de anotações em que os locutores deixavam recados uns para os outros, para que todos soubessem o que rolou de mais relevante na rádio quando estavam ausentes.

O caderno em questão foi mostrado a mim quando fui entrevistar a locutora Katia Suman, em seu apartamento, no centro de Porto Alegre. Para minha sorte, ela estava trabalhando na digitalização e organização daquele material para sua tese de doutorado em Letras. Ela abre um sorriso e fica com o olhar perdido no passado quando lê no material anotado há 30 anos por Mauro Borba que os rapazes haviam deixado postais do grupo para os locutores.

– Isso era bem a cara deles, levar postais para a rádio. Quem fazia isso? Eles tinham desde o início esse cuidado gráfico, que deve ter relação com o fato de estudarem Arquitetura – conta a radialista.

Para Mauro Borba, além do cuidado com a imagem do grupo, os Engenheiros se distinguiam da maior parte das bandas de rock pelo discurso de seu líder.

– Uma coisa que reparei desde o início da banda era que o Humberto se preparava para as entrevistas. A gente percebia que ele dava atenção para aquilo. Ele sempre vinha com algum pensamento novo, uma forma inteligente de ver as coisas, e algumas frases de efeito. Isso era muito bacana, pois tinha muito roqueiro que chegava ali e se fazia de desinteressado ou não conseguia se expressar mesmo – lembra Borba. – Então, quando tu sabe que a entrevista com alguém sempre rende, e esse alguém ainda faz música boa, é claro que tu vai querer chamar mais vezes para o teu programa.

O primeiro hit radiofônico do grupo foi gravado apenas em maio. *Spravo*, que, assim como *Engenheiros do Hawaii, a Canção*, esteve no repertório do primeiro show do grupo, ganhou as ondas da Ipanema FM, contando a história de Maria e João, dois adolescentes que pouco têm a ver um com o outro, mas se aproximam – a música também é conhecida como *Por Que Não?*.

A versão gravada, no entanto, ganhou um polimento em relação àquela cantada nos shows. O verso "ele é porreta / bate punheta como um bobo quando a Globo passa o Carnaval" foi trocado por "ele é porreta / faz pirueta como um bobo quando a Globo passa o Carnaval".

Quem fez uma pirueta na vida dos Engenheiros foi a própria canção, que se tornou um sucesso local.

– Depois que toquei pela primeira vez, logo começaram a ligar para o telefone da rádio para que rodássemos a faixa mais vezes. Foi impressionante. Era muita gente telefonando – conta Mauro Borba.

O radialista não sabia que grande parte das ligações partia de um mesmo número, na Rua Luzitana: no escritório de arquitetura que contava com salas alugadas por Carlos Maltz e Adriane Sesti – futura mulher de Humberto Gessinger – e Caco Somer e Vivianne Canini – conhecida como Vica, namorada e futura mulher de Caco. Ali faziam seus "cabritos", como os arquitetos chamavam os trabalhos de freelancer. Aos poucos, o espaço foi se tornando o primeiro escritório dos Engenheiros do Hawaii, tendo Caco Sommer como empresário e produtor.

– Às vezes a gente passava as madrugadas fazendo os cabritos, aí tinha que esperar a rádio abrir a programação do outro dia para ligar pedindo a música. Às 6h da manhã tinha os programas gaudérios *(Frequência Nativa e Enquanto a Chaleira Chia)*, então a gente dizia: "vamos deixar passar 'a hora dos grosso', aí a gente liga". Passávamos o dia todo ligando, um de cada vez – conta Caco.

A partir de junho, *Segurança* também ganhou as ondas da Ipanema FM, igualando-se a *Spravo* em repercussão. Em julho, foi a vez de *Nada a Ver* e *Sopa de Letrinhas* serem gravadas, sendo que a segunda também conquistou seus ouvintes. Estar no rádio era o maior cartão de visitas que uma banda emergente almejava.

– A partir do momento que os guris começaram a tocar na FM, aparecia gente de todo o interior do Estado querendo contratar show – recorda Caco.

Mais do que possibilitar que os Engenheiros começassem a excursionar pelo Rio Grande do Sul, o sucesso radiofônico foi a porta de entrada para um show que mudaria a história da banda.

Pouco menos de seis meses depois de fazer seu primeiro show fora dos limites da Arquitetura, os Engenheiros do Hawaii enfrentaram uma multidão de 10 mil pessoas como uma das atrações da primeira edição do festival Rock Unificado.

– Só fomos convidados para tocar lá porque tínhamos música estourada na rádio – explica Carlos Maltz.

O nervosismo se multiplicou diante da tarefa de fazer bonito em frente àquela massa ávida por ver de perto a emergente onda roqueira que começava a ocupar as rádios de Porto Alegre. Era a primeira vez que os Engenheiros do Hawaii tocavam em um dos maiores e mais nobres palcos da capital gaúcha, o Ginásio Gigantinho. Mal sabiam eles que tinham mais um enorme motivo para se preocuparem: estavam sendo testados. Uma corrida para as gravadoras estava se iniciando em Porto Alegre. E a largada era aquele show.

O VENTO
CANTA UMA
CANÇÃO

SPRAVO, PRIMEIRO HIT RADIOFÔNICO DOS ENGENHEIROS DO HAWAII, JAMAIS FOI REGISTRADA EM DISCO, MAS É UMA DAS CANÇÕES MAIS ILUSTRATIVAS PARA QUEM QUER COMPREENDER OS PRIMEIROS ANOS DE ENGENHEIROS DO HAWAII.

– Acho bacana quando uma canção tem uma forte marca local. Mas *Spravo* não é local, é paroquial. Tem referências que só vai entender quem é de determinado meio ou bairro da cidade – diz Gessinger, ao justificar por que a música não foi parar no primeiro álbum da banda, *Longe Demais das Capitais*.

O fato é que, mesmo quem não gostava, não conseguia ignorar a canção. O jornalista Mauro Borba lembra que a faixa foi responsável por uma das mais estranhas histórias que vivenciou em mais de quatro décadas como radialista.

Depois de rodar a música na Ipanema FM algumas vezes, passou a receber telefonemas de um jovem insistindo para que a faixa não fosse mais executada. "Vocês conhecem a Maria? Por que vocês estão fazendo isso comigo?", perguntava ele. Sem entender nada, Borba não levou a conversa a sério, até o dia em que um desconhecido o esperava na saída do estúdio. Era o menino que ligava para ele. "Ele me explicava que seu nome era João e que havia uma garota chamada Maria, mas no meio da conversa teve uma reação típica de quem achava que não ia adiantar, o seu pedido não vai ser atendido mesmo, e saiu", escreveu Borba em seu livro *Prezados Ouvintes*, publicado em 2001.

"Naquele dia desci o morro Santo Antônio (*onde ficava a Ipanema FM*) pensando no episódio. Pra mim foi mais uma demonstração da influência do rádio na vida das pessoas e também da influência que os Engenheiros do Hawaii começavam a exercer na juventude", concluiu o jornalista.

O incauto jovem que foi até a Ipanema FM errou longe. A canção não falava do caso dele com sua Maria. Na verdade, a letra sequer havia sido inspirada em um casal. *Spravo* tratava da relação de Humberto Gessinger e Carlos Maltz com Marcelo Pitz.

O encontro dos três não frutificou tanto quanto poderia. O fim da parceria musical, declarado de modo abrupto no momento em que o sucesso do grupo chegava ao seu auge, deixou fãs e profissionais da área perplexos. Para quem via de fora, não fazia sentido que uma das pontas do tripé de sustentação dos Engenheiros do Hawaii saísse depois que o grupo se tornou conhecido em todo o Brasil e ganhou o primeiro disco de ouro da história do rock gaúcho.

A letra de *Spravo*, no entanto, deixa claro que havia uma incompatibilidade latente desde o início dos Engenheiros do Hawaii – a canção foi escrita nas primeiras semanas de existência da banda, participando inclusive do primeiro show. Um rápido passeio pelos versos pode nos levar a conhecer melhor quem era o primeiro baixista dos Engenheiros e por que, mais adiante, o tênue elo entre os três se rompeu.

"Spravo" é uma expressão que aglutina em si as palavras "spray" e "mascavo".

– A música era sobre uma menina que era "spray" e um cara que era "mascavo". O Pitz era esse cara mais natural, muito gente boa; e nós eramos a menina, os sprays, uns urbanoides sem noção – explica Maltz.

O menino-mascavo é descrito como uma cara que "não fuma, não bebe", é "faixa preta" e "anda sempre de fusqueta". Já a garota-spray estuda no mesmo colégio no qual estudou Gessinger ("Ela é do Anchieta"), mas tem seu nome gravado como "capeta" em outra instituição de ensino, "escrito nas paredes dos banheiros do Aplicação".

O Colégio de Aplicação é justamente onde Marcelo Nascimento Fagundes estudava antes de entrar no ensino superior. E foi também ali que se tornou Marcelo Pitz. Ironicamente, o apelido nasceu de um seriado de televisão que viria a batizar um dos maiores sucessos dos Engenheiros do Hawaii depois da saída do baixista. Foi comentando *Terra de Gigantes* entre os colegas de classe que a alcunha pela qual ficou conhecido foi forjada.

A série, gravada no final dos anos 1960, deixava crianças e adultos extasiados com seus efeitos especiais capazes de projetar na tela gigantescas e perigosas criaturas. Os episódios narravam as aventuras dos passageiros de uma aeronave espacial misteriosamente tragada para um planeta habitado por gigantes. Entre os personagens, havia o impulsivo e trapaceiro Alexander Fitzhugh, homem capaz de tudo para preservar sua maleta repleta de dólares roubados. Nos recreios do Colégio de Aplicação, o jovem Marcelo, ao comentar os episódios assistidos com os amigos, pronunciava "Pitzhugh" em vez de "Fitzhugh". Os colegas não perdoaram: começaram a chamar o amigo de Pitzhugh, apelido logo abreviado para Pitz. Pegou.

Pitz, que andava mesmo de fusqueta – a família tinha um Volkswagen –, é invariavelmente lembrado por todos os entrevistados deste livro que o conheceram por seu jeito educado e afável ("um lorde", como define Egisto dal Santo). Mesmo quando se negou a falar comigo para esse livro, por achar que seria uma exposição que "não me acrescenta nada", fez questão de deixar claro que o fazia "embora tu pareças um cara bem legal". Além disso, segundo a memória de Gessinger, mesmo quando viajava pelos confins do Brasil, o baixista buscava manter uma alimentação "politicamente correta", ou seja, sem sacrifício de animais.

– O Pitz era um cara saudável, mais tranquilo. A gente (*Maltz e Gessinger*) era uns malucos obsessivos, só pensávamos na banda o tempo todo – resume Maltz.

É possível que tenha sido a partir dessa percepção de "cara saudável" que vieram os versos "não fuma, não bebe". Os relatos, no entanto, apontam que os hábitos mais sadios não são reflexos de fixação pela saúde, mas sim consequências de um estilo de vida mais orgânico, ligado à cultura hippie, que ainda tinha presença forte entre os jovens porto-alegrenses.

– Conheci o Pitz em 1984, numa aula da disciplina de História da Arte. Entrei na sala e vi aquele cara vestido com uma roupa igual à minha. Eram os dois de brinquinho, camiseta, bombacha e tênis cano alto. A gente ficou faixa e já falei: "Vamos fumar uma maconha no banheiro!" – ri Carlo Pianta, que ficaria conhecido como baixista na banda DeFalla e, mais tarde, seria também parceiro musical de Pitz.

A dupla de bombacha e tênis havia entrado no curso de Música da UFRGS naquele 1984, o que significava a saída de Pitz da Arquitetura, para a qual havia sido aprovado em 1982, na mesma turma de Carlos Maltz. Não seria o primeiro abandono.

– Pitz deve ter largado a Música depois daquele primeiro semestre. Não vi mais ele por ali – conta Pianta.

Pianta, que em instantes "ficou faixa" de Pitz, era descrito pelos amigos como um hippie. O estilo precisou ser abandonado para que ele entrasse para o DeFalla.

– Conversei com o Carlo pelo telefone, e marcamos de nos encontrar depois de um show que eu tinha marcado. A gente estava tocando no B-52, e apareceu um baita dum ripongo, meio cabeludo, de bata azul, calça larga, uma sandália com os dedos de fora e uma bolsa de couro, daquelas de carregar do lado. Nós da banda pensamos: não pode ser esse cara – lembra Edu K, líder do DeFalla, em entrevista para o documentário *Rock Grande do Sul*. – A primeira coisa que falei para ele foi: "tu concorda em cortar o cabelo?". Ele disse que sim, aí entrou para a banda.

Quem ia aos shows dos Engenheiros do Hawaii não precisava entender as referências de *Spravo* para se dar conta de que estilos pessoais bem diferentes estavam tentando se equalizar no palco – e que mais tarde se tornariam inconciliáveis.

No primeiro show do grupo, no qual os Engenheiros do Hawaiii apareceram de camisa floreada, Pitz era a única exceção. Além de tênis, polaina e bombacha, usava apenas um blazer sobre o peito nu. Mas era a atitude que contrastava mais em relação aos outros integrantes da banda.

– A gente via o Carlão (Carlos Stein) nervoso, mas daquele jeito dele, era um nervosismo "para dentro"; o Maltz também muito nervoso, apavorado com o tamanho da bateria; o Humberto fazendo o que tinha que fazer; e o Pitz meio de lado, na dele, parecia quase um músico contratado – relembra Rainer Steiner.

Gessinger também tinha a impressão de que o baixista ficava pouco à vontade ao lado dos companheiros de banda.

– O Pitz tinha mais cancha. Tocava numa banda de *soft jazz*, eu acho. Acho que ele tinha um pouco de vergonha de estar tocando com Engenheiros do Hawaii, que era um lance tido como irrelevante, não-sério, à época – afirma o líder do grupo. – Por alguns, até hoje – completa.

Além de ter cursado um semestre de música e ter feito alguns shows com Egisto Dal Santo, são poucas as referências sobre a experiência anterior de Pitz como músico. Para quem via os garotos no palco, a maior "cancha" não era tão aparente.

– Humberto possivelmente fala isso (*da maior experiência do Pitz*) por modéstia, e também porque eles foram cruéis com ele mais tarde. O que eu me lembro é que todos mandavam muito bem, desde o primeiro ensaio. Tanto que saí de lá pensando: "ih, esses caras estão em um nível que eu não consigo acompanhar" – afirma Airton Seligman.

Reinaldo Barriga, produtor do primeiro disco dos Engenheiros do Hawaii – o único com Marcelo Pitz –, concorda:

– Todos eram músicos com grandes potencialidades, mas bastante primários. Talvez o Pitz tivesse maior conhecimento de *standards*, padrões para conseguir ouvir algo e sair acompanhando, mas não conseguia tocar a mesma coisa exatamente igual duas vezes, coisa que um profissional faria.

A saída de Marcelo Pitz dos Engenheiros do Hawaii, em maio de 1987, transformou o som da banda radicalmente. O episódio é envolto de brincadeiras de gosto duvidoso, provocações, sabotagens e muitas especulações, como será possível perceber mais adiante. Até lá, no entanto, os Engenheiros conseguiram se alçar ao primeiro time do rock brasileiro, excursionando por todas as regiões do país e participando de programas de rádio e televisão.

Apesar de terem personalidades e estilos tão diferentes, às vezes antagônicos, o trio formado por Gessinger, Pitz e Maltz se tornou um sucesso de público até então inédito para uma banda de rock gaúcha. Como diria a letra de *Spravo*: "Por que não?".

ContraRegra, primeira banda de Carlos Maltz, em show no Círculo Social Israelita, em junho de 1982, em Porto Alegre. Acima, Maltz toca um bumbo-leguero improvisado; abaixo, a bateria na qual fez os primeiros ensaios com os Engenheiros do Hawaii

Fotos: Acervo pessoal de Rogério Bondar

ARTE FINAL e
CONTRAREGRA
APRESENTAM
SHOW:
NA PAUTA DO DIA.

LOCAL: Circulo Social Israelita
DIAS : 26 e 27 Junho 21 Horas

PRODUÇÃO: G.E. ALBERT EISTEIN – Orgão dos Alunos do Col. Israelita Brasileiro

PATROCINIO:

CURSO PRÉ UNIVERSITÁRIO SA.
Certeza de Bom Vestibular

PAUTA DO DIA

CONTRAREGRA

UNIVERSITÁ...

MUSICAL

NA PAUTA DO DIA

PATROCÍNIO	UNIVERSITÁRIO
PRODUÇÃO	G.E. ALBERT EINSTEIN
	COL. ISRAELITA BRASILEIRO
ILUMINAÇÃO	CARLOS DIAS
PROGRAMA	CARLOS DIAS
CENÁRIO	ARTE FINAL E CONTRAREGRA
ARRANJOS	ARTE FINAL E CONTRAREGRA
COLABORAÇÃO	SÉRGIO, IARA, JOÃO BATISTA, CHICO, VÉIO MOA, IRMÃ DA IARA, CARLOS, ROGÉRIO, AIRTON, BERNARDO, MARCELO, ILANA, JOÃO KUGLANZ, JOÃO LAUTMAN, MIGUEL, CARLOS DIAS, PEDRO, SR. MENDEL, ...RLOS AL BERTO FOGAÇ... RENATA ... BILL.

...TE FINAL

CARLOS DIAS	BATERIA, VOCAL
MIGUEL BASTOS	BANDOLIM, CRAVIOLA
JOÃO LAUTMAN	VIOLÃO, VOCAL
JOÃO KUGLANZ	BAIXO, VIOLÃO, VOCAL

PARTICIPAÇÃO ESPECIAL

PEDRO FIGUEIREDO FLAUTA

	JOÃO LUIZ KUGLANZ
MANHÃ	JOÃO LAUTMAN
MUDAS PALAVRAS	JOÃO LAUTMAN
PESCADOR	CARLOS DIAS
VIVENTE	JOÃO LUIZ KUGLANZ
TRANSA	JOÃO LUIZ KUGLANZ
CAUSO	JOÃO LUIZ KUGLANZ
ESTÂNCIA	JOÃO LUIZ KUGLANZ
PAGO	JOÃO LUIZ
TROPEIRO	JOÃO LAUTMAN
O VELHO SONHO DO ESPANTALHO	JOÃO LAUTMAN
ESTRADA	JOÃO LUIZ KUGLANZ
FOFINHA	JOÃO LAUTMAN
CASAS	JOÃO LUIZ KUGLANZ
PEÃO	JOÃO LAUTMAN
PEIXE DE LUAR	JOÃO LAUTMAN
	JOÃO LAUTMAN

CONTRAREGRA

CARLOS MALTZ	BATERIA, PERCUSSÃO
ROGÉRIO BONDAR	BANDOLIM, VOCAL, VIOLÃO
AIRTON SELIGMAN	GUITARRA, VOCAL, CRAVIOLA
BERNARDO STOLNIK	VIOLÃO, PERCUSSÃO
MARCELO BONDAR	BAIXO, VIOLÃO, VOCAL

PARTICIPAÇÃO ESPECIAL

ILANA KAPLAN VOCAL

CONTRAREGRA	GRUPO
AGROSTOCKE I	GRUPO
RETRATO	MARCELO BONDAR
FRIAS NOITES	ROGÉRIO BONDAR
ABERTURA	AIRTON SELIGMAN
FALAS	CARLOS MALTZ
VENTO SOLAR	AIRTON SELIGMAN
VINHETA NOITES BRASIL	GRUPO
AGROSTOCKE II	GRUPO

O guitarrista Carlos Stein e o baixista Marcelo Pitz no primeiro show dos Engenheiros do Hawaii
Fotos: Acervo pessoal de Andrews Lima

De cabelo new wave, camisa havaiana e bombacha, Humberto Gessinger faz seu primeiro show, em 11 de janeiro de 1985
Foto: Acervo pessoal de Humberto Gessinger

Show na Praia do Futuro, em Fortaleza (CE), em 22 de março de 1987
Fotos: Acervo pessoal de Fernando Sommer

Marcelo Pitz, Carlo Pianta (guitarra) e Carlos Magno (bateria) formaram a banda Grou logo depois do baixista se desligar dos Engenheiros do Hawaii, em 1987
Foto: José Antonio Meira da Rocha

ESTRÉIAS

Pitz, Pianta e Magno formam a GROU

Ocidente é a base de lançamento da nova banda

Uma nova e interessante formação do rock gaúcho faz sua estréia hoje no palco do bar Ocidente. É a banda **Grou**, formada por ex-integrantes de outras conhecidas dos roqueiros: Carlo Pianta (ex-baixista do **De Falla**) é o guitarrista, Marcelo Pitz (ex-**Engenheiros do Hawaii**) é o baixista e Carlos Magno (ex-**Cócix**) é o baterista. O som vai dar o que falar, apesar de precisar ser ainda um pouco lapidado. Eles estão ensaiando desde abril e só não estrearam ainda por falta de condições para bancar a produção. "Ensaiamos tanto que o trabalho tomou uma forma natural", afirma o guitarrista Carlo Pimenta, que considera a **Grou** uma espécie de rearranjamento de bandas e pessoas que começaram no embrionário ano do rock em 82, como Replicantes, Engenheiros do Hawaii e De Falla entre outros.

Pianta faz questão de salientar, porém, que a **Grou** tem uma proposta que não tinha encontrado resposta em outras bandas e que é mesmo uma formação definitiva, não apenas mais um projeto dos tantos que os músicos componentes estão acostumados a fazer. "Vamos em frente, queremos gravar um disco nem que for daqui a dez anos. É o nosso trabalho pessoal, uma plantinha que vamos fazer crescer". Muito reggae, funk, samba, rock e até músicas românticas compõe seu painel de som, além de alguns ruídos e experimentações. "Vejo no nosso trabalho um paralelo com o som progressivo, só que com elementos negros, bastante rítmicos. Temos formação erudita, mas aceitamos qualquer idéia, qualquer componente, inclusive o erro", diz Pianta. Várias músicas suas têm letras de Paulo Sebem, mas a maioria é dele mesmo. O show conta com a participação de Bic Mac Ilan (nos teclados, harmônica e percussão), mais uma descoberta do "farejador de talentos" Carlos "Gordo" Miranda, e será registrado em vídeo. O som rola às 23 horas, com ingressos a Cz$ 150,00.

Marcelo Pitz, Carlo Pianta e Carlos Magno: o primeiro dia da Grou

Dissidência na Vortex

Alex Maltz no vocal, Telmo Ramos na guitarra, Eduardo Dias no baixo e Sérgio Rodrigues na bateria, formam a banda **Dissidência**, que estréia hoje às 22h na Vortex (Protásio Alves, 737). Com dois meses de ensaio, o quarteto se define assim: "som baseado no punk-rock, com leve tendência ao hard-core e a revolucionária proposta de tocar". Entrada franca.

FANTA

Rostos apreensivos no primeiro ensaio de Augustinho Licks com os Engenheiros do Hawaii, na casa da família Maltz, em 8 de junho de 1987. Em uma das fotos, o grupo conversa no bar em frente à casa do baterista, ponto de encontro da equipe

Fotos: Acervo pessoal de Alexandre Lucchese

Gravação das demos de "A Revolta dos Dândis", em junho de 1987, no estúdio da Eger, em Porto Alegre

Registros da excursão pelo Japão e pelos EUA, em julho de 1993. Acima, Carlos Maltz, o produtor Álvaro Nascimento, Humberto Gessinger e o diretor de vídeo Jodele Larcher pegam metrô no Japão. Abaixo, Jodele é quem segura a câmera

Fotos: Acervo pessoal de Nilson Batista

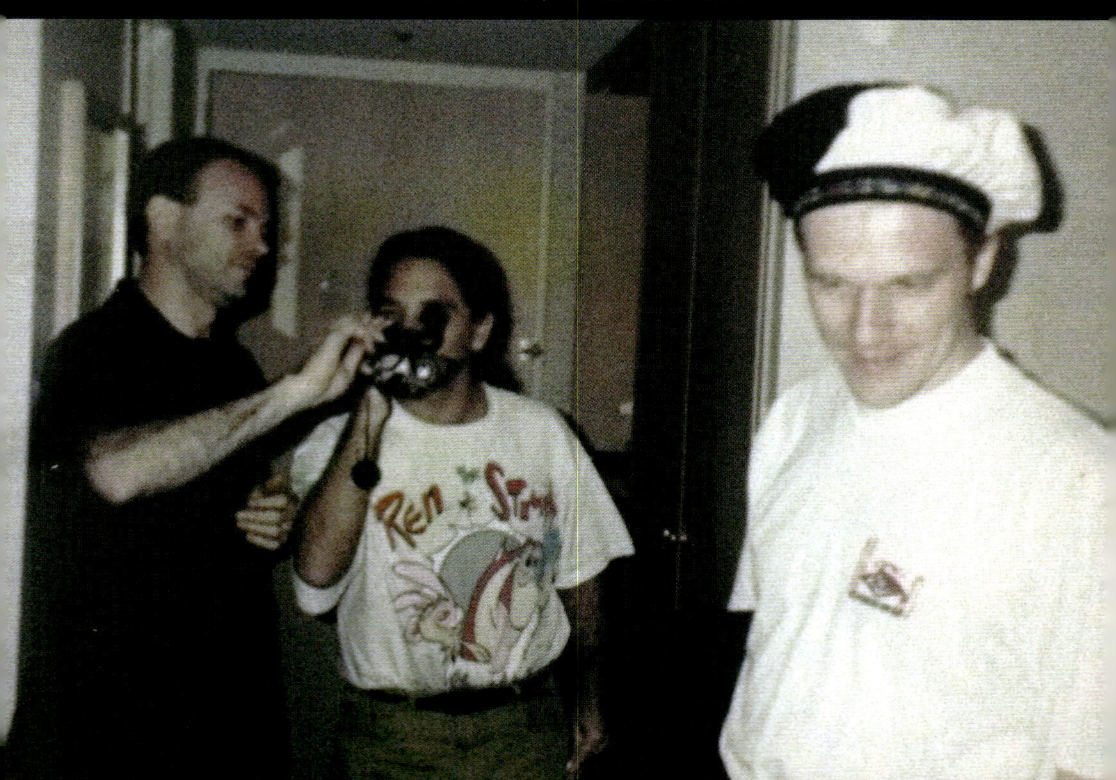

H. Getz, Fu Matz e Pitz fazem seu primeiro ensaio de fotos pelas ruas do bairro Petrópolis, em Porto Alegre.
Foto: autor desconhecido/divulgação

Gessinger, Maltz e Pitz na época do lançamento de "Longe Demais das Capitais"
Fotos: Lisette Guerra

Prestes a se lançarem na coletânea "Rock Grande do Sul"
Foto: Rochelle Costi

*Foto: Silvio Ávila,
Agência RBS,
16/11/1993*

Com o radialista Mauro Borba, em um encontro promovido pela gravadora BMG

Foto: Acervo pessoal de Mauro Borba

Equipe completa na estrada, pelo interior do Rio Grande do Sul, nas primeiras excursões para fora de Porto Alegre

Foto: Luiz Paulo Fedrizzi

Gessinger, Maltz e Pitz assinam primeiro contrato com a gravadora RCA, para o álbum "Rock Grande do Sul", em 1985
Foto: Ricardo Stricher

H. Getz, Pitz e Fu Matz fazem seu primeiro ensaio de fotos pelas ruas do bairro Petrópolis, em Porto Alegre
Foto: autor desconhecido/divulgação

Humberto Gessinger, em show na boate Rose Bom Bom, em 11 de setembro de 1986 *Foto: Luiz Paulo Fedrizzi*

Carlos Maltz e Marcelo Pitz caminham pelas ruas de Belém do Pará, onde fizeram show em 9 de maio de 1987 *Foto: Acervo pessoal de Andrews Lima*

Caco Sommer (produtor), Flávio Magalhães (iluminador), Humberto Gessinger, Carlos Maltz, Fernando Sommer (roadie), Nilton Maltz (roadie) e Marcelo Pitz, em excursão pelo interior gaúcho

Foto: Acervo de Andrews Lima

Humberto Gessinger toca bateria nos ensaios da turnê de "Várias Variáveis"

Foto: Acervo pessoal de Nilson Batista

Sérgio Serra, conhecido por tocar no Ultraje a Rigor, Humberto Gessinger e Dé Palmeira (Barão Vermelho), no show de lançamento de "A Revolta dos Dândis" no Rio de Janeiro, em março de 1988. Serra e Dé formavam à época a banda Telefone Gol

Fotos: Acervo pessoal de Gislene Gómez

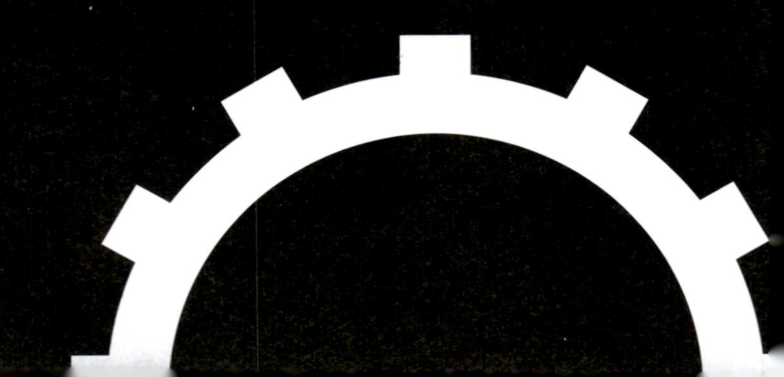

Gravação do disco ao vivo "Alívio Imediato", em julho de 1989

Integrantes do fã-clube Além dos Outdoors em show no Hollywood Rock, em 1990, no Rio de Janeiro

Humberto Gessinger na fase O Papa é Pop, em 1990, no camarim

Show da turnê O Papa é Pop, em 1990, em Itajaí (SC)

Com a entrada de Licks, a formação ganha mais dinâmica, com o guitarrista assumindo o teclado
Foto: Dulce Helfer, Agência RBS, 07/11/1987

integração entre Gessinger e Licks na primeira noite em que a banda tocou sozinha no Gigantinho, em 1989

Foto: Antônio Pacheco, Agência RBS, 20/05/1989

Último show da formação GL&M em Porto Alegre
Foto: Luiz Armando Vaz, Agência RBS, 18/11/1993

Carlos Maltz e Humberto Gessinger nas sessões de entrevista para este livro

HORIZONTE
TRÊMULO

O FESTIVAL ROCK UNIFICADO FOI UM DIVISOR DE ÁGUAS NA HISTÓRIA DA MÚSICA POPULAR URBANA DO RIO GRANDE DO SUL. FOI A PARTIR DAQUELE SHOW, QUE LOTOU O GIGANTINHO EM 11 DE SETEMBRO DE 1985, QUE O ROCK FEITO NO RIO GRANDE DO SUL PELA PRIMEIRA VEZ TEVE CHANCE DE CIRCULAR EM ESCALA NACIONAL.

Mas a criação do festival estava longe de ter esse objetivo. Criado como um instrumento de divulgação do curso pré-vestibular Unificado, o show poderia nem mesmo ter existido se os Paralamas do Sucesso, grande vedete do rock nacional, não tivessem elevado seu cachê depois da elogiada performance que fizeram no festival Rock in Rio, em janeiro do mesmo ano, dois dias depois do primeiro show dos Engenheiros do Hawaii.

– A primeira ideia do Régis (*Gonzaga, professor e diretor de eventos do Unificado*) era contratar os Paralamas para um show. Mas, quando ele descobriu quanto a banda estava cobrando, quase caiu para trás – conta Anaury Sperb Barreto, então professor de Geografia do curso e futuro coordenador de palco do festival, em entrevista ao documentário *Rock Grande do Sul*.

Régis, famoso entre os estudantes por suas engraçadas aulas de matemática, vinha então percebendo que o comportamento de seus alunos mudava. Violões e guitarras começavam a se multiplicar nas salas, e por pouco não eram tocados durante as aulas.

– Cada aluno queria montar a sua banda. Era um jeito de estabelecer sua turma e chamar a atenção das meninas. E eles já me falavam que a gente poderia dar uma oportunidade para que tocassem, pois muitos não estavam mais no colégio, onde os festivais escolares cumprem essa função de ajudar os grupos a se lançar – conta Régis, também em entrevista para o documentário.

Com o Rock in Rio e a popularidade de bandas como Blitz, Paralamas do Sucesso e Ultraje a Rigor, o rock entrava com tudo nas rádios FM, nas grandes gravadoras e nos lares de classe média. Era um momento absolutamente novo para o gênero musical.

– Rock era visto como uma coisa bagaceira. Só depois foi conquistar os estudantes e tudo mais. Até então, quem dizia que gostava de rock passava vergonha em determinados lugares – contextualiza Carlos Maltz.

Caco Sommer, colega de Maltz e Gessinger na Arquitetura, conta como os amigos encaravam uma das mais experientes e tecnicamente apuradas bandas de rock na época.

– Os Garotos da Rua seriam o que hoje são os funkeiros. Era um negócio sem importância, para animar festa.

Observando a fixação crescente que os jovens tinham sobre a música, sensibilizado pelos apelos dos alunos que não tinham um lugar para tocar e percebendo que as grandes bandas "de fora" tinham cachês inviáveis para seu orçamento, Régis defendeu a criação de um festival com bandas locais. Assim nasceu o Rock Unificado, embora alguns professores não concordassem com a ideia.

– Muitos me diziam que rock gaúcho não existia, que eu estava inventando. Falei que eles iam ver no palco – conta o professor.

Entre as bandas escolhidas para a noite, algumas tinham integrantes que estudavam no próprio curso, já outras contavam com mais estrada profissional. Ao todo, foram dez atrações: Garotos da Rua, Taranatiriça, Julio Reny & KM0, Os Replicantes, Astaroth, Os Eles, TNT, Prise, Banda de Banda e Engenheiros do Hawaii.

Os cálculos de Régis eram modestos: se 6 mil pessoas fossem ao evento, seria um sucesso. A noite fechou com 10 mil espectadores.

Não foi apenas a produção do evento que ficou impressionada com o público. Tadeu Valério, funcionário do setor gráfico da gravadora multinacional RCA, assistia dos bastidores o show. Ele vinha a convite do DJ Claudinho Pereira, que não se conformava com o fato de a cena roqueira porto-alegrense ainda não ter estourado no Brasil, já que as bandas de Rio, São Paulo e Brasília já vinham fazendo sua carreira. Para Claudinho, a capital gaúcha não estava nada atrás em termos de qualidade artística.

– Precisava impressionar alguém da RCA. Quando soube do Rock Unificado, imediatamente liguei para o Tadeu Valério. Era a grande oportunidade – conta Claudinho.

Lotar o Gigantinho foi a melhor maneira de comprovar que a cena que vinha movimentando bares mais undergrounds de Porto Alegre, como o Ocidente e o B-52, tinha potencial para conquistar públicos mais amplos. A partir dessa percepção, nasceu o conceito do álbum *Rock Grande do Sul*: uma coletânea com cinco bandas da cena roqueira gaúcha, cada uma delas com duas faixas. Era a oportunidade da RCA testar o potencial de cada um dos grupos. Como resumiu o jornalista e crítico musical Juarez Fonseca em sua resenha do show, publicada três dias depois em *Zero Hora*: "O Festival Unificado entra para a história do rock gaúcho e passa a ser um novo divisor de águas".

– A gente percebia que estava acontecendo alguma coisa em Porto Alegre, em torno do bar Ocidente. Mais do que bandas isoladas, era uma movimentação que sentíamos que era preciso registrar – diz Reinaldo Barriga, produtor de seis faixas do disco.

Ironicamente, a primeira banda a conquistar a atenção de Tadeu Valério, bem como a que teve maior sucesso em vendas e se manteve por mais tempo no *mainstream* fonográfico, foi a que tinha menor identificação com a movimentação que despertou o interesse da RCA. Os Engenheiros do Hawaii, que não eram frequentadores habituais do Ocidente e se apresentaram uma única vez no local, acabariam roubando a cena.

Segundo Claudinho Pereira, os Engenheiros chamaram a atenção do olheiro da RCA mesmo antes do show.

– Fomos assistir ao ensaio do festival e demos de cara com os Engenheiros no palco. A gente ficou olhando e comentando: "Porra, que banda é essa?! Meio Paralamas, meio The Police".

Além dos Engenheiros do Hawaii, o show serviu para levantar o interesse sobre a stoniana Garotos da Rua, a jovem e rápida TNT e a punk Os Replicantes. DeFalla acabou entrando mais tarde no disco, por insistência de Claudinho e sua mulher, Preta, por acreditarem que o som antenado do grupo merecia espaço, mesmo sem ter grande apelo comercial.

– Tudo que entrou no *Rock Grande do Sul* era novidade. A gente queria a gurizada nova – afirma Claudinho.

Mas a RCA também esbarrou em mais um problema ao formar o time que deveria compor o álbum: a resistência de algumas bandas. Os Eles foi um dos grupos que não quis entrar no disco.

– Não entrar foi uma decisão nossa. Discos coletivos como esse eram chamados na época de "pau-de-sebo", com uma conotação negativa. A RCA defendia o projeto dizendo que, pela ordem de sucesso alcançado, as bandas gravariam seus discos individuais. A gente não estava a fim de esperar. Tínhamos nosso repertório pronto e queríamos nos lançar imediatamente, o que resultaria no nosso disco independente – conta Ilton Carangacci, que já havia assumido o posto de empresário d'Os Eles.

Humberto Gessinger concorda que havia bons motivos para não entrar no projeto, mas também bons argumentos para prosseguir:

– Eu, um fruto do formato LP e dos álbuns conceituais, não me emocionava muito em ter duas músicas num disco coletivo. Mas, para o ambiente do RS, o interesse de uma *major* era revolucionário.

Além de perceber o que significava para o contexto local o fato de despertar a atenção de uma grande gravadora, os Engenheiros tiveram perspicácia para se inserir do melhor modo dentro do projeto. Informados a respeito da dinâmica da RCA, descobriram que os produtores mais ilustres estariam no Rio de Janeiro, onde também funcionava o escritório da multinacional. Por conta disso, pairava sobre os estúdios do Rio a fama de que havia menos liberdade artística para os grupos, já que o escritório poderia recomendar mudanças para que a gravação fosse mais palatável para o mercado. Para uma banda iniciante, convencer um produtor renomado a não seguir as determinações dos seus superiores era uma batalha perdida.

Eufóricas com o convite, nem todas as bandas percebiam a importância dessas escolhas de cidade.

– A gente foi direto para o Rio por achar isso o máximo! Ainda mais para uma gravadora como a RCA, que tinha um baita de um nome no Brasil – conta Biba Meira, baterista do DeFalla.

Biba sentiu um pouco da propalada fama dos estúdios cariocas. Lá viu a dinâmica das faixas e a sonoridade de sua bateria mudar, nem sempre respeitando o seu gosto:

– Mudaram um pouco o andamento de uma música, ficando mais rápida. Além disso, eu tocava muito com tons, mas na hora da mixagem os tons foram abaixados para dar volume mais alto para bumbo e caixa, que era justamente o que eu não gostava.

Além do DeFalla, o TNT também gravou as faixas de *Rock Grande do Sul* no Rio – a primeira ficou com o produtor Torcuato Mariano, e a segunda, com Joe Euthanázia. Já Engenheiros, Os Replicantes e Garotos da Rua foram para São Paulo, onde um núcleo roqueiro da RCA começava a se estabelecer, e mais tarde resultaria na criação do selo específico do gênero, o Plug.

Em São Paulo, quem deveria capitanear as gravações era Luiz Carlos Maluly, que precisou abandonar o projeto depois dos primeiros dias de gravação. Produtor de *Revoluções por Minuto*, álbum que estava estourando em todo o Brasil, transformando o RPM em mania nacional, Maluly passou a ser um profissional altamente valorizado na indústria fonográfica. Por conta disso, não demorou até que recebesse uma proposta irrecusável para trabalhar na CBS, inviabilizando sua participação no *Rock Grande do Sul*. O produtor então chamou Barriga, amigo no qual confiava também como profissional, para dividir com ele a produção e, aos poucos, assumir inteiramente o projeto.

A escolha caiu como uma luva. Barriga não só gravaria as três bandas que foram para São Paulo como também seria o nome por trás da produção dos primeiros álbuns individuais dos cinco grupos.

Com 36 anos na época de gravação do *Rock Grande do Sul*, Barriga ainda era um produtor em ascensão. Mais tarde, ele se tornaria um dos grandes nomes no meio da música sertaneja no país, ganhador de dois Grammys com a dupla Chitãozinho & Xororó, em 2006 e 2008. Nos anos 1980, no entanto, ele ainda tinha muito a fazer pelo rock, e o rock, por ele – foi com o sucesso das bandas do *Rock Grande do Sul* e do Nenhum de Nós, mais tarde também contratado pela RCA, que ele conseguiria comprar seu primeiro apartamento e gozar de certa estabilidade financeira.

Guitarrista, profissionalizou-se como músico no Rio de Janeiro, cidade onde nasceu, com a banda Os Moscas, que tocava em bailes e também fazia acompanhamento musical do programa que o apresentador Silvio Santos mantinha na rede Globo – Silvio ficou na emissora entre 1965 e 1975. O trabalho com o grupo também o levou a ter suas primeiras experiências em estúdio, ambiente do qual foi se aproximando cada vez mais, como músico de gravação e também como produtor. Nesta última função, passou pela Top Tape e RGE, gravando demos e singles de nomes como Fábio Jr., Michael Sullivan e Jessé. Ainda na RGE, assinou seu primeiro trabalho de rock: *Batalhões de Estranhos* (1984), segundo disco do Camisa de Vênus, que incluía o sucesso *Eu Não Matei Joana D'Arc*.

– Ele não era um daqueles produtores com grife. Era um puta trabalhador, tinha um puta ouvido – diz Humberto Gessinger sobre Barriga. – A gente chegava com um monte de referências literárias, e ele aceitava. Se fosse um produtor de gravadora mesmo, tentaria fazer da maneira mais fácil e limaria todas as arestas, ainda mais para uma banda que estava começando. Se fosse um produtor com mais cartel, seria foda confrontar, nos deixaria inseguros.

Entre as ideias pouco convencionais sugeridas por Gessinger e acatadas na gravação do *Rock Grande do Sul*, estava a colocação de um acordeom na faixa *Segurança*. A mesma canção foi registrada mais tarde sem o instrumento para o primeiro álbum individual do grupo, *Longe Demais das Capitais*, mas com o saxofone de Antônio Rosas Sanches, o Manito, ex-integrante d'Os Incríveis. Ambas eram referências provocativas ao movimento no qual os Engenheiros estavam metidos: o urbano rock oitentista. A nova onda tentava se conectar com o que vinha sendo feito no Exterior, deixando de lado referências regionais, como o acordeom; e não cultivava pontos de contato com a Jovem Guarda, da qual participaram Os Incríveis, vista então como página virada.

O espírito contestador do grupo não ficava apenas sugerido na escolha dos instrumentos. Antes mesmo de sair o disco, em novembro de 1985, Gessinger afirmou em uma entrevista sobre o projeto para a revista Fatos que estavam "nessa onda de rock do sul por coincidência. O rock está sendo consumido porque há interesse no seu consumo, mas realmente não acredito que a salvação do universo seja o rock and roll, como muita gente pensa".

As duas faixas escolhidas pelos Engenheiros para constar no disco foram gravadas em apenas quatro dias de novembro de 1985, com instrumentos emprestados pela gravadora – a primeira guitarra profissional de Humberto só chegaria no mês seguinte.

– Eram músicos muito precários, mas que tinham muita dedicação e sabiam onde queriam chegar, principalmente o Alemão (*Humberto Gessinger*), embora ele às vezes se irritasse com as próprias limitações para alcançar o que queria. A cabeça pensava de um jeito, mas o conhecimento técnico e o equipamento davam outra resposta – lembra Barriga.

Mas nem tudo era precariedade nas gravações. Além de um produtor compreensivo e dedicado ao trabalho, o estúdio paulista da

RCA contava com um artefato mítico para quem cultuava o rock'n'roll na época: uma mesa de áudio Neve 8014 com módulos EQ 1073. Bandas como Sex Pistols, King Crimson, The Clash, Queen e The Rolling Stones possivelmente gravaram demos e discos com uma tecnologia semelhante ou idêntica ao longo dos anos 1970, já que os módulos 1073 foram desenvolvidos sob encomenda dos estúdios londrinos de Wessex, local de gravação destes e de outros grupos internacionalmente conhecidos. Em Porto Alegre, corria até mesmo uma lenda de que o equipamento teria vindo de Londres, onde foi usado pelos Beatles – o que é bem pouco provável, já que o módulo EQ 1073 só começou a ser fabricado em 1970, ano em que o quarteto inglês se desmanchou.

– Era um templo sagrado. O *Rock Grande do Sul* foi imortalizado também pela categoria e sonoridade dessa mesa. Se isso fosse gravado em uma garagem, hoje não estaríamos falando desta história. Os componentes das bandas não sabiam, mas eu sabia muito bem onde estava sentado – elogia Barriga.

A tecnologia também dá certa unidade sonora aos três primeiros discos individuais dos Engenheiros, gravados no mesmo estúdio.

Antes do lançamento da coletânea, a imprensa tinha suas apostas sobre quais bandas participantes poderiam lograr êxito nacional. Engenheiros do Hawaii não estava entre os favoritos. Em uma nota intitulada "O Centro curva-se ao rock gaúcho", publicada em 18 de janeiro de 1986 na coluna semanal que Juarez Fonseca mantinha no Segundo Caderno (*Zero Hora*), lê-se que o grupo Os Replicantes "está pronto para conquistar o Brasil, ao lado dos Garotos da Rua, que é a outra banda mais elogiada do LP *Rock Grande do Sul* pela imprensa do Centro".

O álbum começou a ser alardeado para a imprensa nacional em novembro de 1985, impulsionado também pelo sucesso de outro festival local, o Atlântida Rock Sul Concert, também sediado no Gigantinho, nos quatro sábados de outubro. As gaúchas Engenheiros do Hawaii, Garotos da Rua, Taranatiriça e Os Eles eram algumas das atrações, ao lado das nacionais Ultraje a Rigor, Camisa de Vênus, Legião Urbana, Titãs e Capital Inicial. Os shows foram tema da reportagem "Lucros com os shows dos roqueiros no Sul" do jornal *Gazeta Mercantil* de 1° de novembro de 1985, que demonstrava como a nova música feita no Estado poderia ser lucrativa. Os patrocinadores estavam satisfeitos: tanto para a marca de tênis Faster, que vendeu em um mês 150 mil pares feitos especialmente para o evento, como para a Pepsi, que comercializou entre 250 e 300 caixas de refrigerante por noite de festival, o rock gaúcho era um grande negócio. Euforia maior era experimentada pela Atlântida, que declarou a adesão à nova onda: "Começamos a forçar a programação para este gênero de música no início do ano. Afinal, estava na hora de largar o saudosismo da MPB e partir para o rock, que é o que a rapaziada quer", disse o então produtor executivo da rádio, Marco Aurélio Poll.

Também em novembro, a revista IstoÉ tratou do fenômeno, destacando o papel de Tadeu Valério, já apresentado como gerente de projetos especiais da RCA, e "descobridor dos RPM e Legião Urbana, hoje consagrados". Segundo o texto, o disco deveria estar nas lojas no dia 22 de novembro, para dar largada no que seria "o verão do rock gaúcho".

Demorou mais. Uma reportagem do *Jornal da Tarde* (SP), intitulada "A vez dos gaúchos" de 23 de janeiro de 1986, dizia que o disco seria lançado "nos próximos dias". Finalmente, em 6 de fevereiro, uma resenha sem assinatura apareceu no Segundo Caderno (*Zero Hora*) dizendo que a coletânea "já está circulando e dando o que falar". O texto saudava o mérito do álbum em "abrir de vez as portas do centro do país para o rock gaúcho". A atenção principal ia para Os Replicantes, que seriam "a ideia mais original", e para os Garotos da Rua, com seu som "seguro e competente, mesmo sem experimentações". Os Engenheiros do Hawaii, no entanto, receberam também um elogio: "a caretice convincente dos Engenheiros está muito acima do som indefinido e pretensamente moderno do DeFalla", dizia o texto.

Mesmo que a imprensa não centrasse seu olhar sobre o trio Gessinger, Maltz e Pitz, a gravadora dá pistas de que acreditava no potencial dos rapazes. Suas duas músicas ocupavam lugar de destaque na coletânea: *Sopa de Letrinhas*, única parceria entre Gessinger e Pitz, ocupava a primeira faixa do lado A, e *Segurança*, de Gessinger, era a segunda do lado B. As primeiras faixas geralmente são as maiores apostas de sucesso, colocadas ali para captar de cara a atenção dos ouvintes – e também para facilitar o trabalho dos radialistas, que assim não precisavam mirar o sulco que separa uma música da outra para acertar o início da faixa. Ambas tiveram relativo sucesso, igualando em termos de popularidade com *Surfista Calhorda* (Os Replicantes) e *Tô de Saco Cheio* (Garotos da Rua) – esta última foi uma verdadeira febre no Rio de Janeiro, fazendo os Garotos se mudarem para a capital fluminense ainda no início de 1986.

Rock Grande do Sul não ficou marcado como um sucesso de vendas, mas serviu para difundir para todo o país cinco destaques da ebulição sonora vivida no Rio Grande do Sul. Em uma época sem internet e redes sociais, a comunicação com públicos mais amplos era totalmente dependente de meios como televisão, rádio e jornal. Neste momento, ter uma gigante da indústria fonográfica trabalhando a favor de uma banda era o único meio de fazê-la circular em nível nacional. Estar em uma gravadora como a RCA significava ter ao seu lado uma estrutura capaz de distribuir discos nas principais praças do país e divulgadores e assessores de imprensa experientes no envio de álbuns para rádios de diferentes estados e de releases nas redações de televisão e jornal impresso, além de contatos que facilitavam o acesso às principais casas de shows das capitais.

Não é à toa que as primeiras participações dos Engenheiros do Hawaii nas tevês de fora do Rio Grande do Sul foram em meados de janeiro de 1986. Dois dias depois de uma gravação de um show que acabou não indo ao ar na Praia do Pepino para o Mixto Quente (atração da Rede Globo), a estreia em um programa de auditório se deu pelo apresentador Edson Cabariti (1936-1998), o popular Bolinha. Entre 1973 e 1994, o Clube do Bolinha reinava absoluto nas tardes de sábado do canal Bandeirantes, com um mestre de cerimônias fazendo uso de sua voz rascante como uma esmerilhadeira, camisas estampadas que deixavam à mostra o vasto matagal cinza que cultivava no peito além de um séquito ardente de "boletes", grupo de dançarinas composto por ex-chacretes e outras jovens que se deixavam filmar dos mais provocativos ângulos que a volúpia masculina poderia imaginar.

– A gente ficou umas 12 horas no estúdio, esperando para ser chamado. Toda vez que a gente achava que seria nossa vez, chegava uma prima da irmã da vizinha do delegado de sei-lá-onde, e a gente ficava de novo para trás – recorda Gessinger.

Os shows além do Mampituba vieram pouco tempo depois, no mês de março, em São Paulo, sendo dois no Rose Bom Bom (Oscar Freire, 720) e um no Madame Satã (Conselheiro Ramalho, 873), tendo algum destaque nos jornais paulistas, em matérias com foto n'*O Estado de S. Paulo* e na *Folha da Tarde*. O *Estadão*, no dia 18 de março de 1986, deixava claro o tom de autoironia do grupo, afirmando que o nome da banda era uma gíria "para designar a juventude classe média de lá (*Porto Alegre*)", sendo que os integrantes do trio eram "assumidos representantes dessa parcela da sociedade".

Mais elogiosa era a *Folha da Tarde* do mesmo dia. "Com as letras ácidas das músicas (embora, aparentemente, ingênuas e cândidas), eles podem invadir sua mente. Não se preocupe se dentro de pouco tempo você se flagrar cantarolando um ou outro versinho. Esses gaúchos são de morte", enaltecia a matéria. As declarações da banda no texto reforçam o discurso de que entraram na onda rock "por acaso": "Porto Alegre nos gerou e não digeriu. Queremos encontrar o elo perdido com os cantores populares, mas ainda não sabemos como", diz uma citação creditada simplesmente a "eles", a banda. Embora "não soubessem como", começava a dar certo.

Além de mostrar a cara dos Engenheiros do Hawaii pela primeira vez para todo o Brasil, *Rock Grande do Sul* serviu para expandir a influência do grupo no interior gaúcho. Ao longo de 1985, a banda havia feito apenas oito shows fora de Porto Alegre, número superado logo nos primeiros dois meses de 1986: foram 10 apresentações fora da capital gaúcha entre janeiro e fevereiro – nove delas no RS.

Gessinger, Maltz e Pitz começavam a se acostumar com a estrada. E o público, com eles. O repertório já estava maduro, composto apenas de músicas autorais. *Nada a Ver* já estava também circulando nas rádios de Porto Alegre quando a banda entrou no estúdio da ISAEC, em Porto Alegre, para gravar uma demo com sete faixas em 26 de setembro de 1985. Além de novos registros de *Nada a Ver* e *Spravo*, foram gravadas *Toda Forma de Poder*, *Longe Demais das Capitais*, *Nossas Vidas*, *Todo mundo é uma ilha* e *Fé Nenhuma*. *Crônica* e *Eu ligo pra você* – creditada à época como *É Preciso TV* – também aparecem em releases e jornais da época. Com exceção de *Spravo*, todas elas entraram no primeiro disco do grupo.

O crescente sucesso também ajudou a banda a angariar maior antipatia do meio artístico no qual surgiu.

– A gente tinha uma implicância total com Engenheiros – revê Biba Meira, baterista do DeFalla, em entrevista para o documentário *Rock Grande do Sul*. – Nós dizíamos, "esses caras querem fazer música pop, e a gente não tá nem aí pra isso, a gente é maloqueiro, não quer dinheiro", o que era um papo meio furado, mas rolava.

Sem muitos amigos, mas sempre com muitos fãs, a saga dos Engenheiros do Hawaii começava a extrapolar o circuito das pequenas danceterias de Porto Alegre. Os giros em escala nacional se estabeleceriam definitivamente com *Longe Demais das Capitais*, ainda em 1986. Antes disso, haveria muita poeira de estrada para comer, calotes a tomar e palcos insólitos a conquistar – inclusive o de uma penitenciária.

RELATO SOBRE COMO UM ERRO DE CARTÓRIO NÃO MUDA NADA

Nasci em abril de 1977, em uma cidadezinha chamada Feira Nova, na Zona da Mata de Pernambuco. A gente morava em um sítio, meus pais eram agricultores. Era um tempo muito difícil para a gente. Meu pai tinha um rádio a pilha, daqueles rádios de seis pilhas, da marca Philips. Só pegava AM. Como a gente vivia no interior, pegava uma ou duas, no máximo três rádios.

Chegava uma determinada hora da noite, meu pai chegava do trabalho na lavoura, e a gente ficava ouvindo rádio: Luiz Gonzaga, Zé Ramalho, Jackson do Pandeiro, Trio Nordestino, aquelas músicas típicas aqui do nosso Nordeste. A primeira vez que ouvi uma música de Raul Seixas, fiquei encantado, porque era uma coisa diferente. *Cowboy fora da lei*... Não me esqueço. Foi quando o rock foi entrando na minha veia, me conquistando.

Em seguida, vieram novas músicas que me chamavam a atenção, como *Vital e sua moto*, dos Paralamas do Sucesso. Eram rádios que tocavam músicas nordestinas e, com o passar do tempo, começaram a mostrar o outro lado do Brasil, músicas de fora. Foi aí que certo dia, mudando de estação, encontrei uma nova rádio. Foi em meados de 1985 ou 86. Era a Rádio Tamandaré, AM, da cidade de Olinda. Tinha uma programação diferenciada. Então passei a ouvir *Rebelde sem Causa*, *Alagados*, *Será*... E aquilo foi me conquistando cada vez mais.

Ouvindo essa rádio, conheci também uma música que entrou na minha mente e não me abandonou. Era

Segurança. Imagina um garoto de interior sonhando com um Puma GT de vidro fumê. Eu não tinha nem uma bicicleta. Aquilo me fascinava.

Mas, parecia até de propósito, o radialista não dizia o nome da banda. Ele botava a música, mas não dizia de que banda era. Aquilo me deixava louco! Com o passar do tempo, percebi que *Segurança* tocava sempre duas vezes por dia, às 8h da manhã e ao meio-dia. Então aquele era um horário que eu não deixava passar. Às 8h, eu já estava ouvindo o radinho, e, ao meio-dia, corria de onde eu estivesse para ouvir aquela música. Só vim saber que o nome da banda que tocava aquilo era Engenheiros do Hawaii quando *Toda Forma de Poder* entrou na programação, que foi a faixa que deu sequência ao trabalho deles na rádio. Então, quando disseram "Engenheiros do Hawaii", comecei a rir. Estava acostumado com Ultraje a Rigor, Paralamas, Kid Abelha. Achei estranho, mas gostei. Cara, eu nem sabia quem era Fidel e Pinochet, mas adorava aquilo ali.

Em seguida, veio *Terra de Gigantes* e *Infinita Highway*, e fui sendo cada vez mais cativado. Mas, como a gente era muito pobre e vivia da roça, a dificuldade era muito grande. Meu pai e minha mãe trabalhavam sem parar para dar conta de oito filhos. Eu era o sexto. O pai cultivava mandioca, fazia farinha, plantava milho, feijão. Era esse nosso sustento. Demorei anos para ver um vinil dos Engenheiros.

Em 1990, bateu uma recessão horrível, e meu pai resolveu se mudar para Recife. Aí a coisa começou a evoluir mais, meus irmãos também conseguiram emprego, e alguns foram para São Paulo. Ao chegar na capital, foi também que minha mente se expandiu. Comecei a frequentar a escola, ver coisas diferentes. Meu irmão mais velho comprou uma radiola Sharp 2 em 1, aí eu já comprava fita cassete e gravava as músicas dos Engenheiros. Minha mãe olhava de lado, não entendia, mas, para quem vinha de uma família que cresceu ouvindo Luiz Gonzaga, o rock era uma coisa diferente, fascinante.

Um dia, lá por 1991, passando pela rua em que eu morava, escutei uma música: *Alívio Imediato*. Parei em frente àquela casa e fiquei ouvindo. Me dei conta de que não era apenas a música, era o disco *Alívio Imediato*. Fiquei ali, tentando ver quem é que escutava aquela obra, consegui identificar e passei a fazer amizade com esse rapaz. Ele tinha todos os discos lançados até ali, do *Longe Demais...* até o *Várias Variáveis*. Levei todas as fitas para ele gravar. Aí passei a ouvir os discos o dia inteiro. Ouvia cada fita até abafar.

Na escola, tinha a turma da Legião Urbana, e eu era um fã solitário de Engenheiros. Não conhecia ninguém que curtia. Só passei a ver fãs na escola quando cheguei com uma camisa da banda. Eu chegava, e todo mundo estava com sua camisa da Legião, com o desenho dos músicos e tal. E eu não. Eu ia com aquele escudão do *Alívio Imediato* estampado no peito, cheio de moral. Eu era um soldado num exército de um homem só. Aí, de repente, chegava um desconfiado: "Cara, gostei da camisa. Curte Engenheiros? Eu também". Mas era tudo tímido, porque fã de Engenheiros era isso, um fã oculto. Hoje não é tanto assim, mas naquela época você não via fã de Engenheiros. Só quando tinha show eles apareciam.

Foi assim que conheci um amigo e disse a ele que queria muito ter os discos dos Engenheiros. Ele me falou: "Conheço alguém que tem, mas não sei se vende. Vai lá e tenta". Fui lá. Era um cara que tinha um estúdio. O Joaci. Somos amigos até hoje. Quando cheguei ao estúdio, fiquei fascinado com o que o cara tinha. Era uma sala enorme, entupida de discos de vinil. Perguntei a ele se tinha os discos dos Engenheiros. Ele me disse: "Tenho esses aqui. Posso te vender". Era do *Longe Demais das Capitais* até o *Várias Variáveis*. Os outros ainda não tinham sido lançados. Questionei por quanto ele me vendia. Não me lembro hoje o nome da moeda, se foi cruzado ou cruzeiro, só me lembro que foi 14 mil. Eu não tinha esse dinheiro. Era muita grana.

Cheguei em casa triste pra caramba e, relatando para minha mãe, ela disse: "Por que você não pede a seu pai?". Criei coragem e pedi. Ele me deu os 14 mil. Saí correndo para o estúdio. Paguei e levei os discos para casa. O Joaci falou: "Você pode ficar com isso, porque tudo isso vai ser lançado em CD". Só que na época não tinha CD aqui, mas ele já sabia que viria.

Chegou a vez do *GL&M*, aí comprei na loja, feliz pra caramba de ter o novo disco dos Engenheiros. Acompanhei o lançamento pelo rádio e também pela imprensa escrita, pois já conhecia a revista *Bizz*.

Consegui, então, meu primeiro emprego. Quando ganhei minha primeira quinzena, comprei tudo em CD. Lembro que comprei a maioria dos CDs de uma pancada só, mas faltou *O papa é pop*, porque não tinha na loja. Mais tarde, no dia em que entrei nas Lojas Americanas e vi *O papa é pop*, fui correndo pegar, e outro cara pegou ao mesmo tempo. Eu segurei de um lado, ele segurou do outro. Ficamos disputando! Como eu era mais forte, ele não quis encarar e soltou. Fui para o caixa e paguei. Foi superengraçado, porque ele ficou rondando dentro da loja, esperando para ver se eu ia soltar o CD.

Eu queria tanto aquele CD porque a minha maior frustração em relação aos Engenheiros era o vinil *O papa é pop*, porque quando botei minha mão nele fui diretamente para *Perfeita Simetria*. Só que não tinha *Perfeita Simetria* no disco. A gravadora fazia essa sacanagem com a gente. Essa música só veio a sair em CD. Era por causa dessa música, que acho linda, minha ânsia de comprar o CD *O papa é pop*.

Fui conhecendo mais gente, indo a shows, juntando reportagens, colecionando.

Na minha casa, como te falei, éramos oito irmãos. Os mais velhos foram embora, uns casaram, outros foram para São Paulo. Como eu era um dos mais novos, ficou eu, o Anderson e o Ailton. O Ailton eu não consegui converter para a religião EngHaw, ele gostava de outros estilos e tal; mas o Anderson, o caçula, sim, consegui converter. Ele me acompanha até hoje nos shows.

O Humberto, o Augusto e o Carlos foram pessoas que marcaram a minha vida, minha infância, minha juventude. Hoje já estou com 39 anos e continuo amando a banda. Não entendo o que foi que aconteceu com alguns amigos meus que curtiam e se perderam pelo caminho. Quando os Engenheiros pararam, ali por 1994, muitos amigos meus desistiram. Outros viraram evangélicos. Não sei o que o pastor disse a eles, mas não curtiram mais a banda. Sempre fui um pouco crítico. Existe essa síndrome de fã de Engenheiros querer ser dono da banda. Realmente é assim. Quando Humberto acabou a banda e lançou o Gessinger Trio, por exemplo, fiquei revoltado. "Não vou comprar esse disco", eu disse a todo mundo, porque não tinha a bandeira Engenheiros. Mas, pode ter certeza, fui um dos primeiros a procurar na loja quando foi lançado. Hoje, a gente pode ter nossa opinião sobre o Humberto, não gostar de um ou outro trabalho, mas vai lá e compra. Concluo isso pelo DVD *Insular*. Não gosto tanto, mas tenho dois, um para curtir e outro para guardar, para o caso de um acidente ou coisa assim. Sou fã do cara, não posso fugir. Já está no sangue.

Quando a minha esposa engravidou, sempre falei que, se fosse uma menina, seria Clara; e, se fosse menino, seria Licks. Por que Licks? Porque acho ele um foda. Gosto muito do Carlos e do Humberto, mas o Augusto... Para mim, ele é primordial. Acho ele o cara mais injustiçado do mundo. Até hoje, perguntam por que a banda separou. Mas, apesar de eu acompanhar de longe, da dificuldade em acessar revistas e jornais, mesmo antes da divulgação do fim, já tinha certeza de que ia acontecer. Quando os Engenheiros lançaram *Filmes de Guerra, Canções de Amor*, falei para meu grande amigo Junior, que infelizmente hoje mora no céu: "Cara, Engenheiros acabou". Ele disse que "não, de jeito nenhum, não vai acontecer". Respondi, "vai sim, e sabe por quê? Quando o Humberto diz que 'tudo já foi visto' e 'tudo já foi dito', na música *Realidade Virtual*, é porque acabou". Meses depois, a banda anunciou a separação.

O Augustinho cometeu alguns erros. Mas, quem é que não comete erros? E aguentar o Humberto e o Carlos foi foda. Vi confissões do Humberto, de ele dizer que quem aguentava toda a pressão era o Augustinho. Eram tempos difíceis, eles não eram amigos, apenas trabalhavam juntos. O Augustinho se destacava por ser o fio neutro da banda. Só ele sabia fazer aqueles solos, dar o tom correto. Era lindo ver ele tocando guitarra. Me apaixonava por aquilo.

Vi em vários vídeos e programas de rádio o Humberto pegando no pé do cara, gritando "Acorda, Augusto!", "Guitarra! Guitarra!", em pleno show, na frente de um mundo de gente. Alguma coisa estava pegando.

A minha esposa sempre soube da minha loucura pela banda. Ela não gostava muito, ouvia algumas músicas, mas eu era fanático, aí ela tinha que ouvir de qualquer jeito. Dia 5 de setembro de 1997, ela estava grávida, e eu pedi para que ela comprasse um ingresso para o show dos Engenheiros. Cara, ela ficou uma fera, já estava próxima de ter neném. Mas eu tinha que ir ao show, não tinha como perder.

Isso passou, nasceu o garoto, e ela não aceitava que eu desse o nome de Licks a ele. Queria colocar o nome do pai dela, Ailton. Mas fui ao cartório registrar e falei: Licks Pessoa Germano do Nascimento. Voltei para casa e guardei o registro. Passou um bom tempo, e era Licks pra cá, Licks pra lá, ou Lickinho, quando eu brincava com ele. Um dia minha mulher chegou para mim e disse que o nome dele não era Licks. Eu disse que era, claro que era. Ela fez: "Não, é com 'n'. Links. É assim que está no registro". Cara, eu não tinha observado, mas a tabeliã, em vez de um 'c', colocou um 'n'. Ficou Links. Eu virei uma fera.

Peguei o registro e corri para o cartório. Cheguei lá e falei com uma mulher: "Olha, houve um erro no nome do meu filho". Ela ouviu minha história e respondeu: "Para mudar o nome agora, você teria que procurar um advogado e abrir um processo para ver se algum juiz autoriza a troca, mas creio que não, porque é um erro, mas é um nome normal, não é um nome absurdo, que justifique ser trocado".

Me desesperei, voltei para casa, mas não havia o que fazer. Não tinha como eu contratar um advogado naquele momento. A coisa estava difícil, era uma época de gastos com a criança, pois ele já estava um garoto. A carga era muito pesada. Hoje, ele assina como Links, que é o correto para ele. Mas a gente, os amigos, só o chamamos de Licks mesmo. Em casa, ficou por Licks, é um erro de cartório, mas não muda nada.

Como eu ouvia muito os Engenheiros, certo dia, cheguei em casa e estava o moleque sentado no sofá cantando *Era um garoto que como eu amava os Beatles e os Rolling Stones*. Ele estava com um ano e meio! Ainda nem falava direito. Fiquei maluco! Corri, fui a uma loja, comprei um *micro system* e uma coletânea só com músicas dos Engenheiros para dar a ele de presente. A partir daí, ele dormia e acordava escutando Engenheiros.

Hoje, ele está com 18 anos, e temos uma relação muito boa. Não somos apenas pai e filho. Somos amigos. Frequentamos os mesmos lugares, batemos um papo legal. Vamos aos shows... Ele teve o privilégio de conhecer o Humberto Gessinger ainda garoto, coisa que eu não tive. Isso tudo motivou ele a acompanhar a banda.

No show da turnê *Insular* que teve aqui em Recife foi muito legal. A gente estava em frente ao Chevrolet Hall, e havia um repórter ao vivo da Transamérica, que estava entrando em flashes para a rádio. Eu e o meu garoto estávamos com camisas d'*O papa é pop*. O repórter viu e se aproximou: "Você pode dar uma entrevista para a rádio?", perguntou para o menino. Falei: "Vá em frente, filho, aproveite". Ele disse o nome para o repórter, que já se surpreendeu, então começaram a conversar ao vivo para a rádio. O moleque se empolgou, começou a falar sobre a banda, encheu a bola, até corrigiu coisas que o repórter disse. Foi muito engraçado. O repórter brincou: "O menino tem só 18 anos, mas é tão fã que está me corrigindo ao vivo!". Fiquei muito feliz. Senti que a minha missão foi cumprida. Passei o bastão adiante.

Edvalci Nascimento,
operador de circuito
interno de televisão

NÃO CORRA,
NÃO MORRA,
NÃO FUME

HUMBERTO GESSINGER, MARCELO PITZ E CARLOS MALTZ CAMINHAVAM PELOS LABIRÍNTICOS CORREDORES DA PENITENCIÁRIA ESTADUAL DO JACUÍ, EM CHARQUEADAS (RS), QUASE CHEGANDO AO QUE PENSAVAM SER FINALMENTE A SAÍDA DAQUELE EMARANHADO DE PAREDES E GRADES. SEM JAMAIS TEREM ALI ENTRADO, ERAM GUIADOS POR UM MEMBRO DA INSTITUIÇÃO, AO QUAL SEGUIAM ENQUANTO JOGAVAM CONVERSA FORA.

– *E então, o que achou do show?* – perguntou o guia a Gessinger.

– *Foi bacana. O pessoal foi legal. Um cara até me disse que tinha uma banda, pediu se eu tinha umas cordas velhas de guitarra, aí passei para...*

Antes de terminar de ouvir a frase, o guia saiu correndo na direção oposta à que estavam seguindo. Atônitos com a súbita mudança de orientação, os Engenheiros do Hawaii tentaram ir atrás de seu cicerone, mas viram que ele já andava longe, passando por grades que eles não saberiam transpor. Sem saber como ir adiante, ficaram em uma espécie de purgatório entre a liberdade e as celas.

Então guitarrista do grupo, Gessinger jamais havia feito outro uso para as cordas de seu instrumento além de atarraxá-las firmemente na sua Giannini para tocar as bases e solos das músicas que fazia. Do outro lado das grades, no entanto, havia quem pudesse transformar uma simples corda de aço em um artefato mortal – ainda mais se já tivesse em sua ficha criminal casos de enforcamento. Só depois dos oficiais da penitenciária terem retirado as cordas do meio dos presidiários é que o grupo conseguiu sair do prédio.

Não há uma data precisa, mas o show dos Engenheiros na Penitenciária de Charquedas ocorreu no último trimestre de 1985, quando a banda já era "bastante conhecida", como conceituou o repórter Cunha Jr., em uma matéria sobre o evento para a programação local da TV Cultura. No vídeo, é possível ver Gessinger solando sua guitarra por alguns segundos, seguido de cenas de presidiários cantando sambas e boleros, além de alguns internos aproveitando o microfone de televisão para questionar por que seguiam ainda na prisão, já que supostamente já teriam cumprido suas penas.

Além da apresentação dos Engenheiros do Hawaii, havia também grupos que se desenvolveram na própria penitenciária tocando no mesmo dia. Os roqueiros classe média da capital foram parar ali por incentivo do então produtor do grupo, Ricardo Martinez, amigo de infância de Carlos Maltz. Martinez tinha pessoas próximas envolvidas na organização do festival, e empolgou os rapazes para incrementar a programação como convidados de fora.

– Lá dentro o clima foi supernormal, mas era louco porque entrar lá com uma banda chamada Engenheiros do Hawaii valia mais pelo gesto do que pelo som. Não havia conexão, era uma coisa tão específica de um tipo de som que estava começando no Brasil, e aquelas pessoas tinham anos de diferença. Não era como Johnny Cash ou B.B. King tocando numa penitenciária americana, fazendo um som que era tradicional para os detentos – contextualiza Gessinger.

A aventura dos meninos classe média na penitenciária ilustra a vontade que o trio tinha de levar adiante seu som, independente do público que estivesse disposto a vê-los. Assim como Gessinger logo aprendeu que cordas de guitarra poderiam ter usos menos nobres que fazer música se caíssem em mãos erradas, os Engenheiros estavam tomando suas primeiras lições de estrada naqueles dias.

Uma lição importante desta época também foi cobrar cachê adiantado. Caco Sommer, que trabalhou na produção do grupo até o lançamento de *Longe Demais das Capitais*, teve uma "aula" sobre o tema depois de um show em Cachoeirinha (RS). Na hora de receber o dinheiro do contratante, em vez de um maço de notas, viu apontado para seu rosto um revólver:

– *Hoje tu não vai receber. Não deu a grana que eu queria. Fora daqui!* – ouviu Caco do homem que segurava a arma.

O interior do Rio Grande do Sul era ainda um circuito pouco explorado pelos conjuntos de rock da Capital, apesar de bandas como Garotos da Rua terem começado a circular algum tempo antes além dos limites de Porto Alegre – entre o fim de 1985 e início de 1986, Luiz Paulo Fedrizzi, então produtor dos Garotos, também começará a produzir shows para os Engenheiros, levando seu *know-how* estradeiro.

Longe demais da capital gaúcha, o grupo presenciava cenas que impressionavam até quem já havia rodado muito pelo mundo. O escocês Kenny Keating, que se tornou *roadie* da banda por volta de 1987, conta que achou estranho ver um cofre na entrada de um show. Vivendo até pouco tempo no *underground* britânico e morando em *squats* frequentadas por grupos de contracultura – algo equivalente às ocupações ou okupas brasileiras – Keating jamais havia visto tal artefato na entrada de uma casa noturna. Era uma espécie de guarda-volumes para revólveres e pistolas.

– O cara ia ali, deixava a arma, recebia um bilhetinho e entrava para o show. Depois, antes de ir embora, deixava ali o bilhetinho e pegava a arma de volta – lembra Keating, aos risos. – Precisaram trazer mais dois cofres para guardar todas as armas do público – observa.

Já em outra data, na cidade de Uruguaiana, o show foi invadido pela Polícia Federal. Motivo: estavam tocando de luz apagada.

– A polícia chegou e simplesmente ligou o disjuntor, pois era ordem não fazer festa de luz apagada, achavam que poderia levar ao consumo de drogas, essas coisas... Armei o maior rolo, apaguei quando eles saíram, aí queriam cancelar o show, mas bati boca, pois tinha autorização e tudo mais – rememora Caco Sommer.

O interior gaúcho dos anos 1980 guardava seus riscos e idiossincrasias, mas era uma saída para a profissionalização do grupo.

– Tocar em Porto Alegre era legal, mas não dava em nada. A gente só ganhava grana quando ia para o interior – explica Caco. – Mas, mais do que ganhar dinheiro, eu marcava muito show porque achava que o nome da banda precisava ficar conhecido. Eles iam lançar disco, então tinha que colocar o nome deles na roda.

Aos poucos, uma estrutura foi se fortalecendo em torno do grupo. O escritório que Caco e Vica dividiam para fazer seus trabalhos como arquitetos logo passou a receber telefonemas de todo o estado para contratar shows. Nas paredes, amontoavam-se cada vez mais pôsteres e postais dos Engenheiros do Hawaii, com fotos dos rapazes e desenhos que destacavam as três formas básicas da comunicação visual: o quadrado, o círculo e o triângulo equilátero – as engrenagens, característica marcante das capas e outras artes do grupo a partir do segundo disco, ainda não haviam sido adotadas.

Depois de *Rock Grande do Sul*, que colocou *Segurança* e *Sopa de Letrinhas* tocando direto nas rádios, havia demanda para shows em todos os finais de semana. Viajar de quinta a domingo era cada vez mais constante.

– Eu tinha um Fusca; e o Fedrizzi, o Alfa Romeo da vó dele. Nos primeiros tempos, a gente meio que socava todo o som ali dentro e os instrumentos e ia para os shows – conta Caco. – Quando começou a dar um pouco mais de grana, eu alugava uma Kombi, enchia de aparelhagem e ia dirigindo, e os guris iam com o Fedrizzi. Quando ficou bom, locávamos um ônibus. Aí eu pedia pra tirar metade dos bancos pros guris se espalharem melhor, e o som ia em outro veículo. Quando chegava no local, a montagem já tinha começado.

De segunda a quinta, no entanto, a banda não deixava de ser o centro das atenções de seus integrantes. Com ensaios e outros compromissos, eles foram gradualmente se afastando da universidade.

– Não houve um momento em que parei para pensar e decidi que não seria mais um estudante, mas um músico. Simplesmente me dei conta em algum momento que eu estava aparecendo na aula só para pedir favor aos professores, então me dei conta que já não era mais um estudante de Arquitetura. Não lembro nem se tranquei ou abandonei a faculdade – afirma Gessinger.

A família, acostumada com o caráter obstinado do rapaz que estava se revelando músico, parece não ter estranhado.

– Em momento algum me preocupei – afirma Casilda, sobre o filho Humberto Gessinger. – Sabia que era a escolha dele, que ele tinha um bom potencial em escrever, que ele não estava se lançando como um cantor, mas como um compositor que leva às pessoas suas letras e música, o que me dava uma tranquilidade muito grande.

E lá ia dona Casilda levar os sanduíches para o filho carregar em suas perambulações pelo Rio Grande do Sul, quando este esperava o ônibus que o apanhava em uma esquina a alguns metros de casa.

Com exceção dos sanduichinhos de Dona Casilda, Gessinger e seus companheiros não gozavam de quaisquer luxos na estrada. Precisar de muito pouco para viajar foi um hábito que os Engenheiros seguiram mantendo ao longo da carreira.

– Conforme a banda foi crescendo, o escritório colocava todo mundo em hotéis melhores, mas eles mesmos não exigiam nada de mais. Depois dos shows, queriam ir para o quarto, e não saíam para jantar ou visitar atrações da cidade – conta Laurinda Sampaio Alencar, a Lau, produtora que acompanhou o grupo em seus primeiros anos no Rio de Janeiro, com fama nacional consolidada.

O único mimo que Caco reservava para Gessinger era uma delicada limpeza nos microfones que alugava. O produtor dispunha à época de três sistemas de som para alugar: um de Porto Alegre, outro de Lajeado e mais um de Santa Maria. Este último era o preferido por Caco, devido à sua qualidade superior, mas não era bem-vindo pelo vocalista, cujo sensível nariz não suportava os traços deixados pelos guascas trovadores que também o usavam.

– Era uma aparelhagem usada por bandas de bailão do interior. Os microfones vinham com cheiro de fumo mascado, todos babados. O Humberto passava mal, me dizia: "Vou vomitar em cima dessa porra" – diverte-se Caco ao lembrar. – Aí, enquanto ele descansava, eu ia lá desmontar, passar um álcool, dar aquela limpada.

O cheiro de fumo mascado possivelmente era a coisa mais tóxica que passava pelos integrantes dos Engenheiros do Hawaii. A estrada nunca foi um refúgio para o consumo de drogas ou para aventuras sexuais, como ocorre muitas vezes no meio rock'n'roll. Relatos de bastidores às vezes falam em maconha e cerveja, mas não são constantes, e raramente envolvem os músicos.

Julio Reny lembra que uma única vez viu Gessinger pedir um cigarro de maconha a ele:

– Se não me engano, o Humberto disse que queria levar um baseado porque queria tomar uns cafés e terminar umas músicas. Pra ver como eles eram... Fumar um baseado pra mim sempre esteve mais ligado a tomar um conhaque ou coisa assim. Já ele ia tomar uns cafés – ri Julio Reny.

Do quarto do hotel para o show. Do show para o quarto do hotel. Essa era a rotina da banda. Com seus integrantes invariavelmente desacompanhados.

– O Humberto sempre foi o mais tímido, o Pitz tinha namorada, e o Carlinhos também não era lá de aprontar – assegura Caco.

Fernando Sommer, irmão de Caco, também se agregou à banda como *roadie*. Ele lembra que o assédio das mulheres sobre os músicos era grande, mas não era um tema muito importante:

– Posso dizer que teve vezes que a gente se divertiu, mas não era a intenção. Ninguém estava lá com esse objetivo.

Kenny Keating, que começou a viajar com o grupo depois da saída de Fernando Sommer, manteve-se como *roadie* da banda porque era algo favorável financeiramente, mas nunca simpatizou com o esquema montado pelos Engenheiros. Entre as bandas com as quais gostava de trabalhar, cita o DeFalla, que contava com integrantes dispostos a seguir fazendo festa noite adentro depois dos shows.

– Jamais vi Humberto ou Carlos se divertindo. A gente só via eles rindo quando estavam sacaneando alguém – relembra Keating. – Eles faziam muitas pessoas felizes, mas não tinham felicidade. Não era algo verdadeiro.

O espectro de "sacanagens" produzidas pelos Engenheiros é amplo, compreendendo desde piadas e pegadinhas infames até atos de consequências mais graves. Carlos Maltz, cada vez mais conhecido pelos colegas de equipe como um magistral imitador, empreendia longos trotes de telefone diante de seus colegas no quarto do hotel contra diferentes alvos, como sobre o líder d'Os Eles, já citado nesse livro.

– A equipe estava sempre se sacaneando, o que mantinha um clima legal de trabalho. Quando estas sacanagens caíam sobre o Humberto ou o Carlos, aí sim, todo mundo gozava muito – ri o produtor Álvaro Nascimento, que acompanhou o grupo na sua fase de maior sucesso popular, após *O papa é pop*. – Eram bobagens, como trocar a cerveja da lata de alguém por refrigerante, ou então deixar aberta uma *Playboy* no camarim do Humberto quando a mulher dele vinha ao show. É claro que ela batia o olho e percebia que não era dele, mas era só para fazer graça mesmo – relembra.

Não eram poucas as vezes em que as brincadeiras extrapolavam o círculo da banda. Na viagem para a gravação de *A Revolta dos Dândis*, por exemplo, a vítima foi um futuro parceiro musical dos Engenheiros: o gaiteiro Renato Borghetti, que mais tarde gravaria participações no CD *Surfando Karmas & DNA* e no DVD *10.000 Destinos*, além de dividirem o palco no Rock in Rio de 2001. Depois que membros da equipe da banda viram o virtuose conterrâneo dar entrada no mesmo hotel em que estavam hospedados, alguém teve a ideia de convencer um funcionário do local a levar uma térmica cheia de água quente para o músico. No meio da madrugada.

– Não me lembro bem quem foi, mas alguém desceu na portaria e disse: "Cara, eu estou aqui trabalhando com o Borghetti, e ele mandou pedir uma garrafa de água quente às 5h30min da manhã no quarto dele, para o mate". Quando chegou lá pelas 5h, fomos todos para o mesmo quarto e deixamos uma fresta da porta aberta, só para ver aquele garçom chegar com a térmica e bater até o Borghetti abrir sem entender nada. A gente dava risada dessas coisas – conta Eurico Salis, fotógrafo e também produtor da banda à época.

Por aquele tempo, o produtor era conhecido nos aeroportos brasileiros como Eurico Infinito. Na espera dos voos, alguém tentava convencer um funcionário do aeroporto a chamar o nome pelo sistema de som. Era uma piada com o fato de Eurico ser o responsável pela turnê Infinita Tour.

– Era uma criancice. Como a gente ria disso – relembra Gessinger.

Kenny Keating considera que o clima de sacanagens não era tão ingênuo. Para ele, muita gente saiu da banda porque não aguentou o clima. Ele mesmo teria sido um caso desses. Em uma passagem pelo Nordeste, Carlos Maltz fez uma sessão de fotos para um jornal no hotel em que estavam hospedados. Depois do ensaio, o baterista teria pedido ao *roadie* para que guardasse um tapete usado durante os cliques, pois seria um presente do hotel. Não era. Mas Keating só teria descoberto quando viu dois brutamontes se aproximarem dele exigindo que ele devolvesse o artigo.

– Quando vi eles se aproximando, reagi! Peguei dois ferros da bateria e fui para cima. Poderiam me bater, mas iam apanhar também. Depois dessa, decidi cair fora – explica Keating.

Até a ida dos Engenheiros do Hawaii para o Rio, em 1988, a banda passou por administrações às vezes mais e às vezes menos profissionais. Entre produtores e *roadies*, circulavam muitos amigos, principalmente de Carlos Maltz, o membro mais agregador da banda. Os produtores Ricardo Martinez e Caco Sommer eram ambos próximos de Maltz, diferente de Fedrizzi, que entrou mais tarde e ajudou a profissionalizar o grupo. Depois de Fedrizzi, foi a vez de Eurico Salis assumir o posto, seguido de Marta Peliçoli, então mulher de Mauro Borba, com pouca experiência na função – já havia atuado com produção de peças de teatro de menor repercussão.

Muitos desses encontros eram regidos fortemente pela mão do acaso e não levavam em conta a bagagem profissional de quem estava se integrando à equipe. Eurico Salis, por exemplo, conta que por casualidade encontrou Maltz e Gessinger em uma caminhada pelo bairro Bom Fim, onde morava, em maio de 1987. Uma conversa rápida entre os três foi suficiente para mudar a vida de Salis pelo próximo ano.

– Eu já tinha feito a capa do *Longe Demais das Capitais* e me dava bem com o Carlinhos. Conversamos um pouco e me disseram "o que tu vai fazer quarta-feira?". Aquilo era segunda-feira. Respondi que não sabia. Então me convidaram para ir para Belém com eles. Embarcamos no dia seguinte – conta Salis.

Foi durante a viagem que o fotógrafo soube que Fedrizzi estava saindo do projeto.

– "A gente precisa de alguém como tu para trabalhar conosco", me disseram. Esse "como tu" queria dizer que eu me dava bem com eles, estava no espírito da banda. Respondi: "Olha, na verdade, sou fotógrafo, mas vamos lá". Fiquei praticamente um ano envolvido com eles – conclui Eurico Salis.

Entre os *roadies*, a solução também era familiar: Fernando, o Nando, irmão de Caco Sommer, assumiu as guitarras de Humberto; já Nilton, irmão de Maltz mais conhecido pelo apelido Flap, ficou como responsável pela bateria.

Nando Sommer, que mais tarde se tornou vendedor de carros, lembra com saudade daquele tempo:

– Viajar de quinta a domingo era bom, mas legal mesmo era aquele clima de segunda a quarta. Ia todo mundo para o ensaio na casa do Carlinhos, onde tinha aquele clima de brincadeira, de alguém fingir que vai te dar uma tranca, de falar de futebol, essas coisas. E depois ia todo mundo lanchar num bar ali perto.

Eurico Salis, que via a banda na época como "uma comunidade, uma família", também lembra do velho bar, localizado no fim de uma praça que se avizinhava à casa de Maltz. Para ele, era ali que se teciam os conceitos e projetos da banda que algumas vezes parecia não se levar muito a sério, e, em outras, dava a impressão de querer triunfar de modo definitivo:

– Aquele boteco era nossa casa, nossa referência. Era o escritório. Todo dia nos reuníamos ali. Era um ritual. A gente ficava ali ou ia para a praça logo em frente. Era quando a gente discutia muita coisa, trocava ideia. Sempre tinha um papo, um assunto. Ao lado daquele espírito de a gente achar que era uma coisa de guri, tinha também aquela sensação de ser banda que vai tomar o mundo.

NADA A
TEMER

"SKA EXISTENCIALISTA", "DARKS DE BRANCO", "REPRESENTANTES TERCEIRO-MUNDISTAS DA NO-FUTURE GENERATION" OU SIMPLES "TOCADORES QUE FALAM DA SUA ALDEIA". TENTATIVAS DE AUTODEFINIÇÃO NÃO FALTAVAM PARA OS ENGENHEIROS DO HAWAII EM SEU PROCESSO DE AFIRMAÇÃO DENTRO DO CENÁRIO MUSICAL GAÚCHO E NACIONAL, QUE CULMINOU COM A CHEGADA DO ÁLBUM *LONGE DEMAIS DAS CAPITAIS* ÀS LOJAS, EM OUTUBRO DE 1986.

Assim como qualquer outra tentativa de reduzir a obra de um artista a um ou dois conceitos, as definições reproduzidas acima são parciais, mas servem para entender um pouco melhor qual era o caminho que estava sendo trilhado pelos Engenheiros do Hawaii antes da saída de Marcelo Pitz. Mais do que um projeto realizado, a formação pré-Augustinho Licks era uma via com diferentes caminhos a seguir, mas cortada abruptamente.

– Eles eram sensacionais no palco! Foi uma pena não terem continuado – lamenta Carlo Pianta, do DeFalla.

Tanto sonora como ideologicamente, os Engenheiros fundiam referências de diferentes ordens. Na base, estavam duas matrizes aparentemente opostas, mas que se complementavam: a canção e o punk.

Apesar de Gessinger disparar farpas contra o movimento punk em entrevistas dos anos 1980 – "o punk virou suco" era uma de suas máximas –, ele deixa claro que o movimento foi fundamental para o grupo. Tudo era uma questão de processar as influências de modo diferente.

– Eles (*os punks*) eram o poder, o status quo. Por incrível que pareça, criticar *(o punk)* era nossa maneira de ir contra o que estava na moda. A agenda da época era romper com tudo que fosse MPB, ser punk a qualquer custo – explica Gessinger. – Mas, ao mesmo tempo que a gente não se interessava pelo simplismo da música punk, a gente só existiu por conta dele. Eu não poderia ser um músico dos anos 1970 com minha precariedade técnica, mas o punk abriu as portas para essa possibilidade – conclui.

O *do-it-yourself* punk não se refletia em riffs de guitarras rápidos e vocais agressivos, mas em carta branca para tratar com liberdade e economia instrumental diferentes ritmos. Nesse sentido, o ska e reggae eram veios que poderiam render bons achados, como já atestavam os trabalhos do The Police, em nível internacional, e dos Paralamas do Sucesso, em escala brasileira. Os Engenheiros também decidiram exercitar sua criatividade dentro desta estética.

– O reggae era uma música muito fácil de tocar. Aquela coisa que o Police propiciava com *Reggatta de Blanc* (1979), ou seja, o "reggae dos branquelas", nos serviu muito – relembra Gessinger. – Mas isso é uma coisa bacana para brincar por um ou dois discos, porque chega o momento em que tu pensa "se quiser ouvir reggae, vamos ouvir reggae de verdade" – pondera.

Faixas como *Sopa de Letrinhas*, *Nossas Vidas* e *Sweet Begônia* deixam clara a influência ska, mas são temperadas com a desesperança típica dos adolescentes que cresceram sob a Guerra Fria e o senso de absurdo do mundo herdado das leituras de existencialismo. Versos como "Tenho andado aéreo como linhas no ataque" e "Não posso entender o que fizeram com nossas vidas / por que viramos suicidas" mesclam vivências pessoais com reflexões sobre o tempo vivido.

– A possibilidade de um fim do mundo nuclear era algo muito presente no cotidiano da época. Lembro de filmes como *The Day After* (1983), que tratavam disso e eram sucesso. Tínhamos essa sensação de liberdade que a falta de opção dá, o que é uma coisa bem sartreana – pontua Gessinger.

Além de se sentirem livres para abordar reggae e ska de modo despreocupado, os Engenheiros também lidavam com liberdade com a canção popular e o regionalismo. Não é à toa que a faixa-título do álbum começa com uma marcada milonga de guitarra, baixo e bateria, e que Nei Lisboa participa do grande hit do disco, *Toda Forma de Poder*.

– Chamar o Nei Lisboa para gravar surpreendeu muita gente por conta dessa agenda da época. Era uma escolha que ia contra o lance de negar a MPB e a MPG, uma postura punk, que as bandas estavam assumindo – contextualiza Gessinger.

O namoro criativo entre Engenheiros do Hawaii e Nei Lisboa foi uma das parcerias mais marcantes da história da banda, mas é cercado de mexericos e disse-me-disses, que se ressaltam pelo fato dos artistas não terem trabalhado juntos depois de 1987, ano em que Augustinho Licks, até então parceiro musical de Nei Lisboa, entrou para os Engenheiros. Teria Nei Lisboa ficado enciumado com a ida do guitarrista para a banda?

– Ainda que muitas emoções estivessem envolvidas, incluindo interesse das gravadoras, fofocagem na imprensa etc, aos olhos de hoje parece evidente que estávamos cada um de nós seguindo o seu melhor caminho – responde Nei Lisboa, que preferiu falar para este livro por e-mail.

É difícil até mesmo determinar quando começa a relação entre Nei e Engenheiros. Quase cinco anos mais velho que Humberto Gessinger, Nei nasceu em 18 de janeiro de 1959, e começou a se destacar no meio cultural ainda no final dos anos 1970, em rodas de som e outros espaços dentro da UFRGS, em parceria constante com Licks. Depois de espetáculos como Lado a Lado e Deu Pra Ti Anos 70, além de participações em festivais, veio o disco *Pra viajar no cosmos não precisa gasolina*, gravado de maneira independente a partir de microfinanciamento – embora esse termo ainda não fosse usado em 1983, época em que foi lançado –, seguido de *Noves Fora*, pela gravadora local Acit, em 1984.

Para Nei, o primeiro contato com os então novatos Engenheiros se deu em 1986, por iniciativa do próprio Gessinger.

– Conheci o Humberto Gessinger em 1986, quando me convidou a participar do primeiro disco dos Engenheiros, como uma referência que a banda queria apresentar – afirma Nei.

Já o radialista Mauro Borba aponta que o flerte teria partido de Nei Lisboa. Borba conta que estava com uma fita demo dos Engenheiros em casa e resolveu mostrá-la para Nei, que gostou da faixa *Segurança*, resolvendo incluí-la em um show que faria dali a alguns dias no Círculo Social Israelita.

– Ele curtiu a música e tocou nesse show, que também tinha o Augusto na banda. Os Engenheiros sabiam que ele ia tocar e estavam lá. Lembro que encontrei o Humberto e o Carlos depois do show, e eles estavam felizes da vida. Tudo que eles queriam era que o Nei Lisboa, o grande compositor da MPG, desse essa bênção. Era como o Caetano Veloso abraçar uma banda iniciante ali. Aí eles davam declarações como "o Nei é o cara", "sou mais o Nei Lisboa que os Sex Pistols" – relembra Borba.

Apesar da admiração do grupo por Nei Lisboa, a participação do cantor passa quase despercebida pelos ouvintes menos atentos de *Longe Demais das Capitais* – "uma aparição bem discreta", conforme define o próprio Nei, em *Toda Forma de Poder*. Os Engenheiros do Hawaii não estavam presentes na gravação desses vocais.

– Tive uma laringite e precisei voltar para Porto Alegre – explica Gessinger. – Ele chegou no estúdio e a música já estava gravada. Não teve uma participação de tocar junto e ver o que rolava melhor. Dá pra ouvir na voz que o tom é desconfortável para ele, às vezes é quase alto, às vezes, quase baixo. Mas era uma coisa de homenagem e de afirmação, uma influência que não queríamos varrer para debaixo do tapete.

Reinaldo Barriga concorda que, embora a afirmação da influência fosse importante, a canção não cresceu tanto musicalmente com os vocais do convidado:

– O que eu me lembro é que eles (*Gessinger e Maltz*) me largaram com o Nei e se picaram para Porto Alegre. A gente já havia resolvido aquela música de um jeito que não havia mais espaço para outro vocal. Quando o Nei começou a gravar, queria cantar outra coisa, mas não tinha jeito, ele estava enquadrado ali.

Apesar do pouco entrosamento nas gravações, Engenheiros e Nei Lisboa continuaram parceiros, com participações do compositor nos shows de lançamento de *Longe Demais das Capitais*, onde era sempre apresentado carinhosamente por Humberto ("Agora vamos dar um presente para vocês: Nei Lisboa", "Esse cara está toda noite aqui roubando a cena", "Adquiram toda a obra do Nei Lisboa no último disco dos Engenheiros do Hawaii").

Nei retribuiu as homenagens convidando os rapazes para a gravação de *Carecas da Jamaica*, faixa-título do disco gravado pelo cantor na EMI-Odeon. Além disso, no mesmo álbum, Nei gravou uma versão de *Toda Forma de Poder* e *Deixa o Bicho*, esta última contando com a colaboração de Gessinger em alguns versos. Uma entrevista de Nei Lisboa para a revista *Capacete*, publicada em julho de 1995, dá mostras de que a relação começou a azedar nas gravações de *Carecas da Jamaica*. "Foi uma novela pros dois (*Gessinger e Maltz*) chegarem no estúdio e gravarem a participação na música-título do LP! E eram uns bostas! (risos)", anota a entrevista.

Gessinger lembra que se sentiu "pouco à vontade" nas gravações de *Carecas da Jamaica*, mas por conta de sua pouca experiência de gravação:

– Era uma situação muito incômoda para mim porque nunca fui um músico de acompanhamento, não tenho essa *expertise* de tocar bem e oferecer diferentes opções de som. Lembro de ficar muito pouco à vontade naquele estúdio *mainstream*. Nossa experiência de gravação era de banda. O produtor nos colocava lá e a gente ia resolvendo. Já o Nei tinha uma produção mais cercada de cuidados, tinha músicos contratados, essas coisas. Mas a música era bacana pra caramba.

Na mesma entrevista de 1995, Nei Lisboa afirma que "Humberto nunca foi um maravilhoso poeta" e que propôs a ele uma parceria em *Deixa o Bicho* quando estavam "recém se conhecendo", pois faltavam três versos do refrão. "Ele escreveu mais duas letras (risos), mais três estrofes – e todas elas eram uma bosta! Aproveitei duas frases que eu achei legais pro refrão – não para não ficar chato, mas porque duas frases eram ótimas. Que é como eu acho que ele faz sempre: escreve 40, 50 frases, e duas são ótimas", disse Nei.

– Não tenho nenhum crédito em *Deixa o Bicho*. Não mandei nenhuma letra para ele (*Nei Lisboa)*. Acho que só fiz uma ou duas linhas, e a música é toda dele – relembra Gessinger.

Na mesma entrevista da *Capacete*, uma das raras oportunidades em que Nei Lisboa revê sua relação com os Engenheiros, o compositor é coerente com a versão que me apresentou mais de 20 anos depois sobre um possível ciúme pela ida de Augustinho para a banda. "O Augustinho naquela época tava gravando comigo o *Carecas*... Mas ele também tocava com o Kleiton & Kledir. O Augustinho era um músico de estúdio, freelancer, autônomo, não era um empregado meu, *pelamordedeus!!!*", explicou.

Ele também contou que o clima final das gravações de *Carecas* estava "hiperdesgastante", e que foi nessa época que Augustinho falou sobre a proposta dos Engenheiros. "O Augustinho, uma noite, apareceu no meu quarto e disse: 'Olha, rolou a história de eu ir pros Engenheiros do Hawaii'. Eu disse: 'Pô, do caralho!' Eu já sabia há horas que ele tinha a ambição de botar o nome dele num trabalho, o que era mais do que justo. E falei: 'Pô, demais, legal. Pra mim vai ser uma perda, mas vai fundo'".

Se Nei Lisboa afirma que a entrada de Augustinho Licks para a banda não foi motivo de afastamento dos Engenheiros, o mesmo não pode ser dito a respeito das declarações posteriores do grupo na imprensa. Na entrevista para a *Capacete*, ele lembra de uma frase de Gessinger publicada no jornal *Diário do Sul* ("Demos um golpe de estado no Nei Lisboa") e uma provocação do apresentador Cunha Jr. feita a ele próprio em um *Jornal do Almoço* (RBS TV). No ar ao vivo, o repórter perguntou a opinião do músico sobre *A Revolta dos Dândis*, disco dos Engenheiros que acabara de sair. Depois de responder "achei legal", Nei teria ouvido de Cunha Jr.: "Ah, pois é. Eles vieram aqui e disseram que não gostaram do teu", referindo-se a

Carecas da Jamaica. "Na verdade, eu não assisto *Jornal do Almoço* e não sabia que eles tinham dito isso. Achei uma putaria! Os caras tinham gravado comigo no disco!", concluiu Nei.

Da parte de Gessinger, também havia alguma desconfiança a respeito do modo como o grupo era encarado por Nei Lisboa:

– A gente era Engenheiros do Hawaii, e ele fez *Carecas da Jamaica*, que era meio a gente: uns carecas tocando reggae. Teoricamente, seria uma crítica, e convidar a gente para tocar era meio que um *inside joke* – contextualiza Gessinger. – Se fosse uma crítica mesmo, eu acharia legal. Na época, isso nunca me ocorreu, mas pensando depois, não acho uma coisa absurda. Se a gente estava jogando o jogo da autoironia, a gente tinha que correr esse risco também. Tem uma hora que todo mundo fica corporativo pra caralho, do tipo "porra, como tu fala isso de mim?", mas é a mesma coisa que tu tá fazendo com os outros.

Gessinger também lembra que ouviu de Marta Peliçoli, já casada com Carlos Maltz, que alguns desairosos versos de *A Fábula*, canção gravada por Nei Lisboa no disco – *Hein?!* (1988) seriam dedicados ao líder dos Engenheiros. A música fala de "Um deus de olhos verdes, lindo / Me pedindo a mão / Mas era mais burro que a porta / Mais do que o portão". Marta não lembra dessa conversa. Quando questionado a respeito da letra, Nei Lisboa encerrou de vez o breve contato que tinha aberto comigo por e-mail.

"Prezado Alexandre, levei a sério suas primeiras perguntas. Agora, ou você está com um problema grave em relação às suas fontes, ou com muito bom humor e bastante tempo livre. Eu estou apenas com bom humor... abç", escreveu.

TUDO AO MEU REDOR

COM GRAVAÇÕES INICIADAS EM MAIO DE 1986, *LONGE DEMAIS DAS CAPITAIS* FOI LANÇADO COM TRÊS DIAS DE SHOW, DE 19 A 21 DE SETEMBRO, NO TEATRO PRESIDENTE, EM PORTO ALEGRE.

Também produzido por Reinaldo Barriga, o mesmo das duas faixas de *Rock Grande do Sul*, o disco registrava basicamente o que o grupo vinha tocando na estrada. Gessinger já contava com sua guitarra Fender Telecaster na época, e também comprou uma Ibanez Allan Holdsworth poucos dias depois do início da gravação. Para Pitz e Maltz, Barriga descolou contrabaixo e bateria com precisão de estúdio.

Barriga lembra que as primeiras sessões de gravação foram tensas:

– Dava para perceber que o Humberto queria alcançar alguma coisa que tinha no intelecto, mas que a habilidade e o equipamento não correspondiam. E o Maltz também tinha dificuldade de segurar o andamento. Mas a gente percebia que as músicas eram muito boas e, aos poucos, íamos encontrando soluções para elas.

Para o produtor, as gravações devem ter se estendido por três ou quatro semanas. Foi o suficiente para eles passarem a se sentir à vontade naquele espaço.

– Eles pegaram o pique rápido. Um dia tive uma crise de lombalgia e tive que ficar fora do estúdio. Voltei no outro dia, estava andando que nem gato, me arrastando pelo chão, e eles tinham gravado uma música sozinhos – conta Barriga, a respeito da faixa *Beijos Pra Torcida*.

A história também ilustra que, além de tensão, havia muito humor e descontração nas gravações.

– Quando voltei, o Humberto, que é muito fanfarrão e adora tirar um sarro, disse: "tá vendo, a gente não precisa de você, gravamos sozinhos". Respondi: "Ah, então deixa eu ouvir essa música. Pô, que merda de música, não vai acontecer nada com ela. Vá se danar!" – ri Barriga ao lembrar.

Apesar de não dar muita atenção a *Beijos Pra Torcida*, o produtor conta que apostava alto em faixas como *Toda Forma de Poder*, *Longe Demais das Capitais*, *Fé Nenhuma*, *Todo mundo é uma ilha* e nas regravações de *Sopa de Letrinhas* e *Segurança*. Esta última teve o arranjo bastante modificado com a retirada do acordeom e acréscimo de percussão e de saxofone, gravado por Manito, ex-Incríveis. Ficou mais radiofônica. Mas nada foi imposto pela produção.

– Minha função era dar oportunidades para os caras se desenvolverem. Era assim que eu poderia extrair o que tinha de melhor dentro deles. Eu tinha que resolver as situações, e não inventá-las. No caso de *Segurança*, eles já estavam entediados de tocá-la do mesmo jeito. A ideia era fazer uma coisa meio Rolling Stones, mas também com um pezinho no *dance* e na música latina, que ficou por conta do bongô – explica Barriga.

Spravo, apesar de estar nas demos que o grupo gravou para o disco, acabou ficando de fora. Tinha tantas referências porto-alegrenses que era difícil de ser compreendida fora da capital gaúcha. Para Barriga, o cuidado em filtrar o regionalismo foi um dos acertos dos Engenheiros do Hawaii. Ele acredita que bandas como TNT tiveram a carreira atrapalhada por usar um jeito de falar pouco comum no centro do país. *A Irmã do Doctor Robert*, que entrou para o disco TNT II, causou estranhamento na gravadora por um aparentemente inofensivo "ti".

– Era uma música do cacete, com uma bateria ótima e um arranjo final que lembrava *Penny Lane*. Quando o diretor artístico da gravadora, Miguel Plopschi, ouviu o verso "mas eu me lembro de ti", me olhou: "ti?". Esse "ti" é uma coisa porto-alegrense, aqui (*em São Paulo*) ou no Rio seria "de você". Não era fácil administrar isso.

Gessinger, ao menos aparentemente, não teve dificuldade em se fazer compreender para todo o Brasil. Em seu livro *Pra Ser Sincero* (2009), o compositor explica o uso constante de "você" em suas criações musicais. Apesar de ter crescido em uma região na qual "tu" seja mais comum na linguagem coloquial, ele demonstra certa naturalidade em compor com "você".

Escreveu Humberto: "Na vida real, na vida falada, nunca uso 'você'. Só falo 'tu'. Quando uso 'você', soa como palavrões falados em filmes brasileiros dos anos 70. Naturalidade zero. Quando canto, ocorre o inverso. Cantando 'tu', me sinto como a estátua do Laçador: olhar no horizonte, insensível aos aviões que pousam e decolam no aeroporto ali do lado".

Gessinger levanta algumas hipóteses pela predileção, mas não chega a optar por nenhuma: "Será porque 'tu' é muito duro? Será porque 'você' rima com qualquer verbo que acabe em 'er'? Será só macaquice, de tanto ouvir os outros?".

O músico volta ao tema do filtro ao regionalismo no livro *Mapas do Acaso* (2011), quando explica por que jamais gravou uma música da qual gosta muito porque tem versos muito ligados à paisagem onde cresceu, com frases sobre os "arames da Dom Pedro" e os "arames do São Pedro". No livro, Gessinger diz: "Dom Pedro é uma avenida de Porto Alegre, São Pedro era o manicômio da cidade. Incompreensível, né? Simplificar, traduzir-se, às vezes, é a coisa certa a fazer".

A tentativa de se fazer entender ao resto do Brasil não passava por negar o lugar de onde vinham. Ao contrário. Desde o título, *Longe Demais das Capitais* demonstrava um esforço em conciliar o cenário local com o rock emergente.

A foto da capa, feita em um bucólico sítio de Gravataí, região metropolitana de Porto Alegre, era mais uma maneira do grupo se posicionar contra o que Gessinger considerava "espírito da época", ou seja, a adoção de uma pretensa urbanidade por parte das bandas de rock.

– Todas as capas estavam destacando muros pixados e paredes de tijolo – relembra ele.

O fotógrafo Eurico Salis, que mais tarde se tornaria produtor do grupo por um breve período, lembra que sugeriu o sítio depois de conversas com o grupo.

– Todo mundo queria ser urbano, fazer foto na cidade, adotar aquela coisa meio punk ou new wave. A ideia dos Engenheiros era fazer o contrário disso. Havia muita influência na banda de Pink Floyd, Rush, Nei Lisboa... Eles não queriam negar tudo isso – explica Salis. – Queriam fazer uma foto em um lugar ermo, mas que apontasse ao fundo algo urbano, como um elo entre esses dois espaços. Lembrei de um lugar assim e fomos para lá.

Outro dado interessante em relação à capa é que, em princípio, ela não deveria ser colorida. A gravadora, no entanto, acabou colorizando o retrato à revelia do que esperavam os integrantes do grupo. "A estética new wave impunha um colorido atroz. Mas o tiro saiu pela culatra. A capa ficou até bacana com as cores artificiais. Parecia-se com aqueles retratos antigos, artificialmente coloridos", observa Gessinger em *Pra Ser Sincero*. A capa em preto e branco foi retomada quando o álbum ganhou edição em CD.

A realidade tecnicamente precária de Porto Alegre também não deveria ficar de fora do disco, como defendiam os próprios músicos na época. "Não dá para querer autoafirmar-se moderno quando se vai para um estúdio com uma guitarra de quinta categoria", concordou uma resenha publicada sobre o disco no 2º Caderno (*Zero Hora* – Porto Alegre). Maltz, em entrevista para ao jornal *Metrô*, em 17 de setembro de 1986, afirmou que o grupo não fazia questão de limar pequenas falhas de gravação, como "uma guitarra um pouco suja ou uma bateria vazando o prato", com objetivo de deixar aparentes dificuldades de desenvolver o trabalho artístico a partir de uma província.

Abandonar a tal província, aliás, não era um plano para o grupo naqueles dias. Em entrevista para *O Globo*, em 14 de dezembro de 1986, os rapazes se comprometeram: "Temos que divulgar nosso trabalho, mas jamais abandonaremos Porto Alegre". A promessa só seria quebrada em 1988, com a debandada para o Rio. As pressões para a mudança, no entanto, parecem ter começado bem antes.

Em uma nota publicada na coluna semanal de Juarez Fonseca para *Zero Hora*, o jornalista fala que os rapazes "estão a mil pelos palcos e estúdios de Rio e Sampa". Por conta da grande atividade, segundo o colunista, a gravadora RCA estaria "forçando a barra para que a banda mude-se para o Rio de Janeiro, mas Maltz, Pitz e Getz acham que, por enquanto, essa não é uma boa ideia".

Apesar de não cogitarem uma mudança para o Rio, os Engenheiros voltaram da gravação de *Longe Demais das Capitais* dando a nítida impressão de que haviam visto uma nova via para exibirem seu trabalho. Não deixavam também de transparecer temor diante do futuro imprevisto que se avizinhava.

– Os guris voltaram de lá (*das gravações em São Paulo*) meio deslumbrados e muito cagados – descreve Caco Sommer. – Ninguém tinha a menor ideia do que poderia acontecer. Mas foi lá que se deram conta de que havia um universo um pouco diferente, caminhos a serem explorados. Aqui (*Porto Alegre*), tudo era muito caseiro, não havia muito por onde seguir.

Para ajudar, Caco seguia fazendo o que sabia fazer de melhor: marcar shows. Para ele e os integrantes do grupo, era preciso levar as apresentações dos Engenheiros do Hawaii a cada vez mais lugares, para que um número maior de praças já conhecesse o grupo na hora em que o primeiro disco deles estivesse nas lojas.

Mal sabiam eles que o obstinado trabalho de formiguinha que estavam fazendo, mostrando sua arte de cidade em cidade, seria subitamente alavancado por uma força poderosa – e que não morava nada longe das capitais. A televisão, de uma hora para outra, catapultou o trio gaúcho para o sucesso em escala nacional.

Apesar do estranhamento inicial do público roqueiro, que não estava acostumado a ver shows acomodado em poltronas de teatro, a estreia de *Longe Demais das Capitais* em Porto Alegre foi um verdadeiro sucesso. As três sessões do show, entre 19 e 22 de setembro de 1986, tiveram boa lotação, o que garantiu uma noite extra de espetáculo, no dia 27 de setembro.

A estreia foi tema de matéria de capa do caderno Programa (*Zero Hora*), seguida de um texto bastante favorável à banda, afirmando que "poucos duvidam hoje que a banda é uma das mais bem-sucedidas do Rio Grande do Sul". O jornal ainda resenhou o show dias depois, em um texto que tinha como linha de apoio "O show dos Engenheiros do Hawaii atesta sua qualidade poética". Segundo a matéria, o espetáculo "demora um pouco para alçar voo, mas os grandes momentos acontecem sem dúvida, com a presença de Nei Lisboa no palco", ressaltando a participação do convidado, que costumava cantar *Toda Forma de Poder* e *Carecas da Jamaica* nesses encontros. Mais jornais locais, como *Gazeta Mercantil* e *Correio do Povo*, deram destaque para a série de shows.

Em virtude de algum atraso da gravadora, o álbum só chegou às lojas depois dos shows de lançamento em Porto Alegre, marcados meses antes. Em 13 de outubro, começou a distribuição, promovida pela participação da banda em programas de TV do Rio e de São Paulo, além de shows na capital paulista.

As apresentações no clube Rose Bom Bom (Oscar Freire, 720), em 13 e 14 de novembro, conseguiram boa repercussão na mídia paulista, com matérias n'*O Estado de S. Paulo, Folha de S. Paulo, Folha da Tarde* e *Diário Popular.*

Pela mesma época, o som dos Engenheiros chegou curiosamente até os Estados Unidos. O clipe de *Sopa de Letrinhas*, produzido com baixo orçamento na época de lançamento de *Rock Grande do Sul*, foi o primeiro vídeo musical de rock brasileiro a entrar na programação da MTV, que estava no ar desde 1981, transmitida via cabo. Nada mal para uma gravação quase caseira, produzida em parceria com o jornalista Cunha Jr. e o empresário Luiz Paulo Fedrizzi, com equipamentos alugados em uma tarde no antigo Hotel Majestic, então desativado – a construção, mais tarde, seria convertida na Casa de Cultura Mario Quintana. O garboso microfone *vintage* que os gringos viam em cena havia sido surrupiado da casa do cantor Julio Reny.

– Um dia cheguei em casa e não encontrei o microfone, só um bilhetinho: "Levamos para usar na gravação de um clipe". Eles já tinham a chave da minha porta. Mais tarde me devolveram, intacto – relembra Reny.

O clipe foi ao ar no dia 30 de outubro de 1986, selecionado entre trabalhos enviados pela gravadora para o canal. Se isso impressionou os rapazes, eles não deixaram transparecer: "Para os americanos, deve ser uma coisa arqueológica (...) O jeito com que fizemos esse vídeo não se faz há mais de 15 anos nos Estados Unidos", declarou Gessinger em entrevista à *Folha de S. Paulo* de 16 de novembro de 1986.

Já o clipe *Toda Forma de Poder*, gravado na mesma semana da exibição internacional de *Sopa de Letrinhas*, não teve a mesma sorte. Previsto para estrear na Rede Globo, no dia 22 de novembro de 1986, no programa *Clip Clip*, não foi ao ar. A justificativa da assessoria de imprensa da emissora foi "um problema no tape", como publicou ZH neste dia. No entanto, dias antes, na mesma reportagem da *Folha de S. Paulo* citada acima, outra explicação foi oferecida: o clipe "foi recusado pela Rede Globo, que considerou a música 'triste demais'", informou o texto. É uma versão mais convincente. Gravado no Parque da Catacumba, no Rio, o vídeo tem, entre outras estranhas singularidades, a participação do ator Paulo Cesar Pereio, que atende a um insólito telefone no meio de um matagal no final do clipe. "Enquanto houver Deus no céu, urubu não come relva", diz o artista, antes de atirar o aparelho em direção a um monitor que apresenta a banda em cena. O vídeo só fez sucesso muitos anos depois, quando se tornou um dos preferidos de Marcos Mion no seu programa *Piores Clipes do Mundo* (MTV), exibido entre 1999 e 2002.

O triunfo internacional de um clipe ou o fracasso de outro estavam longe de representar o que a televisão ainda poderia fazer pelos Engenheiros do Hawaii. A inserção de *Toda Forma de Poder* na novela *Hipertensão* colocou a banda em um patamar de exposição que seus integrantes não imaginavam alcançar com tamanha rapidez. O folhetim ocupou a faixa das 19h da Rede Globo entre outubro de 1986 e abril de 1987, sendo que a canção deve ter rodado apenas nos capítulos dos últimos três ou quatro meses.

A banda só foi ter ideia do que uma difusão como aquela significava quando tocou pela primeira vez no Nordeste, em março de 1987. Tinha tudo para dar errado: três rapazes branquelos fazendo um som de pouco suingue e letras enormes na beira da Praia do Futuro, em Fortaleza (CE), com entrada franca para o público. Para aumentar o clima de tensão, nos bastidores corria a fofoca de que poucos dias antes a Legião Urbana teria tocado no mesmo lugar, mas teve que interromper o show quando uma chinelada acertou o rosto de Renato Russo. Ali era assim: o antônimo de aplauso não era vaia, mas sim chinelada.

Gessinger, Maltz e Pitz entraram no palco sob forte aplauso e, depois de enfileirarem algumas canções, se deram conta de que o público sabia cantar quase todas elas. De repente, começaram a voar chinelos pelos ares, mas já não eram mais uma ameaça.

– Era uma coisa engraçada, o público ficava jogando chinelo pra cima o tempo todo, era o jeito deles curtirem o show – conta o então *roadie* Fernando Sommer.

Foi atrás daquela bateria que pilotava à beira-mar que Carlos Maltz se deu conta de que a banda havia se tornado algo que lhes escapava do controle.

– A gente veio saber o tamanho que a banda tinha naquele dia. Era uma multidão cantando as músicas do disco. *Toda Forma de Poder* estava estourada no Brasil por causa da novela, mas a gente nem fazia ideia do que isso queria dizer. Era outra época, outro mundo. Quando vimos aquilo, ficamos apavorados. Começamos a entender o que estava acontecendo com a banda – recorda o então baterista.

Ficou mais fácil de entender dois dias depois. Em um show no Rio de Janeiro, receberam o primeiro disco de ouro de sua trajetória. Com pouco mais de dois anos de história, conquistaram um feito inédito entre as bandas de rock do Sul: superar a marca de 100 mil álbuns vendidos, que lhes deu direito à grande bolacha dourada. A boa circulação do disco estimulava a contratação do grupo em diferentes regiões do país, onde encontrava quase invariavelmente casas cheias.

O sucesso nacional veio em boa hora. Apesar de pouco tempo de carreira, o trio já contava com uma grande experiência de palco, desenvolvida ao longo das viagens iniciadas no interior do Rio Grande do Sul – o tal trabalho de formiguinha de mostrar o disco de cidade em cidade. "Foi corajoso, mas valeu a pena", diz uma frase atribuída à banda, sem especificar o integrante, sobre a vida estradeira do grupo, em uma matéria do *Correio do Povo* de 19 de setembro de 1986, alguns meses antes de *Toda Forma de Poder* ir parar em *Hipertensão*. A citação segue: "Tocar na fronteira com a Argentina ou no meio dos punks de São Paulo não nos deixou saída: ou falar a verdade ou dançar. Nenhum cabelo, gesto ou roupa nos salvaria. Nenhum padrinho ou movimento para falar por nós. Nossa única arma: nossa história e a experiência dos que já andaram por caminhos parecidos".

– Nunca ganhei tanto dinheiro na minha vida – diz o empresário Luiz Paulo Fedrizzi. – Recebíamos muito e não tínhamos tempo de gastar.

Assim, os Engenheiros provavam que conseguiam girar em escala industrial, mesmo que o comportamento de seus integrantes não fosse lá muito amistoso em relação ao *mainstream*, cenário no qual não cumpriam protocolos e não faziam questão de serem cordatos.

Em um *Cassino do Chacrinha*, Carlos Maltz entrou em cena com um bumbo-leguero, para espanto de toda a produção. Cabe lembrar que a expectativa do público era de que os roqueiros da época estivessem antenados com as novidades externas, e não se relacionando com o passado regional. Entrar com o tambor era um modo de fazer piada com os *playbacks* que dominavam os programas de auditório da época. Qual seria a diferença de entrar com uma caixa e um prato ou com um bumbo-leguero, se o som tocado ali não seria captado mesmo?

Fedrizzi conta que o instrumento acabou se tornando um tema no programa:

– De repente, todo mundo queria ver o tal bumbo e saber que negócio era aquele. O *cameraman* me disse: "olha, eu até vou gravar, mas isso não vai ao ar". Respondi: "Duvide-o-dó que não vai!". Na outra semana, foi pra TV com grande destaque – lembra Fedrizzi.

A participação no Chacrinha também teve momentos tensos nos bastidores. Segundo Fedrizzi, a produção queria fazer os músicos da banda vestirem roupas menos sóbrias para entrar no ar.

– Chamei o divulgador da gravadora no mesmo instante e expliquei: a banda é assim, e só estava fazendo sucesso porque é desse jeito, então eles vão entrar como estão – conta Fedrizzi.

O episódio das roupas foi contado também por Gessinger e Maltz na primeira grande entrevista do grupo à revista *Bizz*, então maior publicação nacional sobre rock, publicada em abril de 1987. "O Chacrinha tem um determinado fator estético. Pras pessoas aparecerem lá, têm de ir de colorido. Enfim, quase nos bateram porque estávamos de roupa branca", explicou Carlos Maltz. Gessinger foi adiante: "É necessário que as pessoas ouçam isso. Estes caras são fascistas! Imagina: um cara chega, olha tua roupa de cima abaixo e – ele não fala direto contigo – chama o divulgador da RCA pra dizer que lá embaixo tem a camisaria da Globo, com uns blazerzinhos pra gente botar, senão não vai ao ar".

Entrevistador da *Bizz*, o jornalista Marcel Plasse demonstra certo espanto diante do ataque dos Engenheiros do Hawaii ao programa ao perguntar "Vocês não têm medo de que esse tipo de declaração traga inconvenientes?". Resposta de Gessinger: "No Brasil, se morre de medo de jogar bosta no ventilador. Mas isso é a melhor coisa que existe. Sacode tudo. E, depois, tô morrendo ano que vem. No sexto minuto vou estar em cena escutando Piazzolla. Mas, nos cinco minutos que eu tenho pra jogar, vou jogar violento".

– O discurso sempre foi esse: "Não queremos amarrar cavalo no obelisco de ninguém. Viemos da Arquitetura e pra lá voltaremos, se isso passar". Então ninguém via os Engenheiros como uma ameaça, eram só uns caras meio camicases passando, e assim o pessoal ia abrindo espaço, deixando eles passarem – lembra Fedrizzi.

Na mesma entrevista da *Bizz*, Maltz aponta que o estilo camicase estaria até mesmo no contrato da banda com a RCA: "Temos, inclusive, uma cláusula inédita no nosso contrato (...) e prevê o caso da gente desmanchar o grupo. Estamos desobrigados de qualquer compromisso com a gravadora se isto acontecer. Nada de gravar disquinho póstumo ou solo".

Instintos suicidas e de sobrevivência disputavam o mesmo espaço na consciência hawaiiana durante a fase *Longe Demais das Capitais*, e não eram necessariamente contraditórios. Se, por um lado, havia um desejo de seguir na estrada, também ficava claro o desejo de abandoná-la quando o interesse deixasse de ser orgânico ou o som precisasse ser transformado por imposições internas. "A gente está nessa história para continuar, tanto que fazemos a coisa de uma maneira superséria e acreditamos mesmo nela. Agora, a gente não pretende aposentadoria no INPS através da música. Vamos continuar tocando enquanto a coisa estiver viva, enquanto tiver sentido de ser. Se tivermos pique para levar a história por dez anos, vamos levar por dez anos", afirmou Carlos Maltz em entrevista para a Revista ZH (*Zero Hora*), em 4 de janeiro de 1987 – de alguma forma, este foi um artigo profético, uma vez que Maltz ficou mesmo pouco mais de dez anos na banda. Na mesma entrevista, Gessinger fala: "Tem gente querendo nos contratar e nos transformar em RPM, já com corte de cabelo e roupa (...) Ninguém discute essa jogada, parece que a gente faz o óbvio. Nossas canções podem ser babacas, mas a gente não faz o óbvio".

Menos de três meses depois do Disco de Ouro, a banda de fato acabaria – pelos menos do modo como todos a conheciam. Com quase 130 mil discos vendidos, os Engenheiros do Hawaii tocaram pela última vez com o baixista Marcelo Pitz no dia 20 de junho de 1987, em um show em Garibaldi (RS).

Mais do que a mudança de um instrumentista, a saída de Pitz foi uma transformação radical na banda, remodelando desde o estilo musical até a concepção visual dos integrantes. Olhando do presente para o passado, a transformação parece um acerto indubitável, já que a carreira do grupo foi ainda mais exitosa depois da entrada de Augustinho Licks. À época, no entanto, não foram poucas as desconfianças que os rapazes precisaram superar. E eles mesmos se convenceram algumas vezes de que haviam tomado um rumo errado. Mas, falando de música, como é possível saber o que é certo ou errado?

UM
SORRISO
QUE EU
DEIXEI

É FINAL DA MANHÃ DE JANEIRO DE 2015 NO JORNAL *ZERO HORA*. TRABALHO EM UMA LONGA MESA COM 12 LUGARES, OCUPADA POR ASSISTENTES E COLUNISTAS, NA QUAL SOU O ÚNICO REPÓRTER – OS OUTROS REPÓRTERES DA MINHA EDITORIA OCUPAM UMA ILHA DIFERENTE, TRABALHANDO MAIS PRÓXIMO DOS EDITORES, LOCAL ONDE UM NOVATO COMO EU SERIA SUPÉRFLUO, OU ATÉ MESMO INCONVENIENTE.

Faltava um dia para que eu enviasse à rodagem um caderno especial sobre os 30 anos de vida dos Engenheiros do Hawaii, no qual iniciei as pesquisas que acabaram se estendendo e se transformando neste livro. Analisava com uma lupa texto por texto, para evitar qualquer acaso ou ato falho que colocasse por água abaixo a credibilidade daquele trabalho, com o qual me envolvi de um modo não experimentado antes. Li pela terceira vez a frase "Procurado pela reportagem, Marcelo Pitz não foi localizado".

Não custa tentar de novo, pensei. Devia ser a quinta vez que ligava naquela semana para a instituição onde Pitz trabalha, no interior do Rio Grande do Sul. Jamais acertava os horários de trabalho dele e não queria contar a seus colegas o motivo da minha ligação, o que me impossibilitava de descobrir seus turnos.

Ao chamar, não demorou muito para que alguém atendesse. Perguntei, sem esperança alguma de que receberia uma resposta positiva:

– Posso falar com o Marcelo? – disse, torcendo para que não perguntassem sobre o que seria a ligação.

– Claro! – responde a outra voz, com franca simpatia.

Mal consegui suspirar e Marcelo Pitz já estava do outro lado da linha. Entre gaguejos, perguntei se ele era mesmo o primeiro baixista dos Engenheiros do Hawaii. Ele confirmou. O segundo passo foi emendar a clássica pergunta do jornalismo telefônico:

– Podemos falar um pouquinho sobre isso?

– Não podemos. Não tenho interesse em falar sobre esse assunto – foi a resposta, dada sem rispidez, mas com firmeza.

Pitz me explicou que não se lembrava de praticamente nada do que viveu ao lado de Gessinger e Maltz. Comparou minha tentativa de questioná-lo a respeito de um passado tão longínquo com a atitude de alguém me perguntar "se tu lembra do Natal que passou com a família há mais de 20 anos". Senti que não era o momento de argumentar que parecia bem diferente, uma vez que eu já não lembrava nem do meu Natal passado há poucos dias, enquanto os outros integrantes da banda e sua equipe técnica recordavam com detalhes de shows de quase trinta anos atrás. Fiz mais algumas perguntas, mas as respostas voltavam a negar qualquer lembrança. Por fim, aceitei o modo como Pitz tratava a questão e agradeci por ter me atendido. Ele também agradeceu a lembrança.

Voltei a falar com o baixista poucas vezes, por e-mail. Nessas ocasiões, ele educadamente reiterou o desejo de não falar sobre os anos como engenheiro do Hawaii.

Naquela manhã de janeiro de 2015, anotei para a matéria especial que começaria a circular dali a dois dias: "Marcelo Pitz: o baixista da banda é hoje servidor da Universidade Federal de Pelotas. Como Licks, Pitz é também avesso a dar entrevistas sobre o passado ao lado de Gessinger e Maltz. 'Foi uma fase legal, mas que passou. Não estou mais envolvido com isso e não tenho muita lembrança', disse o ex-baixista".

Raras vezes Marcelo Pitz tratou publicamente de sua saída dos Engenheiros do Hawaii. Uma das mais significativas foi registrada na *Veja Rio Grande do Sul* de 20 de novembro de 1991. Então funcionário de uma agência da Caixa Econômica Federal no Menino Deus, bairro de Porto Alegre, o ex-músico disse: "Eu não estava a fim daquele tipo de vida, em função de gestos planejados num meio de muita disputa e concorrência". A outra única citação de Pitz na extensa reportagem – capa e quatro páginas – demonstra o distanciamento que sempre existiu entre ele, Gessinger e Maltz: "A nossa relação era estritamente profissional".

Anteriormente, em 13 de junho de 1987, o ex-baixista alegou um motivo diferente para sua saída do grupo. Nesse dia, em uma nota da coluna do jornalista Juarez Fonseca, em *Zero Hora*, Pitz afirmou: "Acho que o trabalho que deu o primeiro disco está encerrado, foi uma coisa que a gente fez juntos, mas agora cada um está com uma ideia diferente na cabeça e então não seria bom para ninguém continuar alimentando a história. Já faz tempo que eu estava querendo partir para outra e achei que este era o momento ideal para largar, depois do sucesso, no intervalo entre um disco e outro. Coloquei isso para o grupo, e eles aceitaram, é uma saída amigável. Mas não larguei a carreira nem vou abandonar a música". No texto, ele também declarou que estava se dedicando a um projeto "mais chão, mais Terceiro Mundo" e "sem compromissos com o pop FM".

A nota sobre Pitz foi escrita uma semana depois de Juarez Fonseca ter publicado em primeira mão a notícia da saída do baixista da banda. Nesta primeira coluna, o jornalista escreveu que um informante de "barba loira e meio rala" – Gessinger, por óbvio – justificou o fim da formação pelo fato de Pitz querer "se dedicar mais ao primeiro filho". Já na segunda, o colunista disse ter sido procurado pelo baixista, ávido por esclarecer que "não está grávido coisíssima nenhuma e não entendeu por que o loiro resolveu inventar essa historinha". Mais de 30 anos depois, Gessinger diz que foi "talvez mal-entendido".

As versões contraditórias e o posterior silêncio de Pitz com a imprensa fizeram girar em torno de sua saída uma série de rumores para explicá-la. Conversando com banda, equipe técnica e amigos do ex-baixista, é possível perceber que o relacionamento entre os integrantes não ia bem, embora as causas desta incongruência, bem como sua intensidade, não sejam unanimidade entre as fontes. Enquanto alguns relatam trotes e brincadeiras de mau gosto, outros falam até mesmo em sabotagens de equipamentos.

– É difícil dizer a quantidade de sacanagens que aprontamos para o Pitz. Foi por isso que ele saiu da banda. Era uma coisa meio infantil e perversa. Ele não nos aguentou – explica Carlos Maltz.

Entre as "sacanagens" lembradas pelo ex-baterista, estão coisas pueris, como trotes telefônicos nos quais Maltz se fazia passar por um executivo gay da RCA tentando marcar um encontro com o baixista, até situações de constrangimento público, como aconteceu em um show em Curitiba (PR), em 24 de abril de 1987.

– Eu e o Humberto fazíamos solos nos shows, mas o Pitz dizia que era punk, por isso não solava. Aí, olha só que besteira, decidimos mandar ele na frente na hora do bis. Dissemos: "Pitz, puxa lá o riff de *Todo mundo é uma ilha*, aí a gente vai entrando". Mas, depois que ele entrou, deixamos ele lá sozinho, para se obrigar a fazer solo. Isso foi pesado – conta Maltz.

Na mesma noite, no camarim, a coisa não melhorou muito.

– Naquela época, Pitz tinha comprado um (*contrabaixo*) Rickenbacker e um chapéu. Sei que derramaram uma Coca-Cola inteira no chapéu dele. Quando ele voltou do bis, puto da cara com o que havia rolado, foi botar o chapéu, mas estava cheio de refrigerante. Acho que foi depois dessa que ele decidiu sair da banda – diz o baterista.

Eurico Salis, que era produtor do grupo na época em que Pitz saiu, acredita que as provocações feitas na época a Pitz eram tentativas de fazê-lo reagir e buscar mais protagonismo no grupo.

– Do Alemão (*Gessinger*) e do Carlinhos (*Maltz*), sentia uma tentativa de fazer Pitz reagir e assumir uma personalidade. Mas ele não estava no espírito da banda.

Nesse sentido, Caco Sommer lembra que uma vez fez Pitz passar um show inteiro sob a iminência de descargas elétricas. Seria uma maneira de fazê-lo dar mais atenção ao seu equipamento:

– O Pitz tinha um baixo que vivia com problema de aterramento. Então um dia resolvi aterrar o baixo nele mesmo, numa pulseira de metal. Coloquei a corrente no pulso dele e disse para ele tocar a noite toda com aquilo. Toda vez que ele encostava no microfone para fazer "uou uou", tomava um choque.

As crises de rinite do baixista também eram invocadas.

– Um dia, Maltz e Gessinger colocaram na cabeça que o Pitz tocava melhor quando estava com rinite. Então, toda vez que chegavam em um hotel, corriam para o quarto dele e ligavam o ar-condicionado no máximo. Quando Pitz entrava, logo começava a espirrar – lembra Luiz Paulo Fedrizzi.

Para Salis, o fim da formação ficou claro depois de um show no interior do Rio Grande do Sul, no qual o amplificador do baixista foi ligado em uma voltagem diferente, parando de funcionar.

– Chegou um momento em que a banda desligou ele em palco, como quem diz "ó meu, tu tá fora, não tem postura, atitude, identidade... Se tu ficar apagado no palco ou não, ninguém vai sentir tua falta" – recorda Salis.

Gessinger não acredita que haja ocorrido qualquer sabotagem em relação ao equipamento de Pitz.

– Foi tudo tão rápido, mas não lembro da saída do Pitz como um momento traumático. Lembro inclusive que troquei minha guitarra pelo baixo dele. Depois, ele ainda me falou que gostou de *Terra de Gigantes* – afirma o líder do grupo.

Maltz também não lembra da história do amplificador narrada por Salis, embora admita que haveria espaço para uma atitude como a citada acontecer:

– Não duvido de nada.

Já quanto às motivações expostas pelo ex-produtor do grupo, Maltz é veemente em discordar:

– Se tivesse ocorrido, não teria relação com querer mostrar que ele estava desligado, fora do grupo. Era um troço infantil mesmo, de aprontar. Nunca fomos de cair em noite, ver outras bandas, curtir sexo, drogas e rock'n'roll. Nós éramos uns retardados. Ficávamos no hotel, sem nada pra fazer, e inventávamos essas coisas.

Maltz completa:

– Não vejo nada disso como um modo de fazê-lo reagir ou tirá-lo dali. As pessoas que falam isso estão tendo a perspectiva do depois, estão analisando à luz de tudo que aconteceu. Naquela época, a qualquer momento podia ocorrer o último show. As coisas sempre foram nos surpreendendo.

A declaração de Maltz pode surpreender de algum modo. Como poderia a banda acabar de uma hora para outra, diante de tamanho sucesso? Mas, apesar de ser até então um feito único no rock do Rio Grande do Sul, o disco de ouro não era uma garantia de boa repercussão do próximo trabalho. Naquele momento, o rock brasileiro tinha apostas bem mais altas do que o futuro do trio gaúcho. Lançado no mesmo ano, *Cabeça Dinossauro*, dos Titãs, ganhou disco duplo de platina (equivalente a 500 mil cópias vendidas em um ano), assim como *Dois*, da Legião Urbana, *Selvagem*, dos Paralamas do Sucesso, e *Correndo o Risco*, do Camisa de Vênus, receberam platina simples (250 mil), para citar apenas alguns exemplos.

– Lembro que fui a uma reunião com a direção da gravadora, na qual achei que conseguiria várias vantagens para os guris, já que eles tinham ganhado disco de ouro. Que nada. Isso não representava tanto para eles – conta Eurico Salis, sobre a experiência que teve quando era produtor dos Engenheiros do Hawaii.

Reinaldo Barriga lembra que tinha algo de positivo em não ser a menina dos olhos da gravadora. Para ele, havia mais liberdade para o trabalho:

– A gente ia resolvendo nossas coisas. A direção estava mais preocupada com o Trem da Alegria.

Sempre descrito como alguém de raciocínio rápido e inteligência superior, Pitz conseguiu uma colocação na Caixa Econômica Federal depois de sua saída dos Engenheiros – mais tarde, ele se dedicaria à fisioterapia, antes de entrar para o corpo funcional da UFPEL. A música, no entanto, não foi abandonada nesses primeiros anos longe de Gessinger e Maltz. Até a virada para os anos 1990, o baixista ainda fez parte de pelo menos dois importantes projetos da cena musical gaúcha: a banda Grou e o grupo Expresso Oriente, que acompanhava Julio Reny.

Capitaneada por Carlo Pianta, que há pouco havia saído do DeFalla no final de 1986, a Grou começou a dar seus primeiros passos nesse mesmo período. Em 30 de novembro, a banda fez sua primeira apresentação, no bar Ocidente. Pianta assumiu a guitarra, e subiu ao palco acompanhado de Frank Jorge, no baixo, e Claudio Calcanhoto, na bateria.

Mas a banda só foi engrenar mesmo com a entrada de Pitz, logo depois de deixar os Engenheiros, e do baterista Carlos Magno, que tocara antes na banda Cóccix. Outros músicos que orbitaram em torno do projeto, participando de demos e shows, foram o percussionista Figo, conhecido do grupo Semente; Big Mac Ilan, que improvisava em teclado, harmônica e percussão; Guilherme Figueiredo, guitarrista da Smog Fog; e Tchê Gomes, então guitarrista do TNT.

Pianta, Pitz e Magno se reuniram ainda no primeiro semestre de 1987, mas o primeiro show só foi ocorrer em 17 de dezembro, também no bar Ocidente, depois de muitos ensaios.

Com nome inspirado em um pássaro que simboliza na tradição oriental, entre outras coisas, a renovação da vida, a Grou era um projeto com forte apelo autoral, tendo algumas letras compostas pelo professor Paulo Seben, embora a maior parte do repertório fosse criada inteiramente pelos integrantes.

Depois de esparsos shows, a banda foi se diluindo ao longo de 1988. De legado material, o grupo deixou uma fita editada pela produtora Vortex, que circulava de maneira independente pela capital, com faixas de estúdio e gravações ao vivo. Das 16 canções, há cinco co-assinadas por Pitz. Não há cópia digital deste material, mas a fita-master segue conservada no acervo do professor e cineasta Carlos Gerbase, ex-Replicantes, um dos responsáveis pela Vortex, misto de bar, estúdio e produtora mantida no final dos anos 1980 no logradouro 737 da rua Protásio Alves.

Outra relíquia da Vortex, a fita-coletânea *A Invasão dos Nodrus*, de 1989, conta com a faixa *Ou Com*, inusitada parceria entre Pianta, Pitz e o mestre dos quadrinhos americano Frank Miller. Com 14 músicas de 13 bandas, uma reprodução digital da fita circula em blogs especializados em demos na internet. Além da Grou, há nela registro de grupos importantes da cena gaúcha da época, como Graforreia Xilarmônica (*Colégio Interno*), Pupilas Dilatadas (*A Grande Farsa*) e Urubu Rei (*Expresso Oriente*). Em *Ou Com*, é possível ouvir o baixo e a voz de Pitz dando sustentação para a leitura de Pianta de um trecho de *O Cavaleiro das Trevas*, saga de Batman criada por Frank Miller.

Mais ativa que a Grou, a banda Expresso Oriente acompanhou o cantor e compositor Julio Reny de 1986 a 1991, com diferentes formações. Pitz entrou para o time em 1989, depois da saída de Carlo Pianta, que fazia o baixo do grupo. Além de muitos shows pelo Sul do país e giros por Rio e São Paulo, o ex-engenheiro do Hawaii participou com o grupo da gravação do LP *Julio Reny & Expresso Oriente*. Produzido de modo independente, o disco foi gravado no estúdio da Eger, e registrou temas marcantes do repertório de Reny, como *Não chores Lola*, *Amor e Morte* e *Expresso Oriente*. O grupo conjugava a seguinte formação à época: Julio Reny (voz e guitarra), Jimi Joe (guitarra), Vasco Piva (saxofone e guitarra), Vinícius Santana (teclado e guitarra), Marcelo Pitz (baixo e vocais), Carlos Magno (bateria) e Claudinho Garcia (percussão e efeitos). Em 2001, o álbum foi reeditado em CD.

SILÊNCIO NO
DESERTO

HUMBERTO GESSINGER PAROU A MARCAÇÃO DE BAIXO QUE ESTAVA FAZENDO E GRITOU AO MICROFONE:

– Não vai dar! Isso tá uma merda. Vamos começar tudo de novo!

Os ensaios para a gravação do disco *A Revolta dos Dândis* não estavam rendendo como o esperado. Com a saída de Marcelo Pitz, abriu-se a possibilidade de chamar para o grupo um músico de excelência técnica superior no Rio Grande do Sul, com conhecimento e sensibilidade para inserir novos timbres no trabalho dos Engenheiros do Hawaii e trafegar por diferentes gêneros musicais. Augustinho Licks, produtor e músico freelancer, conhecido também pela parceria musical com Nei Lisboa, foi o escolhido. Como dava para perceber com o esbravejar de Gessinger no estúdio, a ideia não estava dando muito certo.

Depois de recomeçarem a canção que ensaiavam, baixista e baterista sentiram falta da guitarra de Licks, que havia saído da sala depois do esporro. Com a demora do instrumentista, Gessinger parou outra vez o ensaio para procurar o integrante que faltava. Encontrou-o em outra sala, sentado e meditativo ao som de uma música para relaxamento. Licks ergueu os olhos muito sérios para o líder do grupo e disse:

– Nunca ninguém falou comigo desse jeito.

O baixista corou.

– Aquele era o jeito como a gente se tratava. Mas naquela hora me dei conta: "Opa, aqui é outro BPM" – conta Gessinger.

A expressão BPM (*beats per minute*) é comumente usada para determinar a velocidade de uma música. Demoraria algum tempo para que os relógios de Gessinger, Maltz e Licks entrassem em harmonia. Seria uma harmonia que não descartava dissonâncias, tensões e ambiguidades, mas – talvez por isso tudo – marcou de modo singular a história do rock brasileiro dos anos 1980 e 1990.

Desde o nascimento, o novo terceiro elemento dos Engenheiros do Hawaii se diferenciava dos demais. Enquanto Humberto Gessinger e Carlos Maltz nasceram em hospitais da capital gaúcha (Ernesto Dornelles e Beneficência Portuguesa, respectivamente), Augustinho Moacir Licks nasceu em casa, pela mão de uma parteira, como era costumeiro por volta daquele dia 28 de maio de 1956 na pequena cidade de Montenegro. Localizada a cerca de 70 quilômetros de Porto Alegre, a cidade não contava com mais de 20 mil habitantes à época.

Caçula de uma família de sete irmãos, Augustinho cresceu no logradouro 1.518 da Rua Ramiro Barcelos, sob o mesmo teto onde teve seu parto. Ao contrário do que o tamanho da cidade pode sugerir, teve infância e adolescência agitadas e ricas em estímulos. Na fachada de sua casa, que dava para uma das mais movimentadas ruas de Montenegro, entrava-se para o Armazém Licks, onde Jacob Otto Licks, o patriarca da família, negociava desde grãos e outros artigos alimentícios até alpargatas, panelas de alumínio e copinhos de translúcida *schnapps* – termo pelo qual os descendentes de alemão designavam a brasileiríssima cachaça. Quando dona Irma, a mãe, não estava ao lado do marido, ou seja, garantindo o sustento da família atrás do balcão da venda, atarefava-se nos fundos da casa lavando, cozinhando e organizando na medida do possível a vida dos filhos Roque, Marilaine, Terezinha, José Rogério, Maria Elizabete, Afonso Roberto e Augustinho Moacir. E ainda exigiam atenção e cuidado o cão Collie e o papagaio Rico – se bem que este último era protegido pelo primeiro do batalhão de gatos interessados nas carnes da ave, que caminhava (não gostava de voar) com liberdade pelos domínios dos Licks.

Desde cedo, o pequeno Augusto, ou Gusto, demonstrava inclinação para desenvolver organização e método mesmo quando o ambiente não era o mais propício para tal tarefa.

– Com sete filhos e nossos pais trabalhando, não tinha como ser uma casa com tudo arrumadinho. Era muito bagunçado. Lembro que, antes de sair para a aula, não achava a gravata do uniforme, a saia, esquecia de fazer o tema de casa, essas coisas. Éramos assim. Mas o Augusto era uma exceção – conta a irmã Terezinha Licks.

Na cozinha, em um enorme armário que acumulava pratos, panelas, panos, temperos e o que mais fosse preciso, o caçula encontrou uma porta relativamente vazia, onde guardava de modo exemplar seus cadernos e outros materiais escolares.

– Acho que ele era sempre primeiro da classe. Ordeiro, sempre com tudo em dia, era nosso orgulho – elogia Terezinha.

A dedicação do menino à organização não o impedia de ser afetuoso. Ainda criança, adotou um gatinho recém-nascido. Queridoca, como chamava o animal, vivia para cima e para baixo nos braços do pequeno dono, que jamais esquecia das suas refeições.

– Não havia um bichano mais feliz – avalia o irmão José Rogério.

Não deve ter sido muito depois disso que José Rogério viu o primeiro lampejo do que julgou talento musical no irmão. Com cerca de sete anos, o menino lhe pediu o violão por um instante, pois queria afiná-lo.

– Passei-lhe o instrumento, sem levar a coisa a sério. Impossível, fazia pouco que aquele guri havia começado a escola e nunca havia aprendido nada de música. Pois não é que ele me devolve o violão com todas as cordas afinadas... Depois isso se tornou rotina. O Gusto afinava o violão sem nunca ter aprendido, sei lá como, era um talento natural – escreve José Rogério por e-mail da Alemanha, onde é violonista de concerto.

Jacob Otto Licks e Irma Maria Gewehr nasceram em antigos distritos do interior de Montenegro. Embora diferentes, os espaços eram bastante parecidos em sua economia e cultura, pois foram campos colonizados por alemães migrados da Europa na primeira metade do século 19. Interessado por morar em um centro urbano, Jacob aprendeu o ofício de ferreiro, mas precisou abandonar o trabalho por complicações de saúde. Foi assim que o comércio passou a ser uma saída para a subsistência da família, apesar dos olhos do patriarca sempre brilharem como metal incandescente ao falar sobre o trabalho de forjador.

Jacob Otto gostava de música, mas não era um homem dado a muitos contatos sociais.

– Havia outros tios na cidade, mas eles raramente se visitavam. Meu pai gostava de ficar lendo – diz Terezinha, que lembra do pai folheando calmamente, em meio às mercadorias de seu armazém, os tomos de *História da Civilização Ocidental*, de Edward Mcnall Burns.

Os filhos, no entanto, viviam agitações bem maiores, propiciadas inclusive pela localização da casa dos Licks, próxima da principal praça e do clube social da cidade, cujos bailes se estendiam pelas madrugadas e embalavam os sonhos dos filhos de seu Jacob na infância e da adolescência.

– Nós éramos muito livres porque, como o pai e a mãe vinham da colônia, não tinham ideia das convenções pequeno-burguesas de um centro urbano. Então a gente vivia para cima e para baixo, na casa dos amigos, na rua, no bairro, no clube. Só íamos para casa na hora da comida – relembra Terezinha.

Aos 17 anos, Terezinha inclusive teve liberdade para viajar aos Estados Unidos, por meio de uma bolsa do American Field Service, programa de intercâmbio do qual, dez anos depois, Augustinho também conseguiria participar. Apesar da desconfiança de alguns familiares, atemorizados de que aquela viagem solitária representasse o fim das oportunidades de Terezinha arrumar um marido – "onde já se viu uma menina viajar sozinha?" –, foi recebida na cidade com ares de celebridade local em seu retorno. Teve até cortejo da banda da Brigada Militar de Montenegro. Mas uma homenagem mais singela a impressionou de maneira especial.

– Tere, vem cá que eu botei uma letra em uma música e quero te mostrar – disse o irmão caçula, logo que a viu de volta.

Augustinho tinha escrito versos para um noturno de Chopin, aos sete anos.

Além de Terezinha, que provou ser possível sair da pequena Montenegro e desbravar o mundo, outro irmão de Augustinho Licks teve grande influência na constituição de seu caráter. A vida de José Rogério, oito anos mais velho que o caçula, daria um livro por si só. Escritores como Fernando Gabeira e Tabajara Ruas sabem disso, tanto é que o violonista já foi inspiração para seus livros. O personagem Gaúcho, músico que aparece nas páginas de *O Crepúsculo do Macho*, de Gabeira, foi moldado a partir de características e vivências do músico. Já Alemão, de *O Amor de Pedro por João*, romance de Ruas, tem sua paixão pelo violão e tipo físico emprestados de Rogério, embora o personagem tenha caraterísticas pessoais que destoam do irmão de Augustinho, vivendo experiências absolutamente ficcionais.

Exímio enxadrista, no início da idade adulta não era o talento musical que chamava atenção em Rogério, mas sim suas performances em torneios de xadrez. Na abertura de alguns desses eventos, ele e um colega jogavam de costas contra dez oponentes ao mesmo tempo, vencendo todos. O colega em questão era Henrique Mecking, o Mequinho, que acabou se convertendo em uma lenda viva do enxadrismo nacional.

Desinteressado pelo lado competitivo do jogo, Rogério passou a se dedicar à Engenharia, cultivando em paralelo o amor pela música e o envolvimento com a militância política. Depois de ser preso em uma manifestação em 1968, passou a sentir seu cotidiano em Porto Alegre cada vez mais claustrofóbico, até que resolveu deixar o país. Seu destino: o Chile de Salvador Allende. O caminho: o mais longo possível.

A pé, sem dinheiro e apenas com o violão para conquistar amizades e comida, foi até o Nordeste, cruzou o Amazonas e atravessou outros países até chegar onde queria. Por alguns períodos, a família não sabia se estava vivo ou morto. Em 1974, depois que os militares derrubaram Allende, escapou da perseguição dos soldados fugindo para Buenos Aires. Dali, conseguiu refúgio para a Alemanha, onde vive atualmente.

Além de servir como inspiração para viajar e ganhar o mundo com sua música, Rogério também ensinou fundamentos bem práticos para Augustinho, como o primeiro acorde de violão. Tudo aconteceu no apartamento em que Rogério e Terezinha moravam na Capital, no edifício Leco-Leco (Gonçalo de Carvalho, 439), quando faziam faculdade.

– Géio, ensina aí pro Gusto a primeira de dó no violão – teria dito Terezinha, em um dos períodos que Augusto passava ali, geralmente em suas férias escolares.

Em uma carta a Rogério, anos mais tarde, Augustinho lembrou como tudo ocorreu. O irmão guardou a missiva, onde se lê esse trecho:

"Não contente (*em transmitir apenas o dó*), me ensinou a tocar músicas inteiras, não sei bem quantos dias depois: *Quase fui lhe procurar* (sucesso do Roberto Carlos), cuja introdução dedilhada acredito possa ter me contaminado com a doença das firulas, matéria-prima para tempos depois eu me aventurar por solinhos e introduções, e também *Here, There and Everywhere*, dos Beatles, *Travessia*, do Milton Nascimento, e ainda *Samba de uma Nota Só*. Teve outras".

A música era onipresente no cotidiano dos Licks, a começar pela vizinhança. Além dos bailes do clube, ao lado da casa da família havia também uma loja com aparelhos elétricos, instrumentos musicais e discos. Não era raro que o dono, um descendente de italianos vindo da Serra Gaúcha, começasse o dia tocando um disco de canções na língua de Dante, cantando junto a plenos pulmões.

Já dentro da casa dos Licks, o rádio passava o dia invariavelmente ligado. Roque, o filho mais velho, gostava de cantar sucessos de Agustín Lara e Vicente Celestino. Mas era seu assovio que impressionava a família.

– Ele era perfeito, especialmente nos registros mais graves. O repertório incluía desde árias do Verdi até as músicas do compositor cubano Ernesto Lecuona.

Aquelas melodias assobiadas me contaminaram, especialmente *Siboney*, que se tornou uma obsessão musical – conta José Rogério.

Mais tarde, Terezinha, Marilaine e José Rogério também começam a desenvolver a voz, cantando até mesmo em programas de calouros da ZYY8 Rádio Montenegro.

Mas um dos contatos mais impressionantes da família com a música se dava dentro de casa mesmo, com as visitas de um violonista conhecido pelo sobrenome Pereira. Chamado na intimidade de Nêgo Pereira, por conta da tez escura, costumava passar ao cair da tarde no Armazém Licks, antes de se encaminhar para tocar em casas noturnas da cidade, onde ganhava a vida.

– *Ô Nego Pereira, te sirvo um schnapps aqui de graça, mas tem que ir lá nos fundos tocar para a gurizada* – recepcionava seu Jacob.

E lá ficavam todos os herdeiros do seu Jacob, hipnotizados pelo violão envenenado de noite do Nêgo Pereira, do qual saíam sucessos do rádio, ritmos brasileiros e até versões de música country americana.

Ao longo do primário, que cumpria no Colégio Delfina Ferraz, Augustinho começou a frequentar a turma mirim do Centro de Tradições Gaúchas (CTG), coordenada pela professora e escritora Maria Eunice Kautzmann, onde provavelmente desenvolveu também algumas noções musicais.

Nas visitas aos irmãos no Leco-Leco, a aproximação com a música também se adensava. Dando aulas de inglês e estudando Direito, Terezinha mantinha um piano alugado no apartamento. Além disso, havia o violão de Rogério e um número crescente de discos de música erudita e popular.

Mais tarde, Augustinho e Afonso vão cursar o secundário em Porto Alegre, no Colégio Júlio de Castilhos, escola pública que era referência no Estado em qualidade naqueles dias. Assim como Terezinha e Rogério herdaram o aluguel no Leco-Leco de Roque, também os dois rapazes se tornam os inquilinos do local. Com o advento comercial da fita-cassete, mais barata em relação ao vinil, Augustinho passou a ampliar seus horizontes musicais, fazendo suas próprias seleções. Com o gravador que Terezinha tinha para usar em suas aulas de inglês, passou a registrar em fita o que mais gostava nos discos dos irmãos, em álbuns emprestados de amigos e no que ouvia na Rádio Continental, projeto AM roqueiro e inovador de Porto Alegre. Entravam ali desde faixas do festival de Woodstock a artistas da Motown. Mais tarde, alguns álbuns inteiros também foram importantes, como *Abbey Road*, dos Beatles, *Electric Ladyland*, de Jimi Hendrix, *Who's Next*, do The Who, *The Dark Side of The Moon*, do Pink Floyd, além de muitos discos de Bob Dylan, Cat Stevens, Johnny Mitchell e outros artistas que tinham os pés no folk americano.

É importante observar que, diferentemente de Humberto Gessinger e Carlos Maltz, o formato álbum não era algo que o contagiasse muito.

– Discos podiam ter coisas conceituais, artes gráficas bacanas, fotos... Mas a verdade é que algumas músicas pareciam estar ocupando espaço – avaliou em uma entrevista de divulgação para seu workshop "Do Quarto para o Mundo", que leva a diferentes capitais do país.

Os sete anos de diferença entre Augustinho Licks e Humberto Gessinger, e seis em relação a Carlos Maltz, colaboraram não apenas para que o guitarrista ficasse exposto a influências diferentes, mas também a um contexto político bastante diverso. No Leco-Leco, os rapazes recebiam militantes clandestinos de diferentes partes do mundo, que conseguiam o endereço a partir de Rogério, que já andava pelo Chile, e sua rede de contatos.

– A gente nem perguntava o nome *(de quem chegava)*, que era para não atrapalhar – conta Afonso Roberto.

Ao chegar ao último ano de estudo antes do vestibular, Augustinho encarou o desafio ao qual a irmã Terezinha tinha se proposto dez anos antes e se matriculou para concorrer a uma bolsa do American Field Service. Depois de uma série de testes escritos e orais rigorosos, finalmente teve resposta: uma família o aguardava para cursar o último ano do secundário em Nova York.

Segundo Afonso Roberto, o irmão compartilhou o cotidiano de uma família que tinha amizade com o jornalista Norman Mailer, bem como relações de trabalho de algum nível com John Lennon.

– Musicalmente, Augustinho cresceu muito nessa viagem. Ali intensificou seu interesse pelo blues e também pela tecnologia, área pela qual ele tem muito fascínio. Isso abriu uma avenida importante para ele se tornar *endorser* da Gibson e estar sempre muito atualizado com o que chegava de mais avançado no mercado – avalia Afonso.

O interesse de Augustinho por tecnologia na área musical é sempre reiterado por quem convivia próximo ao guitarrista. Mauro Borba, com quem o músico dividiria apartamento alguns anos depois de voltar dos EUA, trouxe de uma viagem ao exterior a primeira bateria eletrônica que viu em sua vida por encomenda do amigo. Em um e-mail endereçado a José Rogério em 2015, no qual reconhece a influência do irmão em sua vida, agradece-o expressamente "por me trazer acessórios de música, que sempre me foram muito úteis".

Com humor, Gessinger brinca que, nos primeiros anos ao lado dos Engenheiros do Hawaii, Augustinho poderia estar "mais interessado em conhecer os estúdios/equipamentos de Rio e Sampa, conversar com os técnicos top, do que no som".

O guitarrista, no entanto, ao ser questionado sobre esse período de sua vida, demonstra que a principal bagagem que trouxe dos EUA não foi de tecnologia:

– Claro que viver em um país estrangeiro nos anos 1970 era uma experiência impactante, e seria um desperdício se limitar a ficar vendo equipamentos musicais na rua 48, quando se tinha a oportunidade de saber o que realmente acontecia no Brasil, de trocar ideias com estudantes de outros países, de discutir ideologias, anarquismo, desobediência civil, de ver filmes e ler livros que aqui eram censurados, de conhecer o ensino em tempo integral – diz Licks.

Ao voltar dos EUA, Augustinho começa a também dar suas aulas de inglês e cursa jornalismo na UFRGS. A carreira como repórter vai se solidificando aos poucos, até ocupar o cargo de redator na área de esporte da Rádio Guaíba. Paralelamente a isso, os trabalhos como músico iam se multiplicando. Seu conhecimento de tecnologia fazia dele um técnico de palco e de gravação freelancer cada vez mais respeitado. Captar um som fiel e limpo dos instrumentos era, à época, uma tarefa hercúlea a partir dos equipamentos disponíveis no Sul do país. Augustinho tinha a fama de ser o melhor nesse quesito.

Como músico, começou a chamar atenção a partir das rodas de som que frequentava na UFRGS. Ali conheceu Nei Lisboa, ao lado do qual começou a despontar na cena musical de Porto Alegre.

– O Augusto foi meu professor informal de violão e um grande parceiro – lembra Nei.

Em 1980, depois de terem tocado juntos em festivais e outros shows, os dois juntam-se ao músico e compositor Luiz Carlos Galli, o Boina, para estrearem um show triplo, no Círculo Social Israelita, intitulado *Verde*. O programa contava com a faixa *Rock'n'roll Bye Bye*, assinada por Nei e Licks, que mais tarde, em 1984, seria rebatizada como *Verdes Anos*, entrando para a trilha sonora do filme homônimo, dirigido por Carlos Gerbase e Giba Assis Brasil.

Antes de 1984, no entanto, Giba já havia contado com os préstimos da dupla em *Deu Pra Ti Anos 70*. Dirigido por Giba e Nelson Nadotti, o filme circulou a partir de 1981, e se tornou um marco do cinema gaúcho por conseguir tratar das dúvidas e anseios da juventude que cresceu à sombra do regime militar. O longa foi rodado em Super-8, com produção bastante precária, mas foi capaz de conseguir boas críticas e presença em festivais. Além de contar com trilha sonora de Augustinho Licks e Nei Lisboa, ambos também aparecem em pontas como atores, assim como os músicos Julio Reny e Wander Wildner.

Pra viajar no cosmos não precisa gasolina, primeiro disco de Nei Lisboa, tem coprodução de Augustinho. Segundo Nei, Augustinho "de várias formas exerceu uma direção musical daquele trabalho", no qual co-assina quatro faixas, entre elas a que intitula o álbum. O guitarrista seguiria participando dos discos de Nei como instrumentista e compositor – co-assina *Verdes Anos* em *Noves Fora* (1984) e mais três canções em *Carecas da Jamaica*, incluindo a faixa-título.

Apesar de gozar de relativo reconhecimento na cena musical local, seja por suas composições registradas em discos ou por suas performances no palco, Augustinho Licks só vai conseguir protagonismo como músico assinando seu trabalho em pé de igualdade com os outros integrantes de uma banda, a partir de uma inusitada oferta: dois cabeludos de uma banda jovem, que tinham fama de se fantasiarem para suas apresentações, acabavam de perder seu baixista, mas queriam transformar seu som, por isso estavam em busca de um novo nome para a guitarra. Mas e o baixo? O líder do grupo não era nenhum virtuose, mas tinha sensibilidade e dedicação para aprender a tocar o instrumento rapidinho.

Segundo Gessinger e Maltz, a oferta para entrada de Licks teria sido impulsiva. O ex-baterista conta que encontrou o guitarrista na saída de um show da banda Echo and the Bunnymen, no Rio, em maio de 1987:

– Estávamos pelo Rio, e eu aproveitei para ir ao show. O Humberto ficou no hotel, porque ele sempre ficava no hotel. Lá encontrei o Augustinho, começamos a conversar, foi um papo superlegal. Cheguei no hotel e contei isso para o Humberto, que respondeu: "Legal, por que tu não convida ele para entrar na banda?". Liguei na mesma hora.

Apesar das diferenças de estilo, Licks teria percebido que seu trabalho poderia finalmente ter um bom reconhecimento, e em escala nacional. A renda recebida a partir de shows e discos seria igualmente repartida, ficando um terço para cada um dos integrantes.

– Era uma proposta muita boa, uma oportunidade de ser reconhecido de forma mais ampla pelo que ele estava fazendo há tanto tempo em escala regional – recorda Rogério.

Amigo de Augustinho Licks que, mais tarde, exercerá função de tradutor dos Engenheiros do Hawaii em sua jornada pela URSS, Alexandre "Sasha" Cavalcante lembra que o guitarrista teve uma mudança radical em sua vida após entrar para os Engenheiros do Hawaii. Em uma carta destinada a Sasha, teria escrito: "Entrei em um trem-bala em movimento".

A locomotiva, no entanto, demoraria até engrenar.

O MOTOR AGUENTA

NÃO TEM COMO DAR CERTO. ESSA ERA UMA DAS FRASES MAIS OUVIDAS EM RELAÇÃO À ENTRADA DE AUGUSTINHO LICKS NOS ENGENHEIROS DO HAWAII. ALGUNS FÃS DE MPG ERAM TÁCITOS EM AFIRMAR QUE O GUITARRISTA ERA AREIA DEMAIS PARA O CAMINHÃOZINHO DAQUELES DOIS JOVENS ARROGANTES QUE, ANTES DE SUBIR NO PALCO, SE PREOCUPAVAM MAIS EM TER O CORTE DE CABELO CERTO DO QUE EM PASSAR O SOM. DE SANDÁLIAS DE COURO E VIOLÃO A TIRACOLO, AUGUSTINHO JÁ HAVIA VIAJADO PELO PAÍS DE CARONA COM AMIGOS, NO MELHOR ESPÍRITO DO MOCHILEIRO HIPPIE DA ÉPOCA, ENQUANTO GESSINGER E MALTZ ERAM VISTOS POR PARTE DESSA GERAÇÃO COMO DOIS MENINOS SUPERPROTEGIDOS QUE ALCANÇARAM REPENTINAMENTE A FAMA.

De outro lado, pessoas próximas da banda alertavam que o perfeccionismo pelo qual o músico era conhecido também poderia se tornar um problema. Como os dois rapazes eram muito mais primários tecnicamente, rapidamente poderiam ficar impacientes com a determinação de Licks em tirar o som exato que buscava de seu instrumento, por mais tempo que isso lhe custasse.

Além disso, o novo integrante não era conhecido como um músico de rock. Ao contrário, era mais identificado por harmonias delicadas do que por riffs distorcidos.

Gessinger, no entanto, estava determinado em ter Licks por perto:

– A ideia era dar uma "abrida" no som. Augustinho tocava também teclado, coisa que só fui fazer mais tarde.

O líder do grupo parecia estar mesmo cansado de ser taxado como vocalista de uma banda de ska, ou pior, de uma versão gaúcha dos Paralamas do Sucesso – até mesmo o material de divulgação da RCA apresentou algumas vezes a banda como "Os Paralamas do Sul".

– Confesso que isso me enchia um pouco o saco – conta Gessinger. – Uma vez, em uma entrevista, chegaram a me perguntar se meu nome era mesmo Humberto, ou se eu o havia escolhido apenas para imitar Herbert (*Vianna, líder dos Paralamas do Sucesso*) – conta.

No entanto, o caminho do ska não foi deixado para evitar comparações, e sim pelo desejo de fazer algo mais próximo das referências de que gostava.

– É o lance da vida ir te levando para onde tu deve estar – avalia Gessinger.

Carlos Maltz concorda. Para ele, *A Revolta dos Dândis* é o primeiro disco que se aproximava do som que a banda realmente queria ter.

– A gente queria ser o Pink Floyd, mas não dava mais para ser Pink Floyd em 1987. Então a gente virou outra coisa, que é o que está nesse disco.

O primeiro show dos Engenheiros do Hawaii com Augustinho Licks foi em Joinville (SC), em 12 de agosto de 1987. As gravações de *A Revolta dos Dândis*, segundo LP da banda, já haviam começado há mais de duas semanas, e o grupo já vinha ensaiando junto há mais de dois meses. Gessinger não guarda boas lembranças daquela noite.

– Esse show foi horrível – suspira o músico. – Essa formação demorou para decolar. Eu não sabia tocar baixo, e o Augustinho não sabia tocar em trio. Foi foda. E a gente vinha de um show bacana com o Pitz.

Alexandre Hilário, também conhecido como Master, técnico de som que trabalha com Humberto Gessinger desde as primeiras demos dos Engenheiros, lembra que um dia ouviu o recém-empossado baixista reclamando que seu novo instrumento arrebentava cordas muito facilmente. Logo descobriram o que estava ocorrendo:

– As cordas arrebentavam porque ele estava afinando errado – recorda Master.

Gessinger aprendeu a tocar o contrabaixo antes da entrada de Licks, enquanto ensaiava o repertório para o novo disco com Maltz. A ausência de guitarra nesses ensaios fez com que Gessinger desenvolvesse um estilo próprio de tocar, repleto de frases e linhas melódicas.

– Humberto não chegou no estúdio como um baixista, mas como um guitarrista que tocava baixo com palheta – define Reinaldo Barriga, produtor de *A Revolta dos Dândis*.

Acostumado a tocar em bandas maiores, Augustinho Licks parece ter encontrado dificuldade em encontrar espaço para sua guitarra no grupo.

– Quando o disco (*A Revolta dos Dândis*) estava mais na mixagem, a gente foi ensaiar para o show de Joinville. "Caraca, nos fodemos", pensei. Não saía nada – lembra Gessinger. – Augustinho não tinha a cultura de trio, a guitarra dele era muito leve, parecia que não tinha ninguém em casa. Mas, a partir disso, a gente desenvolveu uma linguagem própria – conta Gessinger.

Para a gravação do álbum, as dificuldades não foram menores. A primeira delas foi vencer a desconfiança do produtor.

– *Cadê a banda?* – perguntou Reinaldo Barriga, ao ver Gessinger e Maltz chegarem sem Marcelo Pitz.

Ao saber que o time havia mudado, a decepção foi imediata.

– Onde estavam os caras que ganharam disco de ouro? Como jogam fora uma coisa que conquistaram para começar do zero? Era outra banda, outra proposta. Não tinha lógica. Se eu fosse botar pilha na gravadora, poderia talvez até melar a história toda – conta Barriga. – Resolvi assumir a proposta. Conversamos e falei: "Não tem outra coisa a fazer, vamos para o estúdio para ver o que acontece".

As gravações começaram. Baixo e bateria eram captados juntos, enquanto Licks ficava ouvindo. Depois, foi a vez do guitarrista adicionar seu instrumento, complementando o que já havia sido registrado.

– Só depois o Augustinho foi criar a guitarra, sobre o que já estava pronto. Aí foi uma trabalheira... Até hoje tenho esse trauma com guitarra – relembra Barriga. – Augustinho era um cara muito determinado, sistemático. Chegava assim e dizia: "Queria refazer tal coisa". No final, eu já dizia: "Não vai refazer nada, já chega". Ficava só eu e ele no estúdio, todo mundo nos abandonava. Ninguém aguentava oito horas seguidas de guitarra.

As soluções encontradas pelo trio em *A Revolta dos Dândis* acabaram produzindo uma sonoridade única, talvez um pouco estranha para o rock da época, que vinha abusando de recursos eletrônicos e distorções, mas com perenidade. Por conta disso, e também pelo estouro tardio de *Infinita Highway* e de outras faixas – a música de trabalho escolhida pela gravadora foi *A Revolta dos Dândis I* –, o álbum é hoje um dos mais cultuados pelos fãs, sendo ainda bem procurado nas lojas, mas foi um dos poucos da trajetória da banda a não ganhar disco de ouro. Apesar de ter vendido bem mais do que as 100 mil unidades que dão direito ao bolachão dourado, *Revolta...* não fez isso no prazo necessário de um ano.

Depois de Nei Lisboa, que participou das gravações do primeiro disco dos Engenheiros do Hawaii, a banda resolveu chamar outro destaque da cena gaúcha para participar do novo álbum. Mais uma vez, não se tratava de um de seus colegas do novo rock gaúcho, mas do cantor e compositor Julio Reny, elo entre gerações e grupos da cena gaúcha.

A casa de Reny, na rua Santana, nº 962, em Porto Alegre, era um verdadeiro ponto de encontro do rock porto-alegrense no início dos anos 1980. Sua garagem, forrada com caixas de ovos para isolamento acústico, transformou-se em um precário, porém animado, estúdio de ensaios. Por ali passaram, além de diferentes projetos do anfitrião, bandas como Os Replicantes, DeFalla, Fluxo e Engenheiros do Hawaii.

– Quando sujava a barra com a mãe do Maltz, a gente ia ensaiar lá – lembra Gessinger. – Às vezes, a gente chegava lá e estava o Julio vestido de Batman, brincando com as crianças dele, com uma fantasia meio improvisada.

Com o tempo, os rapazes já tinham até a chave da casa, da qual fizeram uso, certa vez, para pegar às pressas o microfone *vintage* de Reny que aparece no clipe de *Sopa de Letrinhas*.

– Um dia, quando eles (*Gessinger, Licks e Maltz*), foram morar no Rio, cheguei em casa e dei de cara com um envelope. Eram as chaves dos Engenheiros, deixadas com um bilhete, agradecendo o que fiz por eles. Foi um gesto muito bonito – conta o dono da casa.

Reny também era uma das únicas pontes entre a incipiente cena roqueira da Porto Alegre de 1985 com os Engenheiros do Hawaii. Foi abrindo um show da Julio Reny & KM0, na Terreira da Tribo, em 9 de março daquele ano, que Gessinger, Maltz e Pitz tocaram pela primeira vez em um palco fora da universidade em que estudavam. Além destes, muitos outros shows foram feitos com esta dobradinha.

– Vi que eles tinham coisas diferentes a falar, por isso os abracei dessa forma – explica Reny.

A identificação também passava pela sonoridade. Assim como os Engenheiros, Julio Reny era um entusiasta da canção. Para muitos nomes da nova geração roqueira, o compositor serviu como um elo com a arte de conectar versos e melodia. Musicalmente mais experiente, Reny era um pouco mais velho que os Engenheiros – tinha

28 anos quando gravou sua participação em *A Revolta dos Dândis*, enquanto Gessinger e Maltz completariam 24 e 25 anos, respectivamente, no mesmo ano.

– Naquela época, todo show tinha um momento em que parava tudo e alguém tocava algumas músicas só com o violão. A gente odiava isso! Mas aí um dia vi o Julio tocando *Razões do Coração*. Naquele momento entendi o que era uma canção – conta Carlo Pianta, ex-DeFalla.

Em *A Revolta dos Dândis*, Julio Reny participa da faixa *Guardas da Fronteira*.

– Era uma música que tinha uma pegada meio oriental. Achamos que o Julio teria tudo a ver com ela – diz Carlos Maltz.

O convidado se esbaldou. Depois de fazer sua primeira viagem de avião, hospedou-se, também pela primeira vez, em um hotel cinco estrelas, passando três ou quatro noites em São Paulo. Viagem, estadia e refeições eram bancadas pela gravadora. Apesar de curto, o período foi suficiente para confirmar sua fama de Don Juan, conquistando o coração de uma jornalista da área musical. O fugaz caso de amor quase fez Reny perder o horário de *check out* onde estava hospedado. Saindo às pressas, tomou um susto ao receber a conta de saída.

– Eu era tão grosso que tinha pelado o frigobar do quarto. Tomei todas as cervejas, mas a gravadora não pagava as bebidas. E eu não tinha dinheiro para pagar. Só ia receber meu cachê dali a 30 dias. O Augusto foi quem me salvou, disse para eu ir embora que ele daria um jeito da gravadora pagar ou ia pagar do bolso dele – relembra Reny.

As aventuras etílicas e amorosas não fizeram o músico esquecer o que viveu na capital paulista. A partir de suas histórias, é possível conhecer um pouco melhor o ambiente de gravação do álbum e se aprofundar na relação entre os integrantes do grupo.

– Era um verdadeiro salão de baile aquele estúdio. Orquestras gravavam ali. E lá estava eu cantando com o Humberto, num cantinho daquele negócio gigantesco, suntuoso – conta Reny.

Repleto de instrumentos das décadas de 1960 e 1970, as dependências do estúdio da RCA já foram comparadas por Carlos Maltz ao filme *Barbarella* (1968), no qual a protagonista vivida por Jane Fonda depara a cada momento com estranhas tecnologias. O convidado lembra que, muitas vezes, o estúdio parecia mesmo mais surpreendente que um universo de ficção:

– Um dia, o Barriga queria gravar um som de telégrafo (entre as faixas *A Revolta dos Dândis* e *Além dos Outdoors*). Então fomos pegar um moog numa sala de instrumentos velhos para fazer o som. Quando ele abriu aquela porta, tive uma epifania. Eram uns 500 teclados *vintage* todos empilhados, pegando pó, parados no tempo.

Sobre a relação entre os integrantes da banda, mal havia começado, mas dava sinais de que seria repleta de dificuldades. Para Reny, Gessinger e Maltz se tratavam como irmãos, sendo realmente muito próximos, enquanto Licks ainda tateava qual seria seu espaço.

– Deus o livre de falar mal do Humberto na frente do Maltz. Ele defendia o parceiro com unhas e dentes – conta Reny.

Sasha Cavalcante, que mais tarde conviveria como o trio em viagem à URSS, confirma a amizade da dupla nesta fase dos Engenheiros:

– Pareciam dois diabinhos juntos, um loiro e um moreno, pensando todo o tempo no que aprontariam no próximo instante.

Já o terceiro elemento parecia deslocado.

– Licks se sentia como se fosse e não fosse da banda – conta Reny. – Ele estava recém entrando, acredito que depois tenha vestido completamente a camiseta, como é possível perceber nesses longos anos que ele passou com a banda. Mas aquele foi um pressentimento de que aquela relação não acabaria bem, como de fato não acabou.

Augustinho não tinha o estilo de vida de Gessinger e Maltz. Da mesma forma que os rapazes, não encarava a estrada como uma festa, mas também não era tão socialmente avesso quanto os fundadores do grupo. Ele era extremamente dedicado ao trabalho, mas não parecia ter a mesma euforia juvenil que os dois em relação ao grupo.

– A gente nunca alimentou a ilusão de que ele seria esse tipo de cara (*com perfil parecido ao de Maltz e Gessinger*), porque era óbvio que não seria. O Augusto não era um engenheiro do Hawaii, era um cara que estava tocando na banda. Paradoxalmente, ele foi sim um grande Engenheiro do Hawaii. A contribuição que ele deu à banda foi fundamental, mantendo o modo dele de ser – avalia Carlos Maltz.

Para compor o repertório de *A Revolta dos Dândis*, Gessinger lançou mão pela primeira vez das canções da velha pasta, que tinha versos guardados desde a adolescência. *Infinita Highway*, grande sucesso do álbum, é exemplar nesse sentido: trechos de composições anteriores foram se agrupando, somando-se a novos.

Gravar a canção foi o grande desafio do disco. Com uma estrutura repetitiva, a música era tocada por Gessinger e Maltz com algumas variações em cada volta, que davam à faixa maior dinâmica. Sendo assim, não havia como gravar trechos e repeti-los, sob pena de tornar a canção enfadonha. No entanto, gravá-la toda ao vivo significava que baixista e baterista não poderiam cometer erro algum pelos longos seis minutos e onze segundos da composição, uma vez que o sistema análogico de edição não permitia correções.

Não teve saída: Gessinger e Maltz foram para o estúdio para registrar a gravação de cabo a rabo juntos e sem pausas. Manter a bateria no andamento correto era o ponto mais sensível desse processo, uma vez que Maltz não tinha muita experiência de estúdio. Para ajudar, Barriga foi para dentro da sala de gravação, onde ficou regendo o baterista do início ao fim de cada *take*. Como de praxe, vozes e guitarras foram gravadas depois.

Outro grande sucesso do disco, *Terra de Gigantes*, também teve suas dificuldades. Ao longo das gravações do álbum, foi a faixa que mais despertou a cobiça da direção da RCA. No Rio, o diretor artístico da gravadora, Miguel Plopschi, ficou sabendo que o trio gaúcho tinha um hit em potencial sendo gravado, porém havia um problema a ser resolvido: os rapazes não colocaram bateria na música. Para a direção, eles estavam desperdiçando um grande sucesso. Como assim, uma banda de rock lança uma música sem bateria? A batida conduziria a canção ao clímax, e os ouvintes, às lagrimas. Sucesso garantido.

Gessinger não quis nem saber. A música era para ser daquele jeito. E ponto. Barriga compreendeu e, mais uma vez, ficou do lado da banda. Sábio conhecedor das estruturas onde trabalhava, deixou o tempo correr a seu favor. Não gravou a bateria, liberando a faixa para divulgação em rádio do modo como estava. Como a canção começou a ser bem executada, o produtor conseguiu persuadir a RCA a deixá-la naquela mesma versão para o disco – no encarte, os rapazes ainda fizeram questão de deixar a letra da faixa de fora.

Apenas um rolo de bateria foi acrescentado à faixa – depois dos versos "tem uns amigos tocando comigo" –, criando no ouvinte a expectativa de que a pulsação vai aumentar. Deve ter sido uma decepção e tanto para os diretores da gravadora dar-se conta de que ela não continuava. Em uma reunião com Manolo Camero, presidente da RCA, foi feita a primeira audição do álbum. O ambiente foi tenso.

– Como a gente fez sucesso com o disco anterior, a gravadora nos deu liberdade total para fazer *A Revolta dos Dândis*. Quando eles ouviram o disco, fizeram uma cara de enterro. Eles esperavam um *Longe Demais das Capitais 2*, mas era uma outra história – lembra Maltz. – Depois de uns cinco minutos de silêncio fúnebre, o presidente falou: "Esse disco tem uma profundidade oceânica". Ele queria dizer que afundaria.

Enquanto Maltz lembra do juízo de Camero a partir de uma metáfora aquática, Gessinger evoca os ares. O resultado final, no entanto, é muito parecido. No livro *Pra Ser Sincero*, o músico afirma lembrar bem "das palavras do chefão" ao final do encontro. Ele teria dito: "Esse disco é um Boeing com tanque cheio. Pode ir longe. Se não explodir na decolagem". Gessinger completa: "Não creio que ele acreditasse na primeira hipótese".

Além de assinar a produção do álbum, Reinaldo Barriga é que toca o baixo que acompanha a rápida entrada de bateria de *Terra de Gigantes*, a convite dos Engenheiros, para também deixar sua marca instrumental no disco. Barriga, que tinha contato mais direto com técnicos e diretores da RCA, relativiza a visão pessimista sobre o grupo. Ele lembra de uma sessão de audição com o setor de marketing da gravadora, da qual saiu exultante. Para ele, muita gente dentro da empresa reconhecia o valor dos novos Engenheiros do Hawaii, inclusive vendo nessa nova fase um potencial comercial maior do que da anterior.

– A gravadora não tinha esse pessimismo, não. Isso é só um folclore – conclui Barriga.

Além de *Infinita Highway* e *Terra de Gigantes*, a faixa-título do álbum foi mais um hit da época. A canção já vinha sendo tocada nos shows dos Engenheiros pelo menos desde o show de lançamento de *Longe Demais das Capitais* em Porto Alegre, tendo sua letra no programa distribuída à plateia naquela ocasião. O nome original da canção era *Facel Vega*, referência ao modelo do carro no qual estava o escritor Albert Camus quando sofreu o acidente que lhe tiraria a vida, em uma viagem de Provence a Paris – no bolso do escritor francês, restou o bilhete de trem que Camus já havia comprado para fazer o trajeto, mas resolveu não usar, pois aceitou de última hora uma carona de seu editor. A canção tinha originalmente os versos "Eu me sinto um estrangeiro / personagem de Camus", em uma óbvia alusão ao romance *O Estrangeiro* – o mesmo livro já havia inspirado outras canções do mundo pop, como a faixa *Killing an Arab*, single gravado pelo The Cure em 1978, presente também no LP *Boys Don't Cry*, de 1980.

Gessinger já havia lido *O Estrangeiro* e *A Peste* na adolescência, em edições do Círculo do Livro, do qual era sócio. A oportunidade de se adensar na obra de Camus veio com as primeiras idas com sua banda para São Paulo.

– Eu não frequentava a noite quando viajava, mas ia a todas as lojas de discos e livros que conseguia – recorda o pouco social Gessinger. – Em São Paulo, comprei a coleção completa do Camus, em uma edição portuguesa horrível. Era preciso cortar as páginas para folhear. Mas fiquei fascinado por ele.

A demo do álbum já estava pronta quando Gessinger leu a "A revolta dos dândis", capítulo de *O Homem Revoltado*.

– Lembro que quando eu li, fui lá na casa do Maltz e disse: "Bá, velho, o disco tem que se chamar *A Revolta dos Dândis*" – relembra Gessinger, em bom porto-alegrês.

Quase 30 anos depois, o compositor fica em dúvida se escolheria hoje o mesmo título para o álbum:

– Não sei se eu lesse hoje, pegaria aquele título. A gente não era muito dândi. Mas a gente era formalista. Tínhamos essa noção de que é preciso dar uma arredondada na vida, que é o que fazem os dândis, eles formalizam tudo em volta. Um dândi não quer ser natural, quer ser exuberante. Acho que tínhamos essa exuberância formal, esse cuidado com o qual cercávamos os diferentes elementos da banda. Era difícil explicar nossas capas para alguém da gravadora. Um artista gráfico devia achá-las pobrinhas, o contrário de exuberantes. Mas, para nós, aquilo tinha um porquê. De certa maneira, para nós, eram exuberantes.

A Revolta dos Dândis também pode ser lido como uma tirada irônica sobre a onda roqueira de meados dos anos 1980, nas quais muitas das bandas que se diziam radicais e punks eram formadas por garotos de classe média que, como um dândi, se travestiam em uma forma diferente de vestir e agir no palco. *Terra de Gigantes* é a música que deixa mais clara essa intenção de questionar a suposta rebeldia do rock nacional, com o verso "A juventude é uma banda numa propaganda de refrigerantes".

Apesar de ser um sucesso, a faixa desagradou muita gente. Em Porto Alegre, o trio, que já despertava desconfianças ao comparar Fidel a Pinochet em *Toda Forma de Poder*, passou a ser chamado com maior convicção entre alguns círculos musicais como representantes de uma "nova direita". Para quem acreditava que o rock operava uma pequena revolução na música brasileira, com letras capazes de questionar instituições como igreja e família, os Engenheiros eram um banho de água fria, apontando a música jovem como mais uma engrenagem cooptada pela indústria para vender artigos fugazes como refrigerantes.

"Estão chamando a gente no sul de 'nova direita' porque a gente fez uma música que fala que 'a juventude é uma banda numa propaganda de refrigerantes'", disse Carlos Maltz em entrevista à revista *Roll* para divulgação do álbum. Ele continua: "É uma atitude que não visa acabar com ninguém, visa tirar as cinzas de cima da fogueira". Como "cinzas", Maltz se refere a artistas que se aproximaram do rock "só porque era a onda".

Sobretudo, *Terra de Gigantes* tinha um tom de autoironia, de quem se questiona a respeito do próprio papel que atua em seu contexto.

– Um dia fui dar uma entrevista e falei sobre *Terra de Gigantes*. Disse que o rock não estava aí para mudar nada, e sim para vender óculos escuros e jaqueta de couro. Olhei para o lado: estava o Augustinho de óculos escuros, e o Maltz, de jaqueta de couro – ri Gessinger.

Além de Albert Camus, outra referência importante de *A Revolta dos Dândis* é Bob Dylan. Gessinger estava plenamente mergulhado na audição do compositor entre 1986 e 1987. Da mesma forma que ocorreu em relação ao existencialista francês, o líder dos Engenheiros só conseguiu se aprofundar na obra do bardo americano quando começou a viajar com a banda pelo Brasil. Nas capitais, ia aos poucos comprando os discos que encontrava.

– Não era como hoje, que você entra na rede e encontra a discografia completa dos artistas – lembra Gessinger. – Bob Dylan é como *Dark Side of the Moon* e *Grande Sertão: Veredas*: se pega na veia, tu fica prisioneiro dele a vida inteira. Caí nessa onda da escrita dele. O *Revolta...* é um disco influenciado por isso, talvez o único com essa coisa mais Dylan.

Além de ter influenciado nas letras, Bob Dylan também foi uma referência para a sonoridade do segundo álbum dos Engenheiros.

– O trabalho do Dylan reforçou nossa coragem em usar violões. Aquela era uma época rock'n'roll, de dizer "violão não".

Repleto de violões e guitarras limpas, o álbum remete a sonoridades analógicas de uma década antes, sem as distorções e baterias eletrônicas que se ressaltavam nas rádios dos anos 1980.

– A gente realmente achava que a banda acabaria. Foi por isso que ousamos tanto. *A Revolta dos Dândis* não é só diferente do nosso primeiro disco, como também do que vinha sendo feito no rock brasileiro da época – avalia Maltz.

Além dos violões, uma marca registrada do início ao fim do álbum é o som do contrabaixo de Gessinger, que pode ser ouvido em primeiro plano, ressaltando seu peculiar modo de tocar. Na comunidade musical porto-alegrense, o destaque ao baixo era a confirmação do ego exagerado do líder do grupo. A experiente guitarra de Licks teria ficado soterrada pelo volume daquelas linhas de gosto duvidoso. No entanto, o produtor Reinaldo Barriga assegura que o protagonismo exercido pelo instrumento em *A Revolta dos Dândis* não tem relação alguma com um suposto desejo de Gessinger de chamar a atenção do instrumental para si.

– Era um baixo muito agudo. Eu não conseguia escondê-lo. Ou eu evidenciava, ou ele ficava horrível. Estava muito contundente, palhetado, ficava ruim se fosse abaixado. Então, nós o assumimos. Depois, Augustinho teve que encontrar seu espaço ali, o que foi uma fria danada. Sei como foi trabalhoso para ele – explica Barriga.

Das 11 faixas que compõem *A Revolta dos Dândis*, os maiores sucessos se tornaram *Infinita Highway*, *Terra de Gigantes* e a faixa-título. Uma quarta canção, no entanto, mereceu atenção especial, tornando-se um hit anos mais tarde. *Refrão de Bolero* cairia no agrado das rádios e da tevê no início dos anos 1990, quando um clipe com Gessinger tocando a música ao teclado começou a ser veiculado na MTV.

A gravação da faixa no segundo álbum do grupo é lembrada com carinho por músicos e produtor. O compositor da faixa gosta de citá-la como exemplo de como se dava o processo de gravação da banda, na qual as soluções para problemas de arranjos eram encontradas aos poucos, tateando.

– Eu sentia que havia alguma coisa faltando em *Refrão de Bolero*. De repente, peguei a guitarra do Augustinho e ouvi uma microfonia. Era aquilo! – relembra Gessinger, fazendo referência ao som que começa e termina a música.

Sem arranjo definido, quem acompanhava a banda antes das gravações lembra de ter ouvido *Refrão de Bolero* até em ritmo de reggae.

– Nós fomos descobrindo aos poucos o jeito de tocar *Refrão de Bolero*. O Carlos botou aquela bateria meio Phil Collins, e foi todo mundo comprando. Aí sim, foi tomando forma. De repente, tem aquele rolo de bateria e a guitarra do Augustinho entra com tudo. Aquela guitarra é puro Santana. Aquela receita ficou perfeita, e era o que a bagagem deles trazia – conta Barriga.

A Revolta dos Dândis é também uma virada visual na carreira dos Engenheiros do Hawaii. Pela primeira vez, um disco do grupo usou engrenagens em uma capa, elemento que o grupo passou a adotar em outras peças gráficas, tornando-se ao longo do tempo indissociável da imagem da banda. A ideia surgiu quase por acaso, em um dos ensaios na casa de Carlos Maltz. Ao manusear a correspondência que havia chegado para a família, chamou a atenção de Carlos um desenho em um envelope. Era o logotipo da Sociedade de Engenharia do Rio Grande do Sul, com uma engrenagem contendo uma representação da Terra rasgada pela linha do Equador, trópicos, círculos polares e banda do zodíaco.

O baterista imediatamente teve a ideia de usar a figura na capa do disco, mas com as linhas traçadas sobre uma imagem da superfície lunar. O desenho dos continentes aparece na esfera ao lado, em uma engrenagem menor. Olhando as duas esferas, conclui-se que os papéis se inverteram: ao contrário da realidade, a Terra ali aparece como um satélite da lua.

– A gente sempre trabalhou essa coisa de descontextualizar coisas, tirá-las de lugar. O próprio nome da banda tem isso, a união das palavras "engenheiros" e "Hawaii".

Aficionados pela estética simples e direta de placas de trânsito e outros clichês da comunicação de massa, optaram por usar cores primárias a partir de então nas capas dos discos. A regra era clara: se a cor precisar de mais de um nome para ser definida, não poderá ser usada pela banda.

No encarte, há uma ascendente de ícones da cultura popular brasileira, indo do sambista Noel Rosa ao personagem Jeca Tatu, passando pelo ídolo pop Roberto Carlos, a rainha da beleza Martha Rocha, o ladrão de ricos Gino Meneghetti, o escritor e político Fernando Gabeira (com sua indefectível sunga de crochê), o jogador Garrincha e o cantor Vicente Celestino, caracterizado como no filme *O Ébrio*.

Abaixo do eclético rol, há uma fila de presidentes brasileiros, iniciada com Juscelino Kubitschek e encerrada com José Sarney, que então cumpria seu mandato. Mas a fileira só se completa com a imagem de Leonel Brizola, político cuja candidatura à presidência teria futuramente apoio dos Engenheiros com shows em comícios. Enquanto a maior parte das imagens dos presidentes é flagrada olhando para a direita, Brizola aparece em uma foto encarando-os triunfantemente com o nariz apontando para a esquerda. Sobre eles, o mascote do Iron Maiden, Eddie, aponta suas garras.

Em entrevista à revista *Bizz* por ocasião do lançamento de *A Revolta dos Dândis*, Gessinger explica a alegoria: "Pintou essa coisa de botar o Maiden acima daquelas pessoas babacas. A racionalidade desses presidentes é muito superficial. No fim são muito mais surreais que um bonequinho de banda de heavy metal. É Gabriel García Marquez mesmo", diz o vocalista, citando o escritor de realismo fantástico. Já a linha de personagens ascendentes, com Noel Rosa e os demais, representaria "o sonho", algo oposto à "âncora" de presidentes, que Eddie tentaria inutilmente levantar.

Outro personagem presente no encarte é um homem com a capa do grupo Tradição, Família e Propriedade (TFP), organização civil de inspiração católica dedicada ao combate da ideologia de esquerda. Na mesma entrevista à *Bizz*, Gessinger afirma que o TFP aparece no encarte como uma provocação a todos os que já vinham chamando a banda de "nova direita" por "não embarcar mais no barco de que empunhar uma guitarra seja algo de novo, de revolucionário, que incomoda". Para Gessinger, "revolucionário era o Chuck Berry, que era negro, não tinha grana, fumava nos anos 50, nos EUA". E disparou contra as bandas e ouvintes que se achavam mais radicais: "Como é que *nós* somos de direita? O que a juventude tem feito? Comprado guitarra importada? (...) Essa pequena elite da juventude que se informa um pouquinho e só serve para patrulhar o resto, tachando as bandas que transam heavy metal de acéfalas. (...) Essa jogada do TFP é para provocar mesmo. E duvido que as pessoas que estão nos chamando de nova direita reconheçam que aquilo é um TFP. Elas viajam muito no fascismo alemão e italiano dos anos 40, que é o fascismo que aparece no bang-bang depois da novela da Globo".

Além do TFP, muitos não reconheceram outra referência gráfica fundamental de *A Revolta dos Dândis*. A estrutura geométrica da capa do vinil, dividida em nove quadrados, é uma influência direta de *A Nice Pair*, coletânea dupla do Pink Floyd que reúne os dois primeiros discos da banda inglesa, *The Piper at the Gates of Dawn* e *A Saucerful of Secrets*. A mesma estrutura foi repetida no disco seguinte dos Engenheiros, *Ouça o que eu digo: não ouça ninguém*, e só não apareceu novamente em *Várias Variáveis*, que completa com estes uma trilogia com as cores da bandeira do RS, porque Gessinger não resistiu à "enxurrada de engrenagens que pintaram", conforme escreveu em seu blog em 10 de abril de 2012 – e também porque "se avizinhava a dominância do CD, cujo tamanho equivalia a um dos quadrados menores", explica no mesmo texto.

A Nice Pair também foi importante para Gessinger se dar conta da possibilidade de futebol e música caminharem juntos. A capa conta com uma imagem de um time de futebol composto por músicos e *roadies* do Pink Floyd.

– O mundo das FMs e das AMs parecia não se cruzar. Futebol não se relacionava com o rock. Quando vi aquela foto, me dei conta de que as duas coisas não precisavam ficar separadas – conta Gessinger.

Convite para jogadores gravarem spots de rádio convidando o público para show, apresentações com camisetas de clubes locais e participação no programa *Rockgol* (MTV) são algumas das provas de que a banda prezava o relacionamento com o futebol. Para alguns, o esporte parecia ser também a grande influência de Gessinger no palco.

– Humberto entrava no palco como um jogador entra em campo. Fazia o sinal da cruz e ia com tudo – lembra o *roadie* Nilson Batista.

Apesar de ter um projeto gráfico tão diferente de *Longe Demais das Capitais*, *A Revolta dos Dândis* tinha um forte elo com o trabalho anterior por meio das fotos que aparecem na capa, feitas no mesmo espaço onde foram registradas as imagens para o disco de estreia, em um sítio de Gravataí. Era praticamente uma banda nova, mas com forte vínculo com o espaço ao qual pertencia. Tanto é assim que, no encarte, o álbum é dedicado a Porto Alegre, "as reais e as imaginárias". Mas este seria também o disco que, mesmo quando parecia um fracasso, fez a banda sair do Rio Grande do Sul para se instalar definitivamente no centro do país.

HIGHWAY PRA CAUSAR IMPACTO

OS ENGENHEIROS NÃO ESTAVAM INDO MUITO BEM. O ANO ERA 1988, E O BRASIL SENTIA O REFLUXO DO PLANO CRUZADO, DEPOIS DE UM BREVE PERÍODO DE EUFORIA ECONÔMICA – QUE AJUDOU TAMBÉM A IMPULSIONAR AS VENDAS DE *LONGE DEMAIS DAS CAPITAIS*. ALÉM DOS TEMPOS BICUDOS, *A REVOLTA DOS DÂNDIS* TAMBÉM ENFRENTAVA UM CIRCUITO DE SHOWS NO QUAL O ROCK JÁ NÃO ERA NOVIDADE. HAVIAM SE PASSADO TRÊS ANOS DESDE O ROCK IN RIO, MARCO PARA A CRIAÇÃO DE UMA NOVA ONDA DE BANDAS NO PAÍS, QUE PASSARAM A SATURAR RÁDIOS E PALCOS. GUITARRAS ELÉTRICAS JÁ NÃO ERAM A BOLA DA VEZ.

O disco que os Engenheiros há pouco tinham lançado também demorou para cair no gosto do público. A gravadora escolheu *A Revolta dos Dândis I* como música de trabalho, mas o álbum só vai se popularizar tardiamente, na medida em que *Infinita Highway* vai sendo descoberta pelas rádios de todo o Brasil, transformando-se em um hit inquestionável, seguida de *Terra de Gigantes* e *Refrão de Bolero*.

A seu modo, a RCA tentou tirar maior proveito de *Infinita Highway*, que vinha demonstrando bom potencial, mas acabou se dando mal. Um remix da faixa foi distribuído em algumas rádios do país, sem autorização do trio gaúcho. Surpreso ao ouvir em alguma FM a versão, Carlos Maltz escreveu imediatamente um comunicado, postado para os principais veículos de imprensa do país. A revista *Bizz* o publicou na íntegra, sob o título de "Infinita Picaretagem".

Dizia a nota escrita por Maltz: "Mais do que ninguém, os Engenheiros do Hawaii ficaram surpresos ao escutar na rádio um mix (mais para caricatura), de uma música chamada *Infinita Highway*, que por acaso é de sua autoria. A 'reinterpretação' é fruto de uma certa política de 'facilitar' (leia-se vaselinar) as coisas para o ouvinte médio, que reina em alguns setores que controlam a música feita e/ou ouvida no Brasil". No mesmo texto, o baterista esclarece que os integrantes de sua banda "não participaram do tal 'remix' e que este chegou em suas mãos e foi vetado (pelo grupo)". Ao final do comunicado, Maltz ainda provoca a gravadora ao dizer que a música original tocava "súper bem (sem vaselina)" nas FMs do país, o que provaria que "os tais 'ouvintes médios' estão bem acima da média dos que planejam estratégias".

– Será que a banda era um produto do momento do rock brasileiro e do rock gaúcho, ou será que era uma banda de verdade, que tinha algo a dizer por si? Isso era algo vivido pelo grupo e por quem o contratava. Houve vários cancelamentos de shows. Mas a banda nunca tomou os caminhos desenhados pela gravadora. Eles seguiram como achavam que tinha que ser – diz o então produtor da banda, Eurico Salis.

O ano de 1988 começou com shows em baixa – apenas dois em janeiro, três em fevereiro e três em março, fora os cinco dias seguidos de lançamento de *Revolta...* no Teatro Ipanema, no Rio. Foi depois desse período que Eurico Salis decidiu sair da produção. O radialista Mauro Borba tentou a vaga, chegando a produzir um show em Porto Alegre, mas quem ficou com o posto foi sua mulher, Marta Peliçoli. Apesar de pouco experiente – só havia trabalhado com produção para o teatro gaúcho –, Marta começa a movimentar mais a banda, muito ajudada pela popularidade cada vez maior de *Infinita Highway*. No entanto, a virada definitiva só veio em julho – jogando sem ser favorito, e fora de casa.

No dia 16 de julho de 1988, um sábado, os Engenheiros do Hawaii fariam o show de abertura do Capital Inicial no festival Alternativa Nativa. Nas duas noites anteriores, a Legião Urbana fez a festa sozinha, do mesmo modo que os Paralamas do Sucesso, no quarto e último dia.

Com o Maracanãzinho lotado, Gessinger logo nas primeiras músicas surpreendeu a plateia de modo singular e inesquecível: caindo de cara no chão em um estrondoso tombo diante das 20 mil pessoas que o assistiam. Com o impacto da queda, uma cravelha de seu contrabaixo foi entortada, e um crucifixo que havia colado no instrumento também voou longe. Por incrível que pareça, não era mau agouro. O show foi um sucesso e demonstrou que o grupo podia ser comparado aos grandes nomes do rock nacional, sendo capaz de encher e encantar arenas.

A multidão diante de Gessinger, Licks e Maltz os surpreendeu cantando do início ao fim as letras da banda, mesmo as mais quilométricas.

– Foi um daqueles shows que mudam tudo. A gente não fazia ideia de que tanta gente conhecia nosso trabalho – conta o vocalista.

O fã Ariston "Sal" Junior, responsável pela posterior criação do fã-clube Além dos Outdoors, lembra da apresentação:

– Esse show teve alguma coisa mágica, especial. Não sei se foi o fato do Humberto ter levado um tombo no início da apresentação, deixando o público mais solidário a ele, unindo todo mundo, mas havia uma energia diferente.

Na segunda-feira seguinte, o *Jornal do Brasil* estampou na capa do seu Caderno B uma tremenda foto de Gessinger com seu Rickenbacker no palco do festival sob o título "Vitória dos Dândis". Na linha de apoio, o jornal afirmava: "Alternativa pacífica consagra Engenheiros" – o "pacífica" se referia à não confirmada expectativa de violência e confusão nos shows da Legião, pois no mês anterior, em

Brasília, houve quebra-quebra e centenas de feridos em um show da trupe de Renato Russo.

Na resenha, Arthur Dapieve e Rogério Durst avaliaram que "os demolidores Engenheiros ficaram longe, longe demais do Capital, o Inicial. Acima e além". Segundo o texto, Dinho Ouro Preto e seus companheiros "tentaram virar o jogo", mas "o público preferiu o talento ao capital". O destaque da noite teria sido Gessinger, que "se move no palco como um guitarrista, joga os cabelos sobre a cara como um veterano pop star e aferroa a libido das menininhas em flor com a voz maleável. Do macio ao invocado em questão de segundos".

O jornal *O Globo* também foi só elogios. Na mesma segunda-feira, publicou a resenha "Som sincero e contagiante", em que o jornalista Carlos Albuquerque afirmou que os integrantes do grupo gaúcho "são de uma articulação e uma lucidez impressionantes". O texto também destacou a maneira sólida como o trio construiu sua carreira, "distante das pressões e neuroses marketinianas tão características de Rio e São Paulo".

Público e jornalistas não foram os únicos impressionados pelo trio. Foi naquela noite que o escritório de produção Showbras e a banda começaram seu flerte, que em poucos meses se transformaria em uma aliança de quase 20 anos.

– Foi surpreendente. Eles já vinham com seu público, mas eu mesma só conhecia *Segurança*, que tocava na rádio porque era pop, não era rock. De repente, entraram aqueles três caras e abafaram. Ficou aquela coisa: "A galera gosta, então vamos colocar eles no *mainstream*" – lembra Mara Rabello, primeira produtora designada pela Showbras para trabalhar com o trio gaúcho.

Mara lembra do artigo "Vitória dos Dândis" como um momento de exceção no tratamento da imprensa em relação ao grupo:

– Muitos ignoravam o grupo, mesmo depois disso. A gente fazia show com o Canecão lotado, no Rio, mas o pessoal da imprensa e da música não ia, não gostava muito. Considero os Engenheiros como a primeira banda alternativa do Brasil. A gravadora trabalhava os discos, mas eles não estavam sempre em capa de revista e TV. Corriam por fora.

Apesar de não dar muito espaço para a banda, os impressos ainda não se mostravam tão desfavoráveis ao grupo como seriam no futuro, o que creditaria aos Engenheiros a fama – parcialmente verdadeira – de "odiados pela crítica, mas amados pelo público".

Na manhã que antecedia o show no Alternativa Nativa, o mesmo *Jornal do Brasil* que publicou o texto "Vitória dos Dândis", também dedicou a capa de seu Caderno B aos Engenheiros. Mais especificamente a Humberto Gessinger. Sob o título de "O Dândi Revoltado", o jornal ofereceu aos leitores um perfil do compositor, inclusive com falas de seus companheiros de banda sobre ele. Maltz afirmou que "nossa convivência pessoal é conturbada, mas ele é o grande cara da minha geração". Licks também elogiou, comparando o vocalista com Nei Lisboa, que acompanhava anteriormente: "Hoje com os Engenheiros, me identifico bem mais com as letras do Humberto do que com as do Nei. Ele também diz o que eu gostaria de dizer, de modo pessoal e perfeito. É a visão da nossa geração".

Por ocasião do lançamento de *A Revolta dos Dândis*, a *Folha de S. Paulo* deu apenas uma nota curta, na qual errou o nome do disco, porém elogiou: "*O Adeus dos Dândis* (*sic*) está melhor do que o outro (*Longe Demais das Capitais*) (...) Pelo menos uma música é sensacional, a faixa *Infinita Highway*", afirmou o texto de 25 de outubro de 1987.

Futuramente, em 18 de maio de 1988, o jornal publicaria uma entrevista de meia página com o grupo, por ocasião de uma temporada de shows no Aeroanta, na qual erraria novamente o título do disco, afirmando que o álbum "leva o nome da banda".

Já n'*O Globo*, nos meses após o lançamento de *A Revolta dos Dândis*, os Engenheiros tiveram ainda menor destaque, mas também de maneira positiva. Em uma matéria feita por ocasião de um show coletivo do selo Plug, publicada em 2 de novembro de 1987, o texto afirma que o trio era "daquelas bandas que mesmo gravando numa grande companhia, continua com o status de cult band".

Na *Bizz*, que futuramente ficaria conhecida por malhar os discos do trio sem piedade, o álbum foi recebido com uma resenha animadora de dois parágrafos. O jornalista Marcel Plasse identificou no grupo referências como Jovem Guarda, MPG, Piazzolla, U2 e The Smiths, criando um disco "ao mesmo tempo rico e pop para as pistas de dança". "O apelo pop", segundo ele, "é o chantilly que disfarça o gosto amargo das letras de Humberto Gessinger". A mesma revista também publicou uma entrevista de quatro páginas com Gessinger, Licks e Maltz a respeito de *A Revolta dos Dândis*.

Generosa também foi a imprensa gaúcha, que dedicou capas de suplementos culturais ao grupo, além de ter publicado longas entrevistas com o trio. O grupo arrebatava elogios e críticas nos jornais locais por onde passava.

Tudo isso, bem como a execução massiva de *Infinita Highway* e a presença dos Engenheiros em rádio e televisão, fez com que um grande número de interessados em música se aproximasse da banda. Principalmente adolescentes. No artigo "Vitória dos Dândis", o texto chama atenção para o fato de que o público para os shows de Engenheiros do Hawaii e Capital Inicial era sensivelmente mais jovem que o das noites anteriores de Alternativa Nativa, que tinham Legião Urbana como atração. "Teve jeitão de matinê – a faixa etária parecia roçar os 15 anos", diz o texto a respeito da noite.

Era um público que surpreendeu os próprios Engenheiros do Hawaii pela sua existência. E que seguiria surpreendendo a todos por sua amplitude e devoção. Tão tímidos quanto os integrantes do grupo, seus fãs se multiplicavam Brasil adentro, mergulhando nas letras de Gessinger e as tomando para si, cantando alto do início ao fim de cada show. Era uma devoção cotidianamente fiel e silenciosa, mas numerosa e barulhenta nos shows, como foi possível perceber naquele Maracanãzinho lotado para o Alternativa Nativa. Em breve, seria difícil atender a essa legião crescente de admiradores a partir do Rio Grande do Sul, e o trio precisaria dar adeus à cidade natal.

Em março de 1989, cerca de três meses depois que Mara Rabello assumiu a produção dos Engenheiros do Hawaii, a banda aceitou a proposta de fazer três shows no Dama Xoc, casa de São Paulo hoje extinta. De grandes dimensões, o espaço era palco de grupos com inquestionável presença no primeiro time do rock brasileiro, como Legião Urbana e Barão Vermelho – que inclusive gravou ali um disco em junho do mesmo ano. Poderia ser um fracasso de público, mas não custaria tentar. Foi um sucesso absoluto.

– Quando vi a casa lotada, não acreditei! Falei: "Ué, precisamos reavaliar tudo!". Saímos refazendo todos os negócios. O escritório percebeu que a banda tinha potencial, mas não era esperado que já tivesse um público tão fiel – conta Mara.

A partir de 1989, os Engenheiros começam a viajar pelo país todo, saindo revigorados e ainda mais fortes da maré baixa que o rock viveu pós-boom de 1986. Por todo o Brasil, lotavam ginásios e outros espaços em apresentações para públicos que iam de 3 a 5 mil pessoas. No palco, estavam músicas de um novo disco, cujo título negava – e ao mesmo tempo estimulava – tamanha atenção dos ouvintes: *Ouça o que eu digo: não ouça ninguém*.

RELATO SOBRE COMO DEIXAR SEUS ÍDOLOS PREOCUPADOS

Carioca, eu era adolescente no *boom* do rock nacional, com aquelas bandas maravilhosas que apareceram nos anos 1980. Com 11 anos, eu era fanático pela Blitz, tanto é que meu apelido é Sal por conta do personagem do Evandro Mesquita em uma novela, o Saldanha. Aí a Blitz acabou, fiquei meio órfão, mas também gostava pra cacete de Lulu Santos, Paralamas... Em 1985, teve uma segunda leva de bandas, acho que foi a fase mais áurea do Brock. Foi por essa época que saiu *Cabeça Dinossauro*, dos Titãs, *Revoluções por Minuto*, do RPM, o primeiro disco do Capital Inicial, o primeiro dos Engenheiros. Naquele ano, a indústria musical estava voltada para o rock jovem, pois foi o ano do Rock in Rio e tudo mais.

Curti pra caramba os Engenheiros quando pintou na rádio *Sopa de Letrinhas*, *Toda Forma de Poder* e *Segurança*. Aí ganhei um disco em um sorteio da rádio Transamérica, mas não me apaixonei de cara. Passaram alguns meses até eu pegar o disco para ouvir. Um amigo me pediu emprestado, e ele me chamou a atenção: "Cara, já ouviu aquela música *Sweet Begônia*? Leva uma batida do The Police e não sei mais o quê...". Quando sentei para escutar o disco faixa a faixa, aí adorei. Me senti muito identificado com as letras do Humberto.

Em 1987, saiu *A Revolta dos Dândis*. Fui um dos primeiros do Rio de Janeiro a ouvir o disco, porque tinha um amigo mais velho que trabalhava na Rádio

Cidade e, antes do disco chegar às lojas, ele recebeu o álbum na rádio. Adorei as músicas e não via a hora daquilo tocar no rádio!

Depois que as rádios começaram a tocar, teve o show de lançamento no Rio de Janeiro, no Teatro Ipanema. Eu morava um pouco longe do teatro, mas peguei um ônibus e fui com os amigos. Teatro Ipanema, cadeiras, todo mundo sentadinho... Para um show de rock, não era lá muito empolgante, mas é legal porque você presta mais atenção no som e tal. Lembro que a quarta música do setlist era *A Revolta dos Dândis II*. Eu estava na segunda fila da plateia e tirei minha gaita do bolso e comecei a tocar, numa boa, curtindo o show. Aí o Humberto olhou para mim e fez um sinal com a cabeça, do tipo "sobe no palco". Não entendi à primeira vista, mas continuei tocando, e ele fez de novo. Porra, *brother*, ali realizei um dos grandes sonhos da minha vida, que era subir no palco com uma banda. A primeira vez que subi no palco com um grupo foi com os Engenheiros do Hawaii (*risos*).

Toquei *Revolta... II* com ele, fiz lá os solinhos de gaita. Tocava uma gaita bem mambembe, não que eu tenha evoluído muito (*risos*), mas foi massa. Daí curti o show com mais tesão ainda. Quando terminou, fui para o camarim. Eles me receberam com o maior carinho, todos os três. Isso foi na quinta-feira, e a temporada ia de quarta a domingo. Aí eles falaram "cê vem aí amanhã?", respondi que não, que estava meio quebrado. Me disseram para voltar como convidado: "é só chamar a gente que tu entra". Voltei na sexta; no sábado, quando gravaram um especial para a TV Cultura, com participação do Serginho Serra, que tocava no Ultraje a Rigor, e do Dé, que era baixista do Barão Vermelho na época; e no domingo, quando toquei gaita com eles de novo.

Nesse show, conheci dois garotos que também eram fanáticos pelos Engenheiros, e são meus amigos até hoje - isso também é muito legal da banda: meus melhores amigos se deram por meio dos Engenheiros do Hawaii. Esse dois amigos moravam em Copacabana, eram da Zona Sul. Eu era da Zona Norte. A gente fez amizade, começamos a nos falar e a ir a shows no Rio de Janeiro, no Circo Voador, Canecão, e tudo mais. Quando tinha show dos Engenheiros, a gente também ia junto.

O meu pai é funcionário público aposentado. Ele não estimulava ir aos shows, mas entendia, curtia. Comecei a trabalhar cedo, com 16 e 17 anos, e, como vivia com ele, minha grana era pra comprar discos e ir às apresentações. Devo muito da pessoa que sou hoje, com 45 anos, à música. Sempre fui uma criança muito tímida. Quando descobri o rock, encontrei uma nova possibilidade de ver o mundo e de me manifestar, tanto é que tive várias bandas. Não deixei de ser tímido, mas sou um tímido mais ousado. Foi a música que me possibilitou isso. Quando eu não conseguia me expressar, havia músicas que conseguiam expressar o que eu queria dizer. Minha geração era muito rica nisso.

Naquele ano de 1988, também teve o Alternativa Nativa, no Maracanãzinho. Foi alucinante. Eles abriram, teoricamente, para o Capital Inicial, mas arrebataram a noite, mesmo com o tombo do Humberto. Ali vi o momento da virada dos Engenheiros do Hawaii.

Naquele momento, deu para falar: "Porra, eles vão ser grandes".

Eu estava então com 16 ou 17 anos. Falei para a gente montar um fã-clube, mas a galera não deu muita bola. Na mesma semana, saiu uma *Bizz* falando sobre os Engenheiros, com o Humberto dando uma declaração de que a banda não tinha fã-clube. Aí, eu e esses dois amigos, Roberto Urman e Egon Aszmann Junior, combinamos e fizemos. Acho que eu tinha 17 anos, e eles, 16. Fizemos carteirinhas, cobramos 50 centavos de quem quisesse se associar, e enviamos uma propaganda do nosso fã-clube para uma sessão de cartas de leitores da *Bizz*. Embora costumem falar que a gente é o primeiro fã-clube dos Engenheiros do Brasil, já me contestaram dizendo que havia um fã-clube antes em Porto Alegre, mas ao menos foi o primeiro fã-clube que saiu na *Bizz*.

Mas tudo foi muito anárquico. Esse primeiro momento, de fazer carteirinhas e tudo mais, não durou um ano. O barato da gente era ir aos shows, conhecer uma galera que também curtia a banda, fazer amizade e zoar junto. Coisa de moleque.

O fã-clube perdurou forte até 1991 ou 1992, depois disso a gente meio que abandonou de fato. O último encontro desse grupo inicial do fã-clube foi na gravação do *Filmes de Guerra, Canções de Amor*, na sala Cecília Meireles. Depois disso, um amigo nosso meio que assumiu a organização.

Sem nenhuma modéstia, digo que esse era o fã-clube que estava mais na cabeça da banda e dos empresários. Quando alguém ligava para a Showbras para perguntar endereço de fã-clube, davam o nosso, que era da casa do Egon, em Copacabana. Isso nos enchia de orgulho.

Na turnê de lançamento de *Alívio Imediato*, no Canecão, em dois finais de semana, o empresário da banda me recebeu no camarim e disse: "Sal, fica aqui na porta e bota só quem é do fã-clube". Cara, isso me dava a maior moral (*risos*). Ficava o segurança barrando todo mundo, e eu deixando passar meus amigos.

Em todos os shows dos Engenheiros que fui desde aquele em que toquei gaita com eles no Teatro Ipanema, a gente ia para o camarim. Não era muita gente, geralmente entrava eu, o Egon e mais duas ou três meninas. A gente tinha noção que podia incomodar, que os caras estavam cansados, nem sempre estavam com disposição para receber a galera. Por causa dessa sensibilidade, tinha uma confiança.

Com isso, a gente começou a ir para todo lugar. Tinha show em São Paulo, Minas Gerais e outros estados, e a gente sempre ia. Não eram tempos de internet, então o que a gente conseguia organizar era isso. "Vai ter show dos Engenheiros no Canecão!". A gente juntava uma galera, fazia faixa e ia. Tanto é que se tu pegar o LP *Alívio Imediato*, tem três ou quatro fotos no encarte com a nossa faixa.

Quando os Engenheiros iam se apresentar no Faustão, a gente também chamava uma turma e ia junto. Agitávamos muito os shows. Pode acreditar, se eu falar isso para qualquer outra pessoa pode soar meio arrogante, mas no *Alívio Imediato*, todas as palmas que têm ali em *Toda Forma de Poder* e outras faixas, que são uma coisa meio sincronizada, a gente vinha treinando para sair no disco. Os Engenheiros ensaiavam em um estúdio em Botafogo, chamado Retoque. Não sei se existe ainda, era na São Clemente. Virava e mexia a gente ia assistir algum ensaio deles, aí sabia como seriam os shows e passava para os outros amigos.

Devem ter passado pelo fã-clube um número aproximado de 130 ou 140 pessoas no Rio de Janeiro. Mas também havia uma troca muito grande com o pessoal de outras cidades. Quando a gente ia para Juiz de Fora, por exemplo, o pessoal descobria que a gente era do Além dos Outdoors e nos transformava na segunda atração da noite (*risos*). Isso era gostoso pra cacete para um garoto de 19 ou 20 anos. A gente ia a São Paulo, e os fãs de lá seguiam a gente, depois pintaram ali outros fã-clubes e sempre rolava essa troca. Sempre tinha esse carinho, não era uma disputa, pelo menos eu nunca me senti disputando com ninguém quem era o maior ou qual participava mais.

O Augustinho tinha muito carinho pela gente. Lembro que, da primeira vez que a gente foi para São Paulo, éramos ainda menores de idade, e, como tudo é avacalhado no Rio, a gente foi sem autorização dos pais. Pegamos o busão e fomos para o Dama Xoc ver o show dos Engenheiros. Fomos eu, Egon e a Carla, uma amiga nossa. A gente chegou lá e não conhecia nada, não sabia nem onde era o Dama Xoc, mas marcamos com dois integrantes do fã-clube, os primeiros associados paulistanos. Eles nos pegaram na rodoviária e seguimos direto para Pinheiros, onde era localizado o Dama. Chegando lá, encontramos um dos *roadies*, que ficou supercontente em nos ver. Falei: "Cara, a gente veio só com o dinheiro da passagem, vamos dormir na rodoviária para ir embora, tem como nos descolar uns ingressos?". Ele falou que era tranquilo, e eu pedi para ele não contar para a banda que a gente estava ali. A gente queria fazer uma surpresa. Era a primeira vez que a gente saía do Rio para ver eles tocando.

Começou o show, passou uma, duas músicas, e nada do Humberto notar a gente. Já estávamos putos, mas aí, lá pela terceira ou quarta música, que era *Além dos Outdoors*, ele parou, olhou para nós e falou: "Essa música que a gente vai tocar agora é para nosso fã-clube do Rio de Janeiro, é *Além dos Outdoors*, e o fã-clube também se chama Além dos Outdoors". Caraca, a gente explodiu em alegria!

Quando acabou o show, fomos ao camarim. Lembro da expressão do rosto do Augusto Licks como se fosse hoje. Ele olhou para a gente muito preocupado, meio que como um paizão. "Vocês estão bem?". Aí eu expliquei para ele que estava tudo ok. "Vocês têm certeza? Está tudo bem mesmo?", superpreocupado porque a gente tinha viajado para vê-los. Depois entrou o Humberto também, e o Carlos, e foi a mesma coisa. Foi o melhor camarim da minha vida. Comi muito. Tinha espumante, patê de *foie gras*, vinhos, canapés. Eu era o terror dos camarins, entrava e zoava geral. Moleque.

Cheguei a tocar quatro vezes com os Engenheiros, duas no Rio e duas em Niterói. Na primeira noite em Niterói, toquei na última música, que era *A Revolta dos Dândis*, que tinha uma entrada incidental de *A walk on the wild side*, do Lou Reed. Quando acabou, fui para o camarim com o grupo, a casa estava lotada e entrou muito em sintonia com a banda, aí comecei a ouvir aquele "mais um, mais um", com os músicos. Aquilo foi crescendo. Virei pro Humberto e disse: "E aí, não vai voltar para mais um?". Ele riu e falou assim: "Vai lá no palco, sola *Revolta...* na gaita e chama a gente". "O quê?", respondi espantado. Ele repetiu, e eu fui.

Cheguei ao palco tremendo mais que bambu em ventania, pois eu ainda não tinha experiência de tocar em banda. Toquei a introdução de *Revolta...* na gaita e falei: "Galera, eu quero chamar para o bis os meus amigos, os Engenheiros do Hawaii!". Humberto entrou terminando de comer um cacho de uvas, tocando uva em mim e na plateia. Ele me apresentou como o quarto engenheiro. Fiquei todo feliz. Na volta ao camarim, uma galera começou a entrar para pegar autógrafos, inclusive famílias com filhos pequenos. Te juro, *brother*, eles pegavam autógrafo com o Humberto, com o Carlos, comigo e com o Augusto, nessa ordem (*risos*). Nunca dei tanto autógrafo e tirei tanta foto na minha vida.

Na hora de ir embora, peguei uma carona no ônibus deles para voltar ao Rio. Passamos correndo pelo cordão de segurança, porque tinha uma porrada de fã do lado de fora, querendo tocar na gente. Sentei no ônibus, me sentindo um *pop star*. Todo mundo batendo na janela do ônibus, dando tchauzinho, tentando pegar na minha mão. Pensei: "Caralho, não estou vivendo isso". Eu era um adolescente.

Ariston "Sal" Junior, jornalista

ATRÁS DO HORIZONTE

OUÇA O QUE EU DIGO: NÃO OUÇA NINGUÉM TEM A MESMA FORMAÇÃO, FOI GRAVADO NO MESMO ESTÚDIO E TEM O MESMO FORMATO DO ANTERIOR *A REVOLTA DOS DÂNDIS*. UMA COMPARAÇÃO ENTRE OS DOIS ÁLBUNS DEIXA APARENTE O DESEJO DE DEMONSTRAR CONTINUIDADE NO TRABALHO DA BANDA. MAS O TERCEIRO DISCO DOS ENGENHEIROS DO HAWAII TAMBÉM EXPÕE ROMPIMENTOS COM A TRAJETÓRIA QUE VINHA SENDO CONSTRUÍDA, FLAGRANDO O TRIO EM UM MOMENTO DE TRANSIÇÃO.

Uma mudança importante fica bem clara na ficha técnica: ao invés de Reinaldo Barriga, quem esteve na produção foi Luiz Carlos Maluly – o mesmo que teve que sair no meio do projeto *Rock Grande do Sul*, catapultado pelo sucesso do trabalho que havia feito com o RPM. Além disso, teclados e recursos de som incidentais, como tiros, sirene e vozes começam a dar as caras, elementos que ficarão cada vez mais presentes nos próximos discos.

A possibilidade de trabalhar com um produtor de grande status e a adoção, ainda que tímida, de mais recursos tecnológicos demonstra que os Engenheiros estavam perdendo o medo e começavam a usufruir com mais tranquilidade dos recursos dispostos pela gravadora. Depois de acabadas as gravações, o grupo passou a morar no Rio, e finalmente encarou os estúdios cariocas de gravação, justamente aqueles que tentava evitar com receio de que a proximidade com a sede da empresa possibilitasse ingerência da direção sobre as gravações. Pairava a lenda de que alguns produtores até mesmo mandavam as bandas saírem e gravavam eles mesmos os instrumentos como queriam. Marcelo Sussekind, o primeiro a gravar com o grupo no Rio, lembra que a desconfiança pode ter acontecido em relação a ele:

– Lembro que uma vez o Humberto gravou um baixo e voltou no outro dia para ouvir. Ele me olhou e disse: "Pô, ficou bom mesmo esse baixo, nem parece eu tocando". Respondi: "É claro que é tu, porra. Vivo te falando que tu toca pra caralho!". De repente, ele estava desconfiado que alguém tinha gravado para ele – ri o produtor, ao lembrar.

Outra mudança importante foi no método de trabalho. Mesmo em intensa rotina de shows, Humberto Gessinger passou a gravar sozinho todas as demos dos discos – inclusive com bateria. A criação coletiva de arranjos, muito presente em *A Revolta dos Dândis*, começou a ficar cada vez mais reduzida.

– Depois do *Revolta*..., o Humberto começou a direcionar o Augusto para ser um guitarrista de trio, com uma guitarra mais pesada e tal. Ele (*Humberto*) é obsessivo-compulsivo, e passou a chegar com tudo pronto. Vinha com uma fita com as demos, com a ideia toda de como tinham que ser os arranjos, as roupas da gente, tudo – recorda Maltz. – É claro que ele tem uma genialidade nisso. O Humberto é, sem dúvida, uma enciclopédia de sabedoria pop. Mas, para mim, o *Revolta*... é bom justamente porque não tivemos esse controle. Aquilo foi a coisa mais original que a gente fez.

Talvez por esse controle, que minimiza imprevistos, ou por conta da experiência que os rapazes já haviam adquirido, que minimiza dificuldades, *Ouça o que eu digo: não ouça ninguém* e os discos posteriores não ativam tantas lembranças de estúdio na memória de seus envolvidos.

– Só lembro que foi muito tranquilo gravar com os Engenheiros. Não teve percalços. E a gente guarda na memória geralmente o que dá problema – diz Maluly.

Tal como para Gessinger, uma recordação viva do produtor era o clima bem-humorado das gravações, que ficou registrado no início da primeira canção do disco. Eles começaram a gravar frases aleatórias para usar como cochichos no início e no final da faixa-título. De repente, Maluly começou a falar um monte de palavrões em relação a um funcionário da gravadora pelo qual nenhum dos presentes sentia muito apreço.

– Quando Humberto ouviu, caiu na gargalhada. Acabamos usando no disco.

Em um texto divulgado em Blogessinger, o líder do grupo conta que foi marcante também a perda de uma das músicas que nele deveria estar. *Palitos de Fósforo* seria o nome da faixa, título que remete muito a essa fase camicase da carreira do grupo, na qual a luz era intensa, mas estava sempre sob a ameaça de ser breve.

Como Gessinger e Carlos costumavam gravar as bases juntos, sem metrônomo, acabaram se empolgando e correndo com o andamento da faixa. Na hora de gravar os vocais, era preciso correr também com as palavras, inviabilizando a gravação. "Em alguma caixa de um depósito deve haver uma música incompleta, cantada pela metade", escreveu Gessinger.

Ouça o que eu digo: não ouça ninguém quebrou de vez o silêncio da imprensa nacional sobre os Engenheiros do Hawaii. Aqueles gaúchos que afirmavam ter carreira suicida já tinham vida relativamente longa no fugaz mundo da música: chegavam ao terceiro disco, lotando estádios por todo o país. Além disso, estavam prestes a se mudar para o Rio, assumindo de uma vez por todas o status de banda nacional. Já não era mais possível receber seus discos com silêncio, notinhas tímidas ou entrevistas na véspera de shows. Foi neste momento que as críticas mais duras começaram a aparecer. Em 14 de dezembro de 1988, uma crítica da *Folha de S. Paulo* – a mesma que já havia errado duas vezes o título de *A Revolta dos Dândis* – começou com a frase "Os Engenheiros do Hawaii continuam sendo o grupo que todos – em especial, os gaúchos – adoram odiar". Entre os desafetos citados, estão DeFalla e TNT, dos quais o crítico pergunta a opinião do grupo, que não fez média: "não falamos inglês", afirmaram sobre os primeiros; e "superlegal para menores de 12 anos, como a Xuxa", disseram dos segundos. Assinada por André Forastieri, a resenha conceitua o disco como mais uma experiência de "existencialismo juvenil" e afirma que a capa de *Ouça...* repete o formato de *Revolta...*, algo assumido pela banda com "descaramento característico".

Mais direta foi a crítica da revista *Bizz*, que chegou a pedir o suicídio ritual dos Engenheiros. Para o crítico Arthur Couto Duarte, o disco mergulhou "de cabeça na redundância", desde "o 'remake' da arte usada na capa de *A Revolta dos Dândis* até as citações aparentemente *blasés* de suas próprias composições". Na resenha, o trio é acusado de "pilhar" Clube da Esquina, Roberto Carlos e Pink Floyd. "Em tempos adversos, o harakiri ritual chegou a ser aventado pela banda. Agora, com o time ganhando, é hora de recolocar a questão", conclui o texto.

Mas nem só pedradas recebeu o terceiro disco do grupo. Em 12 de dezembro, *O Globo* publicou a resenha "Que o Hawaii seja aqui", na qual o jornalista Carlos Albuquerque comparava a banda com um fusquinha: não era "envenenada" ou "cheio de luzinhas", mas "confiável e segura", capaz de "ir longe". A comparação apontava que não se deveria cobrar "mod(ern)ismos" da banda, pois seria o mesmo que colocar o capô de um Mercedes-Benz num carro popular, ou seja, ficaria "feio e descombinado". Era explorando suas limitações que a banda seguia seu caminho.

Mais efusiva era a gaúcha *Zero Hora*, que parecia comemorar cada passo que os porto-alegrenses davam nas grandes capitais. "Engenheiros do Hawaii: o terceiro e o melhor" era o título da resenha de 27 de janeiro de 1989. Segundo o texto, sem assinatura, "agora sim a banda demonstra com firmeza não ser apenas mais uma entre tantos acidentes do rock brasileiro. O disco é definido, o grupo tem personalidade. Mas, saudavelmente, não parece muito preocupado com isso".

O que mais impressiona entre as críticas relacionadas a *Ouça o que eu digo: não ouça ninguém* não é nenhuma frase ou adjetivo, e sim uma ausência. Pelo menos entre os textos publicados nos grandes veículos de imprensa encontrados por este biógrafo, nenhum cita as referências nazistas da capa deste álbum. O fundo vermelho, as letras góticas e os símbolos negros e dourados talvez fossem munição ideal para quem já vinha tentando rotular o grupo como direitista. É claro que Carlos Maltz, o baterista de ascendência judaica que desenhou a peça, não sentia qualquer identificação com o III Reich. A intenção era, mais uma vez, tomar para si clichês e subvertê-los: ao invés de uma suástica, é o símbolo hippie, representante da paz e do amor, que figura no centro desta capa/bandeira. Dessa mistura, podem surgir diversas interpretações, como a ideia de que mesmo um conceito bem-intencionado e libertário, como o movimento hippie, pode se tornar totalitário quando levado a sério. Porém, nem todo mundo teria inteligência ou boa vontade para chegar a esta conclusão, o que nos leva a crer que os Engenheiros tiveram sorte em não serem alvo de polêmica por má interpretação.

Airton Seligman, o jornalista que esteve presente no primeiro ensaio da banda, foi um dos poucos que alertou para este risco. Depois de muito tempo sem encontrar o amigo Carlos Maltz, ele teria ficado assustado ao ver o show baseado no disco.

– Lembro que o Airton foi falar comigo depois do show e perguntou se eu não tinha medo de que aquela multidão carregando símbolos de engrenagens e cantando as letras do início ao fim não poderia descambar para algo nazista. Respondi que era assim mesmo. Ele arregalou os olhos. Nessa fase, a gente era uns abobados, meio perversos, mas ao mesmo tempo tudo era muito engraçado, politicamente incorreto ao extremo – diz Maltz.

Seligman não recorda deste encontro, mas afirma que o julgamento faz sentido:

– Era uma coisa claramente inspirada no filme *The Wall*, aquela multidão seguindo um ídolo que vai se afastando cada vez mais da realidade. Mas, em vez de fazer a crítica que tem que ser feita a esse tipo de coisa, eles brincavam com isso.

A adoração dos fãs à banda não impressionou somente Seligman, mas a todos os que passaram a trabalhar com o grupo. Laurinda Sampaio Alencar, a Lau, começou a produzir o grupo pouco antes do lançamento de *O papa é pop*. Depois de ter atuado com bandas como Paralamas do Sucesso, Titãs, Sepultura, entre outras, ela aponta que os fãs de Engenheiros eram singulares:

– Era uma coisa quase religiosa. Eles cantavam do início ao fim todas as músicas, inclusive as mais "lado b". Carregavam engrenagens nas roupas, tinham essa coisa de serem identificados pelo visual, muito parecido com os fãs de metal. E eram pessoas muito tranquilas, educadas, amáveis... Eles tornavam ainda mais fácil trabalhar com os Engenheiros.

A capa de *Ouça o que eu digo...* é também icônica por outros motivos. É o primeiro disco em que Augustinho Licks aparece trajado como ficou conhecido: com a camisa abotoada até o pescoço, gel nos cabelos e inseparáveis óculos, lembrando o visual elegantemente *yuppie* de Robert Fripp. Pouco lembrava aquele despojado músico que nas fotos de divulgação de *A Revolta dos Dândis* sustentava uma grossa camisa completamente desabotoada sobre uma discreta camiseta e no rosto ostentava uma esvoaçante franjinha. Em imagens de bastidores, Licks aparece ainda mais hippie do que *yuppie*, com suas humildes sandálias de couro.

– Quando o Augustinho topou entrar na banda, ele veio do Rio e fui pegá-lo no aeroporto. Me disse que tudo bem, que iria tocar com a gente, mas não queria se fantasiar. Com o tempo, foi quem, de nós três, mais conseguiu assumir um visual. Foi muito estimulado por mim, no princípio, mas depois senti que ele curtiu isso. Acho essa transformação muito bonita – conta Gessinger.

"Outro dia vi uma foto minha fazendo a primeira comunhão. Percebi que estava vestido exatamente como nos shows, meu cabelo também estava todo para trás. É a roupa de ir à missa aos domingos, e um show é uma missa", afirmou Licks na revista *Bizz* de outubro de 1990.

Quem ficava responsável por buscar os óculos de Licks, feitos sob encomenda em Porto Alegre, em eventuais trocas, era o irmão Afonso Roberto, o Beto.

– Depois de entrar na banda, Augusto continuou sendo o mesmo cara simples de sempre. Seu único cuidado maior era em manter sempre o mesmo modelo de óculos – avalia Beto.

No ensaio da capa, Gessinger e Maltz aparecem com camisas fora de moda, peças da década de 1970 que o sogro do líder da banda estava separando para jogar fora. "Se fôssemos camisas, eu diria: 'a vida é assim, num dia estamos no lixo; no outro, em capas de disco'", brinca o compositor ao lembrar da história em seu blog, em 10 de abril de 2012.

Gessinger seguirá usando ao longo de 1989 um visual setentista, com coletinhos e calças com símbolos hippie estampados, mas gradualmente fica cada vez mais parecido com um esportista, com suas camisas de jogador de futebol e munhequeiras de tenista. Maltz seguiu com suas camisetas despojadas, sem camisa, e a vasta cabeleira crespa, que lhe valeu o apelido de Capitão Caverna entre a equipe.

Além de registrar o visual dos rapazes, a capa do álbum também aponta que estava na hora de se tornar uma banda nacional. O fundo das fotografias do trio já não tem mais a paisagem bucólica da zona rural de Gravataí, e sim o mapa do Brasil.

A mudança do Sul para uma área mais abrangente não é apenas simbólica. O trio estava mesmo indo de mala e cuia para uma das principais capitais do país, o Rio. Lá ficavam a Showbras, escritório que empresariava os rapazes, e a sede da BMG, gravadora que comprou a RCA e que, consequentemente, assumiu o contrato com os Engenheiros do Hawaii.

Até então, a banda fazia questão de afirmar em entrevistas que não tinha interesse em sair do Rio Grande do Sul. Acabaram mordendo a língua. O discurso de que pouco fazia diferença onde estavam morando passou a ser uma constante nas entrevistas com a imprensa, mas a saída de Porto Alegre marca de fato uma transformação para o grupo. Para pior. Pelo menos foi assim para um de seus fundadores.

O PREÇO DA PUREZA

– **ATÉ *ALÍVIO IMEDIATO* A BANDA** ERA UMA COISA, DEPOIS... – SUSPIRA CARLOS MALTZ, ENQUANTO TOMAMOS UM CAFÉ NA PRAÇA DA ALFÂNDEGA, APÓS A SESSÃO DE AUTÓGRAFOS DE *O ÚLTIMO REI DO ROCK*, EM NOVEMBRO DE 2015. – NEM CONSIGO OUVIR OS DISCOS QUE VÊM DEPOIS DO *ALÍVIO IMEDIATO*. TUDO MUDOU. AÍ (*A FAMA*) SUBIU PRA CABEÇA, A GENTE COMEÇOU A SE ACHAR. CHEGOU UMA HORA EM QUE A GENTE PERDEU NOSSA INGENUIDADE INICIAL. NOS DEMOS CONTA DE QUE ÉRAMOS GRANDES, IMPORTANTES, FOMOS PARA O RIO, A SHOWBRAS ENTROU NA PARADA... PERDEMOS A LEVEZA DE ANTES.

Os Engenheiros do Hawaii passavam de fato por um amadurecimento. Não apenas profissional, mas também pessoal. Foi pelo final de 1988 que o baterista Carlos Maltz desatou o primeiro casamento e começou o namoro com Marta Peliçoli, então produtora do grupo. Pouco tempo depois, ambos viverão juntos no Rio, em uma relação que se estendeu por cerca de dez anos.

Foi também pouco antes da ida para o Rio que Humberto Gessinger conquistou de vez o coração daquela que foi sua musa desde o colégio. Ainda em tempos de Anchieta, Adriane Sesti era a dona dos olhares do futuro músico, apesar de ele tentar não demonstrar isso aos amigos, como lembra o ex-colega Nestor Forster:

– O Beto desconversava. Houve um momento em que todos tivemos uma paixão platônica pela Adriane, que o Beto então chamava de Alemoa.

Por coincidência, Gessinger e Adriane foram parar na Arquitetura da UFRGS depois do Anchieta. Na universidade, o jovem venceu a timidez e fez suas primeiras investidas. O casamento foi formalizado antes da ida do músico para o Rio. A união segue até hoje, e gerou a filha Clara, em 1992.

Indo com as famílias para a capital fluminense, vinculados a um escritório de produção e a uma equipe cada vez mais profissional, o discurso de que os Engenheiros do Hawaii eram uma banda suicida, prestes a acabar a qualquer instante, já não fazia mais sentido. A ingenuidade inaugural fora perdida, como percebeu Carlos Maltz, e o grupo precisou encontrar novos significados e posturas para sua trajetória, tornando-se cada vez mais autorreferente, sem jamais deixar o espírito crítico sobre si mesmo e o contexto no qual está inserido, como é possível perceber no próximo álbum de estúdio, *O papa é pop*. A imprensa logo cobrou uma explicação da banda, que costumava desdenhar em entrevistas os convites para ir morar no centro do país. "As pessoas têm razão em cobrar da gente e até fico de cara com quem não cobra (*uma explicação*)", disse Gessinger, em entrevista para o jornalista Juarez Fonseca, em matéria publicada em 28 de maio de 1989. E o líder do grupo tentava explicar: "Não somos ligados a nenhuma panelinha, não representamos o som que se faz no Rio Grande do Sul. Em todo lugar que a gente ia, vinha aquela manchete de 'o rock de bombachas'. E não queríamos segurar essa bandeira, ser 'a' banda do Rio Grande do Sul, pois existem muitas outras bandas aqui". Gessinger também se queixa da imprensa gaúcha: "Nosso trabalho estava sendo menosprezado em Porto Alegre, a mídia estava dando pouco valor a ele. Tanto é que lá fora davam mais valor".

A banda também defendia que, por mais contraditório que parecesse, a mudança de cidade "botou uma lente de aumento na Porto Alegre que havia dentro da gente", já que estar em um novo espaço acentuava as singularidades de seu lugar de origem. Disse Gessinger, na mesma entrevista a Juarez Fonseca: "Lá (no Rio), ficamos muito mais porto-alegrenses. Porque uma coisa é tu seres branco aqui (Porto Alegre), tomar chimarrão aqui. Já ser branco no Rio, tomar chimarrão no Rio, é uma coisa muito maior, entende? (...) A gente nem tem tido tempo de virar carioca, está sempre viajando". E estavam mesmo. A agenda de shows era cada vez mais intensa. A constante presença do trio em apresentações fez Augustinho Licks se integrar inteiramente ao grupo – pelo menos no palco. Algumas destas apresentações foram históricas: no ano de 1989, o grupo se transformou na primeira banda de rock do Rio Grande do Sul a lotar sozinha o Gigantinho – façanha que conseguiu cumprir mais duas vezes nos anos seguintes –, um dos maiores palcos da capital gaúcha; gravou o primeiro disco ao vivo, *Alívio Imediato*; e fez sua primeira excursão para fora do país, na URSS.

Quando subiram ao palco do Gigantinho, em 20 de maio de 1989, os Engenheiros do Hawaii já estavam munidos dos contrabaixos e guitarras Steinberger sem mão que seguiram ostentando até a saída de Licks. Inspirado pela banda americana ZZ Top e por antigas duplas sertanejas brasileiras, Gessinger convenceu o guitarrista para que ambos comprassem instrumentos semelhantes, mantendo uma curiosa unidade no palco.

– Os Steinberger são a materialização da transição (*de Licks para os Engenheiros*): instrumentos novos, eu e ele com os mesmos – avalia Gessinger.

Com a entrada dos novos baixos, a presença marcante do Rickenbacker dá lugar a um som mais grave e sólido, a âncora para os voos da guitarra e do teclado de Licks.

A nova sonoridade foi registrada no álbum *Alívio Imediato*, gravado ao vivo no Canecão, no Rio de Janeiro, nas noites de 8 e 9 de julho. Marcelo Sussekind, produtor do álbum, lembra que um estúdio da BMG foi praticamente desmontado e remontado no local da apresentação para que a gravação saísse com a melhor qualidade possível:

– Isso demonstra a moral alta que eles estavam com a BMG. Não era fácil gravar ao vivo na época, então foi a melhor maneira de fazer. Dificilmente a gravadora repetiu esse trabalho todo por alguém.

Havia motivos para tamanha atenção da gravadora. Àquela altura, os Engenheiros do Hawaii já eram apresentados como uma das quatro maiores bandas nacionais, feito que a própria revista *Bizz*, apesar de malhar os discos do grupo, já havia passado a reconhecer. "De um ano para cá, os Engenheiros se juntaram aos Paralamas, Titãs e Legião (*Urbana*) no chamado primeiro escalão do rock nacional", afirmou o repórter da revista ao entrevistar os rapazes em outubro de 1989. O ranking seria baseado em vendas, mas Gessinger discordou: "A banda entrou nesse clube fechado não pela vendagem, mas pela credibilidade (...) Mas até hoje tem gente que não nos entende. Já essas bandas – Titãs, Legião, Paralamas – todo mundo sabe qual é a deles".

No entanto, a credibilidade do grupo também se expressava em números. Se muitos não entendiam a banda, também não eram poucos os que a compreendiam e compravam seus álbuns. *Ouça o que eu digo...* ganhou disco de ouro um dia antes da gravação de *Alívio Imediato*, que por sua vez também recebeu o bolachão dourado meses depois. Todos os lançamentos da banda venderam, à época, pouco mais de 100 mil cópias – inclusive *A Revolta dos Dândis*, apesar de ter demorado um pouco mais que os outros, não recebendo o disco de ouro. Ou seja, não se tratavam de grandes recordistas de vendas, mas eram músicos que tinham crédito diante de um número expressivo e fiel de seguidores. Nos corredores da BMG, já havia a conversa de que os Engenheiros eram a banda mais fácil de ser trabalhada pela companhia, pois se sabia de antemão quantos discos iriam vender, simplificando planejamento, mídia e distribuição – a gravadora, no entanto, logo seria surpreendida pelo estouro de *O papa é pop*, que vendeu 250 mil cópias em um ano, conferindo ao grupo seu único disco de platina.

Por mais números que este livro exponha, nada pode provar tanto a fidelidade do público da banda quanto uma simples audição de *Alívio Imediato*. O disco propositadamente dá alto volume para os gritos e as palmas da plateia, com intuito de registrar a intensidade com que os fãs participavam dos shows. Os fã-clubes, que há pouco começavam a se organizar, fizeram por merecer: até mesmo as letras das inéditas *Nau à deriva* e *Alívio Imediato* foram copiadas por algum entusiasta em um ensaio e reproduzidas em papel para seus colegas, para que todo mundo pudesse cantar junto na gravação, não ficando aquele silêncio característico da plateia em faixas inéditas registradas ao vivo. *Nau à deriva* e *Alívio Imediato* acabaram ganhando versões de estúdio para o álbum, mas nem por isso os fãs deixaram de impressionar quem não era familiarizado com a admiração suscitada pela banda. Augustinho Licks, em entrevista de divulgação para seu workshop "Do Quarto para o Mundo", contou que uma jornalista, ao fazer uma entrevista sobre o álbum, deu a entender que parecia forjada a participação do público no disco, tamanha a sincronia e a intensidade de sua participação.

Reações como a da jornalista desconfiada ilustram a afirmação dita mais acima por Gessinger de que, apesar do status do grupo, muita gente não conseguia entender "qual era a deles". É preciso, no entanto, deixar registrado que o excêntrico trio não fazia questão alguma de explicar.

Mesmo morando no Rio, o grupo não passou a se relacionar com a imprensa e com as bandas do centro do país. Nenhum dos três gostava de sair de casa, e nem daria tempo para aprender a gostar, caso se motivassem, pois estavam sempre na estrada. Aliás, mesmo na estrada não tiravam o pé para fora do quarto do hotel para nada além de tocar e ir embora. A produtora Lau Sampaio conta que se impressionou com a quietude dos rapazes. Em uma viagem a Cuiabá (MS), em junho de 1990, quando ainda não conhecia a simpatia que a banda tinha pela solidão, ela planejou um passeio pela região para desopilar nos três dias de folga que se impuseram em um hiato de shows. Era a oportunidade de Gessinger, Licks e Maltz relaxarem em meio à paradisíaca Chapada dos Guimarães. Eles não demonstraram o mínimo interesse em participar da empreitada natural.

– Ficava impressionada no início. Não tem bicho do mato? Pois o Humberto é bicho do quarto. Fica na dele, lendo, lendo e lendo. O Augustinho e o Carlos também eram assim. Eram pessoas profundas, e essa profundidade era captada pelos fãs. Quando estavam diante do público, era uma catarse – relembra.

Além de curtirem a solidão, colaborava para o isolamento – e para a crescente fama de arrogância – dos Engenheiros a timidez de seus integrantes, principalmente de seu líder. Fã confesso de Caetano Veloso, Humberto Gessinger fugiu de conhecê-lo depois de um show do baiano no Rio. Gessinger e Carlos estavam acompanhados, na apresentação, da então produtora do grupo, Mara Rabello, que os convidou para conhecer o músico ao final do show. Quando chegaram ao camarim, Mara percebeu que o vocalista do grupo havia escapulido.

– Humberto só apareceu uns três dias depois, ainda vermelho de vergonha – brinca a produtora.

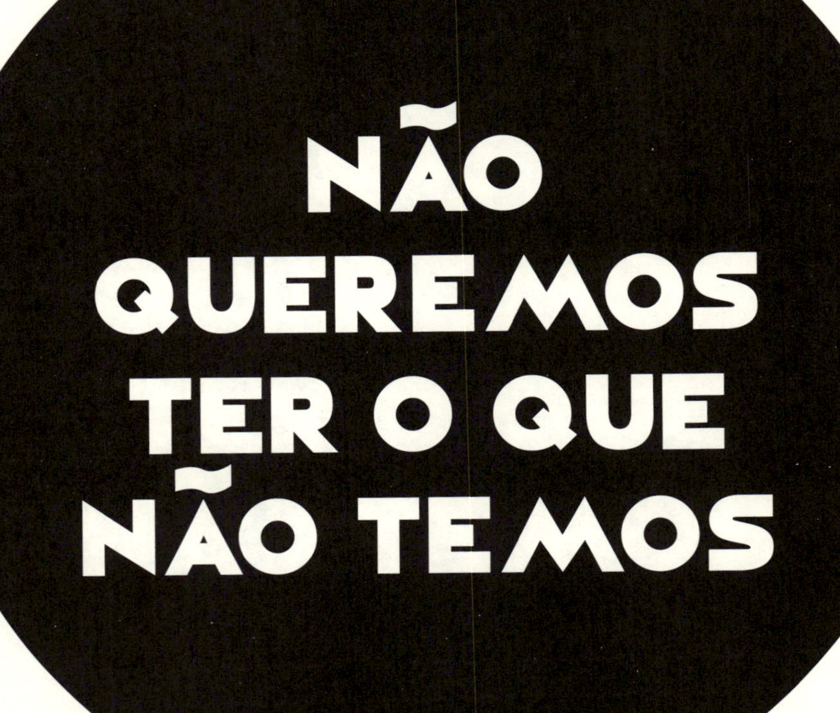
NÃO
QUEREMOS
TER O QUE
NÃO TEMOS

APESAR DE TÍMIDO, HUMBERTO GESSINGER EM POUCOS DIAS JÁ HAVIA SE TORNADO FAMILIAR À EQUIPE DO HOTEL QUE OS ACOLHIA EM MOSCOU. NO FINO RESTAURANTE DO LOCAL, JANTAVA TODAS AS NOITES E ATÉ SE PERMITIA DELICADAS FANFARRONICES, COMO BANCAR A JANTA DE UM GRUPO INTEIRO DE TURISTAS CUBANOS SÓ PARA FAZÊ-LOS SENTAR À SUA MESA. CATIVADA PELA COMEDIDA SIMPATIA DAQUELE BRASILEIRO TÃO DIFERENTE DO ESTEREÓTIPO LATINO-AMERICANO, UMA DAS GARÇONETES QUE ALI TRABALHAVAM RESOLVEU LHE DAR UM AVISO, POR PURA CAMARADAGEM.

Como o músico não entendia absolutamente nada de russo, a garota se dirigiu ao tradutor de sua banda, o também porto-alegrense Alexandre Cavalcante, o Sasha:

– É melhor vocês saírem daqui. Em instantes, haverá uma briga.

Não houve mais justificativas, mas os rapazes entenderam a importância do recado. Imediatamente, dirigiram-se ao interior do hotel. Quando estavam na porta do restaurante, um estrondo os fez entender que era preciso ter mais pressa. Os estampidos foram se sucedendo, enquanto Gessinger e Sasha corriam para longe do tiroteio, que fazia balas zunirem acima da mesa que há pouco estavam ocupando.

A história, lembrada por Sasha 25 anos depois de ter ocorrido, dá o tom da Moscou que os Engenheiros do Hawaii conheceram em outubro de 1989, na primeira viagem da banda para fora do país. Era uma cidade com códigos e funcionamento de algum modo compreensíveis para habitantes como aquela garçonete, mas absolutamente inacessível para um estrangeiro. Do início ao fim da jornada russa do trio gaúcho, imprevisibilidades foram a rotina.

A primeira surpresa se deu com os shows. Foram cinco apresentações em três dias, a primeira delas em 5 de outubro, seguida de duas sessões no dia 7 e mais duas no dia 8. Em um dia, o teatro poderia estar absolutamente vazio, no outro, com todas as suas 1.500 poltronas ocupadas por soldados do exército. Os horários também eram esquisitos: em um dia, tocaram ao meio-dia e às 16h30min.

– Teve uma apresentação em que alguém conseguiu fazer com que fossem alguns soldados do quartel que estavam à toa. Foi o único dia em o teatro encheu – lembra Sasha.

Nestas apresentações, os Engenheiros do Hawaii eram a banda de abertura da Chorny Kofe, o equivalente a "café preto" em russo. Tratava-se de uma banda de heavy metal bastante popular por lá. Mas nem a popularidade da atração principal era capaz de chamar o público, afinal não havia qualquer divulgação dos shows. Segundo Sasha, o motivo para tamanha discrição era a clandestinidade dos concertos: os Engenheiros do Hawaii desembarcaram na URSS com vistos de turista, o que deveria impedi-los de tocar profissionalmente. Apesar das pequenas plateias dos shows, o cachê da banda era bastante alto, ao menos para os padrões da população local.

– Não sei de onde tiravam tanto dinheiro. Parecia coisa de máfia, de gente que tinha dinheiro do comércio informal ou coisa assim – avalia Sasha, que morava havia seis anos em Moscou quando recepcionou os Engenheiros.

Já Gessinger não viu nada de suspeito na ida do grupo à URSS.

– Era estranho (*não ter público nos shows*), mas tudo era estranho lá. Não havia um padrão para a gente comparar.

A viagem do grupo foi motivada por uma aproximação de executivos da gravadora BMG Ariola com o selo soviético Melodia. Era um momento em que o bloco soviético, a seu modo, abria-se culturalmente ao Ocidente e buscava estabelecer relações comerciais externas. Além das apresentações em Moscou, o projeto inicial também previa shows em Leningrado e a captação de imagens para um videoclipe – os shows foram cancelados, assim como o clipe. No ano seguinte, a Chorny Kofe e a banda Marquiza viriam ao Brasil, dando sequência ao trabalho conjunto, porém a queda do Muro de Berlim abalou muito os negócios que estavam sendo gestados pela URSS, inviabilizando a continuidade da parceria.

A equipe de trabalho era enxuta. Além de Gessinger, Licks e Maltz, estavam junto com a banda um representante da gravadora, uma produtora e um técnico de som. Sasha, que ficou sabendo por terceiros da chegada do grupo e foi ao aeroporto apenas por curiosidade, acabou se agregando ao time. Anteriormente, Sasha havia mantido amizade em Porto Alegre com Augustinho Licks, mas em 1983, quando ganhou uma bolsa de estudante do Partido Comunista, deixou os amigos da capital gaúcha para morar em Moscou.

– Não foi uma coisa muito organizada. Fui ao aeroporto, e lá viram que eu falava português e russo. Na hora, me contrataram como intérprete, pois não tinham ninguém para a função. Também acabei sendo *roadie* e ajudando no que mais foi preciso nesses dias – conta Sasha.

Acompanhando a banda das 8h às 23h, sendo a única voz capaz de representar os rapazes no mundo que então os cercava, o intérprete conviveu intensamente com o grupo. Suas impressões confirmam o deslocamento que Julio Reny já havia percebido de Augustinho Licks em relação a Humberto Gessinger e Carlos Maltz.

Sasha passou cerca de uma semana levando o baixista e o baterista dos Engenheiros do Hawaii de um lado para outro da capital russa. Nos passeios, provar caviar ou fazer qualquer outro programa típico de turista estava fora dos planos. O interesse era por pontos históricos e culturais. Durante todas essas jornadas, Augustinho Licks era uma ausência.

– O tempo todo passei com o Humberto e com o Carlos, porque o Augusto ficava para lá e para cá com uma menina que conheceu logo que chegou – conta Sasha.

Para o intérprete, o fato de Licks, o único homem solteiro da banda, ter maior interesse sobre as mulheres que os cercavam era mais um motivo para Gessinger e Maltz "pegarem no pé" do guitarrista.

– Parecia coisa de criança, *bullying* de colégio. Os dois eram muito unidos, tinham uma filosofia de vida muito parecida. Não transavam, e passavam todo o tempo pegando no pé do Augusto por causa disso. Depois do show, acontecia de quebrarem o pau no camarim. Diziam pro Augusto coisas como "Tu erraste em tal momento porque estava pensando naquela piranha" – conta Sasha.

Nas entrevistas para este livro, alguns *roadies* também relataram que músicos de diferentes formações dos Engenheiros, ao serem vistos com mulheres, pediam para que nada fosse contado ao líder da banda, com medo de serem alvos de alguma reprimenda ou chacota.

Gessinger, no entanto, nega querer controlar a vida íntima de seus companheiros:

– Sei que as pessoas têm essa impressão de mim. Acham que, por eu gostar de sofrer, quero que todo mundo seja assim. Mas não tem nada a ver. Justamente por ser desse meu jeito, gosto de ter caras com uma vida mais exuberante ao meu lado.

Impressão ou verdade, em revistas da época, Gessinger cita o caso amoroso de Licks com uma russa. Não é possível saber se, nas entrelinhas, há qualquer tipo de condenação ou se é apenas uma brincadeira entre amigos, o tipo de humor que se faz sobre alguém com quem se tem proximidade. Lê-se em uma revista de 1989 sobre a volta do grupo da URSS: "E as garotas? 'O Augusto fez muito sucesso com uma guria. Eles tiveram um relacionamento trigênio', brinca Humberto. 'Não é nada disso. Qualquer estrangeiro que chega lá é súper bem recebido', se justifica Augusto".

Na revista *Querida*, em entrevista para divulgar *Alívio Imediato*, a repórter pergunta qual é o hobby de cada um dos Engenheiros. Licks responde "Eu não tenho hobby algum. Viajo o tempo todo!", mas Gessinger rebate "ou namora...". A repórter então questiona: "O Augusto é namorador?". Gessinger: "Se é... Também, ele pode, é o único solteiro".

Sasha aponta que, por conta das "implicâncias" de Gessinger e Maltz, Licks dava indícios de se sentir deslocado, mesmo que, no palco, os Engenheiros se encaminhassem para um trio cada vez mais coeso e original:

– A primeira coisa que o Augusto me disse depois que a gente conseguiu sentar para tomar um café foi: "Não aguento mais, continuo nessa só mesmo pelo showbusiness".

No caso da URSS, foi mais pelo show do que pelo business, já que a banda voltou de lá sem qualquer tostão – ou rublo – furado. Apesar dos cachês serem altos, o valor não poderia ser convertido em dólar ou nenhuma outra moeda para sair do país. O jeito era gastá-lo lá mesmo, mas isso também era um problema. "Nossos olhos capitalistas reviraram Moscou atrás de qualquer coisa que pudesse ser comprada, e nada", contou Gessinger no artigo "Um roqueiro na terra da 'Perestroika'", publicado no Jornal do Brasil de 22 de julho de 1990 e, mais tarde, reproduzido no livro *Mapas do Acaso (2011)*. O músico tentou levar para o Brasil uma balalaika, mas não havia instrumentos de verdade à venda, apenas reproduções fajutas para montar em casa, servindo como decoração ou brinquedo.

Ninguém lamentou a impossibilidade de gastar os rublos, já que o desejo de conhecer a URSS era a maior motivação da viagem, como afirma Gessinger:

– Não lembro se sabíamos do detalhe cambial antes de sair do Brasil, mas não esperávamos ganhar grana lá mesmo.

Depois de comprar pôsteres históricos da Revolução Socialista, camisetas e outros artigos sem maior valor, o grupo esgotou as possibilidades do que fazer com o dinheiro que sobrou. Foi levantada a ideia de jogar os sacos de rublos de cima de um edifício, para ver como a população reagiria, mas essa hipótese foi vetada por medo de que o voo das cédulas causasse muito tumulto e, consequentemente, proporcionasse ao grupo algum problema com as autoridades soviéticas. Com a vitória do bom senso, Sasha acabou sendo beneficiado: todo o dinheiro restante foi doado para ele. Conseguiu viver por um ano tendo todas as despesas pagas com a doação.

FACA DE
DOIS
GUMES

"HOJE SOMOS UMA BANDA NACIONAL". A FRASE ESTAMPA A CAPA DA REVISTA *BIZZ* DE OUTUBRO DE 1989. ERA A PRIMEIRA VEZ QUE OS ENGENHEIROS DO HAWAII OCUPAVAM A ÁREA MAIS NOBRE DA MAIS IMPORTANTE REVISTA SOBRE ROCK E MÚSICA POPULAR DO BRASIL. NO RETRATO QUE ESTAMPAVA A PUBLICAÇÃO, HUMBERTO GESSINGER SALTAVA EM DIREÇÃO AO LEITOR, COM SEU BAIXO STEINBERGER APONTANDO PARA O ALTO E AVANTE, ENTRE CARLOS MALTZ E AUGUSTINHO LICKS. MALTZ SORRI DESPREOCUPADAMENTE, ENQUANTO LICKS ABRAÇA SUA GUITARRA E ENCARA O LEITOR COM SERIEDADE POR TRÁS DA ARMAÇÃO DOS ÓCULOS – O REFLEXO DAS LUZES SOBRE AS HASTES DO OBJETO NÃO SEGUE PELAS LENTES, O QUE É UM INDÍCIO DE QUE, NA VERDADE, AQUELES ÓCULOS NÃO TINHAM LENTES, SENDO UM ARTEFATO FEITO EXCLUSIVAMENTE PARA SESSÕES DE FOTOS, O QUE DEMONSTRA COMO O GUITARRISTA LEVAVA A SÉRIO A COMPOSIÇÃO DE SEU VISUAL.

De fato, o lançamento de *Alívio Imediato*, tema que pautou a entrevista de cinco páginas daquela edição da *Bizz*, colocou uma pá de cal sobre qualquer dúvida que restasse de que os Engenheiros do Hawaii eram uma banda de dimensão nacional. Pela segunda vez, o grupo não começava sua turnê de lançamento pelo Rio Grande do Sul, no Teatro Presidente, em Porto Alegre, como costumava fazer. Ao invés disso, fazia várias sessões no Canecão no Rio, passando por Porto Alegre no meio do ano, lotando o Gigantinho, com sua capacidade para 10 mil pessoas. Como citado anteriormente, os números de vendas também colocavam o grupo como um dos quatro maiores do país, apesar de Gessinger insistir que entrou neste grupo pela "credibilidade" junto aos fãs, e não por critérios comerciais.

Na entrevista da *Bizz*, Gessinger admitiu que *Alívio Imediato* era um "disco de sucessos", embora não gostasse inicialmente da ideia. Disse o baixista: "A princípio, éramos contra isso. Queríamos mostrar o outro lado da banda. Quando ouvimos a fita do show, vimos que era uma demagogia, porque as músicas que ficaram mais diferentes foram as que tocaram em rádio. As outras, tocamos praticamente igual. Diante do impasse, optamos pelas melhores".

Como já havíamos observado em relação a *Ouça o que eu digo: não ouça ninguém*, a imprensa nacional havia perdido o pudor de bater nos álbuns dos Engenheiros. Apesar do longo espaço cedido para a banda falar de seu disco, a revista não foi tão generosa ao resenhar o álbum. Assim começa a crítica na sessão de lançamentos da revista: "Este título (*Alívio Imediato*) viria a calhar caso o organizador da recente turnê que o trio empreendeu pela União Soviética tivesse se esquecido de providenciar as passagens de volta. Infelizmente, não é nada disso". O crítico classificou o show como uma "arenga" e conclui citando um gênio do rock para lamentar a continuidade dos rapazes. "É como disse o sábio Frank Zappa: 'A tortura nunca para...'", termina o texto.

A resenha da *Folha de S. Paulo*, publicada em 18 de janeiro de 1990, também começa arrasando com o grupo. "Chavões de rebeldia sempre moveram o rock. Os Engenheiros do Hawaii abusam desses apelos rasteiros", escreveu o crítico José Sachetta Ramos na abertura do texto cujo título era "Receita de transgressão reflete tédio interiorano". A resenha faz pouco caso do público da banda, composto em grande parte por adolescentes ("galeras de skate") e classifica o som do grupo como "light e tedioso como só pode ser a vida adolescente 'Longe demais das capitais'". Para concluir, o autor também cita a mudança dos integrantes para o centro do país: "A defesa que faziam da permanência dos artistas e criadores culturais fora do eixo Rio-SP podia ser entendida como o início de uma nova fase do rock no Brasil. Mas ao lançarem o terceiro LP, em 88, eles não resistiram. Puseram a bombacha na mala e se mudaram para o Rio".

Já a revista *Veja* tratou do disco de maneira mais neutra. Na matéria "Uma banda à moda antiga", um texto de página inteira apresenta a banda e suas peculiaridades, como o perfil estradeiro ("preferem o suor da estrada ao ar refrigerado dos estúdios"), o estilo pouco social ("não frequentam badalações do meio musical, nunca foram tomar a bênção de Caetano Veloso") e a baixa empolgação com novas tecnologias ("preferem as velhas guitarras aos teclados mirabolantes").

Como costuma ocorrer no Brasil, a crítica não fez diferença alguma para o sucesso ou fracasso comercial de um disco. Em pouco mais de um ano, o álbum já havia alcançado a marca de 150 mil cópias vendidas – o mesmo número conquistado pelos álbuns anteriores, o que reforça a ideia de que eram provavelmente os mesmos fãs fiéis os principais compradores.

As críticas duras também não seriam capazes de transformar a banda. Pelo contrário, Gessinger seguiria investindo no uso de clichês para compor suas letras, nem deixaria seu som mais pesado e barulhento para afugentar a imagem de meninos entediados do sul do Brasil, sugerida pela *Folha de S. Paulo*. No entanto, o que viria a seguir não seria apenas continuidade. O quarto disco de estúdio do trio destruiria a imagem que os Engenheiros carregavam diante de grande parte da imprensa e dos fãs, muito bem descrita pela *Veja* no título "Uma banda à moda antiga". *Samplers*, teclados e outros recursos eletrônicos até então estranhos à sonoridade da banda viriam com tudo, depois de já terem dado as caras nas duas faixas inéditas de *Alívio Imediato*. "Tínhamos uma visão supergaúcha da tecnologia. Um medo que já dançou, não só pelo fato de estarmos no Rio, mas pelo tempo de estrada", prenunciava Carlos Maltz na já citada entrevista à *Bizz*. O que ninguém poderia antever era o esmagador sucesso do futuro trabalho da banda. *O papa é pop* se transformaria no maior fenômeno de vendas da história da banda, alçando-a ao posto de maior banda do Brasil por certo período. O êxito poderia ser motivo de alegria, mas apenas um sentimento crescia no líder do grupo junto com sua popularidade: a irritação.

– Nunca me senti tão pouco à vontade quanto no tempo em que minha banda teve exposição avassaladora. Nunca foi uma banda para ter aquele volume de exposição e ser hegemônica. Quanto mais perto a gente chegava disso, mais irritação causava – diz Humberto Gessinger, em uma das entrevistas feitas para esta biografia.

Estou sentado diante do personagem principal do meu primeiro livro em uma das salas de seu apartamento no bairro Bela Vista, em Porto Alegre. O espaço é um misto de estúdio e escritório, e é ali que costuma recepcionar a imprensa. Não é um espaço muito grande, mas acomoda com tranquilidade uma bateria digital, um piano de parede e cerca de uma dezena de instrumentos de corda, cases e outros artigos musicais. Tenho a impressão de que seria um tanto apertado para cinco pessoas ensaiarem ali, o que não deve ser um problema, já que o dono da casa costuma tocar em trio. Nada ali parece fora de lugar, e tudo, até mesmo contrabaixos que já rodaram o Brasil de ponta a ponta, têm um aspecto de novo, brilhando mais que o dente de ouro que substitui um canino de meu anfitrião.

Gessinger usa uma camiseta com o desenho de bule de chá e a frase "Make tea, not war", que faz contraste com a bermuda militar de camuflagem que veste. Os pés estão cobertos por um tênis Asics que parece jamais ter sido maculado por terra ou asfalto – em todas as vezes que o visitei, fiquei com a vontade de questioná-lo se tem o estranho hábito de andar de tênis em casa ou só os coloca quando recebe visitas.

O entrevistado fala rápido, em fluxo de consciência, às vezes trazendo assuntos que tangenciam as perguntas, mas não dá a impressão de fazê-lo para fugir das respostas, e sim porque lembra de algo que julga importante contar. Tem muita vitalidade, se mexe o tempo todo na cadeira e, em um segundo, é capaz de se levantar para arrastar a pedaleira PK-5 e explicar melhor alguma resposta. É fácil imaginá-lo como o jovem que levava a pé amplificador e guitarra até a casa do baterista para ensaiar, impaciente com o ônibus que não chegava, cheio de desejo por tocar. É difícil imaginá-lo como o adulto que posava para fotos fazendo uma banana e falava mal de seus colegas de ofício.

Gessinger parece genuinamente satisfeito com a carreira que leva atualmente, conseguindo se comunicar com fãs diretamente pelas redes sociais e lotando casas de show e teatros de todo o país sem precisar ir a programas de auditório nos finais de semana. Forjou seu espaço no mundo da música não como um gigante midiático do rock, mas como um compositor que defende suas canções na estrada. De seu casulo, cercado da família, em sua cidade natal, parte para suas jornadas Brasil adentro.

Por essa satisfação, expressa pela tranquilidade com que fala de qualquer tema de seu passado, é possível acreditar na frase dita pelo músico mais acima. *O papa é pop* jogou de algum modo os Engenheiros do Hawaii para o ponto mais alto do estrelato musical, mas não era ali que seu líder gostaria de estar. Por outro lado, pular fora ou baixar o ritmo não eram opções. A reverência do trio ao projeto que sedimentaram era maior que eles mesmos.

– A banda adquiriu vida própria – filosofa Carlos Maltz, em outra conversa. – E nós ficamos a serviço dela.

Foi só com o rompimento da formação GL&M que, aos poucos, Gessinger reacomodou sua carreira para um formato não hegemônico, mas sólido e viável. Até lá, no entanto, teve que pilotar o zepelim gigante no qual se tornou aquela banda feita para não durar muito mais do que uma noite.

Antes mesmo de lançar *O papa é pop*, os Engenheiros do Hawaii deram uma mostra de que poderiam cativar um público maior do que seus costumeiros fãs.

Foi a entrada da banda em seu primeiro grande festival internacional. Somando as duas noites de apresentação, os Engenheiros tocaram para mais de 90 mil pessoas no Hollywood Rock – cerca de 60 mil em São Paulo, no Morumbi, em 19 de janeiro, e 30 mil no Rio, na Praça da Apoteose, em 27 de janeiro. Mais alguns milhões de espectadores acompanharam pela TV. Nestas noites, a banda dividiu o palco com Capital Inicial, Marillion e Bon Jovi; e o festival também teve como destaques Bob Dylan, Eurythmics e Tears for Fears.

Ao final do primeiro show no festival, no Morumbi, Humberto Gessinger agradeceu ao público pelo acolhimento: "Valeu, São Paulo! Foi um prazer tocar aqui, olhando a goleira onde Baltazar fez o gol que deu ao Grêmio o título de Campeão Brasileiro de 1981". Não era (apenas) uma bravata gremista. Era a sensação de ter alcançado um reconhecimento que não havia sido possível a conterrâneos de outras gerações. Para quem jamais viu seus ídolos gaúchos, como Saracura e Nei Lisboa, brilharem na principal metrópole brasileira, aquele show era como ganhar um campeonato fora de casa. O líder do grupo deixou o palco com lágrimas nos olhos.

Não era para menos. O show dos Engenheiros foi saudado pela imprensa – ou ao menos por parte desta – como um dos melhores da noite. Assim como fizeram no Alternativa Nativa, em 1988, deixaram o Capital Inicial praticamente apagado das resenhas. "Os Engenheiros conseguiram convencer a presunçosa crítica paulista, que antes do show continuava torcendo o nariz para a banda e fez olho branco em sua entrevista coletiva, deixando a sala do Hotel Hilton quase vazia. Quando terminou o show, os jornalistas presentes na sala de imprensa (...) aplaudiram a banda em reconhecimento", escreveu Juarez Fonseca na cobertura do evento para *Zero Hora*.

No Rio, Jamari França cobriu o festival pelo *Jornal do Brasil*, no qual classificou o show dos Engenheiros como "o melhor concerto da noite de encerramento". Além da intensa participação do público, algumas surpresas da banda chamaram a atenção. Em um momento de provocação e autoironia em relação ao festival, bancado pela empresa de tabaco Hollywood, Gessinger mudou um verso de *Terra de Gigantes* para "a juventude são várias bandas em uma propaganda de cigarros". Além disso, um importante carro-chefe de *O papa é pop* deu as caras, meses antes das gravações do disco começarem. *Era um garoto que como eu amava os Beatles e os Rolling Stones* levantou o público. França lamentou que o hit do italiano Gianni Morandi, composto por Mauro Lusini e Franco Migliacci e gravado no Brasil em 1968 por Os Incríveis, ainda não tivesse sido registrado pelo trio: "É uma pena que os Engenheiros não tenham sacado essa para o disco ao vivo", escreveu.

Durante a canção, Augustinho Licks fazia referência a diferentes hinos, tais como Hino Nacional e o Hino da Independência, mas foi o jingle da campanha eleitoral de Lula que uniu a massa. Gessinger nem precisou cantar: bastou o guitarrista tocar as primeiras notas da inconfundível melodia para todo mundo bradar junto "Olê olê olê olá, Lula Lula". No mês anterior, o candidato petista havia perdido no segundo turno as eleições presidenciais para Fernando Collor, em uma das disputas presidenciais mais acirradas e polêmicas do Brasil. Apesar do apoio dos Engenheiros a Leonel Brizola no primeiro turno, havia franca simpatia com o PT em entrevistas, não restando dúvida de que o "caçador de marajás" não era nem de longe uma opção para o grupo.

O papa é pop deve muito a Leonel Brizola, e não apenas por ter cedido ao grupo a icônica foto do papa João Paulo II tomando chimarrão, que aparece na capa e na contracapa do álbum. Embora sem querer, o líder pedetista foi também o responsável pela inclusão de *Era um garoto...* nos shows do grupo e, consequentemente, no disco.

Brizola trazia consigo a ideia do socialismo moreno, que apontava para a reafirmação de valores nacionais próprios, independente de modelos pré-concebidos em Moscou ou em Nova York. Era um ideal que seduziu o grupo gaúcho, que acabou tocando de graça para o candidato em três comícios. O apoio foi uma atitude mais poética e ideológica do que pragmática, pois, no fundo, os músicos sentiam que o homem que liderou a Campanha da Legalidade de 1961 não tinha grandes chances. Se restava alguma dúvida em relação a isso, bastou participar de um comício para perceber que era praticamente impossível competir com o candidato hegemônico: enquanto Collor tinha um palco de ponta, Brizola discursava em estruturas mambembes, com uma organização precária. Em uma das apresentações, o gaúcho tentou imitar a entrada triunfal do ex-governador de Alagoas em seus comícios, e subir ao palco pela frente, depois de atravessar todo o público. Ficava bonito o candidato ser alçado do meio dos seus eleitores para o alto do palanque. Mas precisava ser feito do jeito certo.

Não foi o que ocorreu com Brizola. Sem equipe e estrutura que permitissem uma caminhada organizada e rápida pela plateia, o político se embrenhou pelo meio da multidão de admiradores, que lhe pedia abraços, apertos de mãos, fotos com crianças, e não o deixava avançar sequer um palmo. Enquanto isso, no palco, os Engenheiros espichavam seu show a pedido da aflita organização. Humberto Gessinger, já sem saber mais o que tocar para entreter o público em meio ao atraso da estrela da noite, de repente viu algo ser atirado pelo público e quicar no improvisado tablado em que cantava. Ao chegar mais perto do vulto arremessado, percebeu que gemia. Era o próprio Brizola, depois de ser cumprimentado e amassado pelos eleitores.

Foi justamente em um desses atrasos do candidato, em Betim (MG), que os Engenheiros do Hawaii tocaram pela primeira vez *Era um garoto...* A canção havia feito parte da infância de Gessinger, sendo a responsável pela família dar a ele um violão aos seis anos. Era também uma das únicas músicas que não havia composto e sabia tocar inteira. Com seu repertório absolutamente esgotado, mas com a equipe de Brizola insistindo para que a banda permanecesse no palco enquanto o candidato não chegava, o líder do grupo acabou puxando a composição que conheceu por meio d'Os Incríveis. Era o começo de um dos maiores hits dos anos 1990.

Além de Brizola, Lulu Santos é outro personagem com uma tortuosa ligação com *O papa é pop*. No encarte do álbum, logo abaixo da letra da faixa-título, é possível ler a frase: "Um sincero pedido de desculpas a Lulu 'Heil Gessinger' Santos". As escusas fazem referência a uma reportagem publicada no *Jornal do Brasil* de 17 de fevereiro de 1989, na qual o líder dos Engenheiros do Hawaii citou o cantor carioca. "Existem entertainers e grupos que querem acrescentar uma existência abaixo das luzes do palco. Na primeira classificação se enquadram o David Copperfield, o Silvio Santos, o Lulu Santos, e na segunda estamos nós e muitas bandas como o IRA!, a Legião Urbana e o Paralamas", afirmou Gessinger na matéria.

Intitulada como "Engenheiros demolidores", a reportagem destacava a frase de Gessinger logo na linha de apoio, que dizia: "Os dândis gaúchos estreiam turnê nacional e dizer (*sic*) que não são 'enterteiners' (*sic*) como 'Silvio e Lulu Santos'".

A afirmação não pegou bem. Lulu Santos não deve ter gostado nada de ser classificado como um *entertainer*, ainda mais quando a explicação para o termo vinha com uma comparação a um ilusionista e ao apresentador Silvio Santos, cuja candidatura a presidente do Brasil, impugnada alguns meses depois, não era vista com bons olhos pelos artistas mais progressistas e ilustrados. Para piorar as coisas, a mesma reportagem continha um quadro com opiniões sobre a banda gaúcha, no qual Lulu elogiava o grupo: "O trabalho deles é muito positivo, ouvi uma canção nas rádios e gostei, só não sei o nome porque não tenho acompanhado o grupo de perto. Tenho a maior simpatia pelo Humberto, ele sempre foi gentil comigo e eu já anunciei numa entrevista anterior a minha ida à estreia (de *Ouça o que eu digo: não ouça ninguém* no Rio)", dizia o carioca.

Sendo assim, ficava aparente que a admiração que Lulu tinha pela banda não era retribuída por seus integrantes. Além disso, tanto o grupo como o cantor pertenciam à mesma gravadora, o que tornava uma possível troca de farpas pública algo ainda mais inusitado. Humberto, no entanto, diz que não pretendia magoar ninguém ou gerar discussão com a frase:

– Não era algo que eu disse para parecer superior. Ao contrário, dizia isso com o maior respeito, quase pedindo desculpas por ser diferente. Além disso, já respeitava muito a trajetória do Lulu, porque foi um cara que, como nós, também sofreu muito preconceito no início, com o lance do "rock de bermuda".

Em entrevista para a *Folha de S. Paulo* de 1º de outubro de 1990, Gessinger contou que "ele (*Lulu Santos*) ligou pra casa me chamando de nazista", o que explica o "Heil Gessinger" do pedido de desculpas em *O papa é pop*. "Fiquei chateado, não queria polemizar com ele (*Lulu Santos*), é uma pessoa que eu admiro. Na minha cabeça ser 'entertainer' não é pejorativo", completou Gessinger na entrevista.

O episódio com Lulu Santos pode ser lido como algo bem mais rico do que uma discussão entre músicos de egos inflados. Na verdade, o motivo do desentendimento é o tema central não apenas das letras de *O papa é pop*, mas também de suas melodias, timbres e arranjos. O disco é um verdadeiro teste das fronteiras entre a arte e o entretenimento, entre o discurso crítico e o texto publicitário, entre o transcendente e o superficial, entre o eterno e o efêmero.

– Queríamos fazer um disco que tivesse a ver com *Another brick on the wall*, uma coisa que tivesse uma pegada pop, mas que discutisse coisas sérias – relembra Carlos Maltz.

Na mesma entrevista da *Folha de S. Paulo* na qual Humberto Gessinger conta sobre sua discussão com Lulu Santos, o líder da banda explica que o disco põe em xeque uma postura de falsa ingenuidade que as bandas de rock tentavam manter em relação à indústria musical. Era uma época em que os roqueiros se reafirmavam como tais por não abrir concessões a gravadoras e público, negando qualquer tentativa de tornar sua música mais palatável ou comercial. Para quem não agisse como eles, recaía um rótulo muito pouco admirável para quem empunhava guitarras no palco: pop. No entanto, se até mesmo o papa, representante máximo de uma entidade que há 2 mil anos trabalhava com questões transcendentes, aderia ao posto de popstar, desfilando e se deixando fotografar com signos da cultura local, o que dizer de músicos que viviam da indústria fonográfica e só viabilizavam seu trabalho ao tocar em poderosas emissoras de rádio e TV? "Gosto de fazer parte de uma indústria e saber que ela impõe limites fortes ao meu trabalho. A gente descobriu a dignidade de entreter", disse Gessinger na já citada entrevista à *Folha de S. Paulo*. Ele continua: "É interessante você botar uma poeira na engrenagem, em vez de combatê-la de frente. Acho mais válido do que falar da polícia e da igreja. Isso é uma obviedade desgraçada", concluiu o baixista. Críticas às autoridades policiais e às religiões eram temas recorrentes de banda com postura punk, e até mesmo os Titãs, no LP *Cabeça Dinossauro*, fizeram as suas em faixas apropriadamente intituladas de *Polícia* e *Igreja*.

Desde a capa, *O papa é pop* emanava espírito pop. Não há distorções na foto, que é clara e bem iluminada como as guitarras de Augustinho Licks. Na contracapa, a foto do papa tomando chimarrão ganha cores artificiais, tal como as Marilyns Monroes serigrafadas em série por Andy Warhol, dando uma pista para a interpretação do álbum – Warhol e suas reflexões sobre a arte e o pop foram inspiração confessa de Gessinger para o disco. O sofá vermelho, segundo o fotógrafo Dario Zalis, era o elemento encarnado que procuravam para fazer referência a Brizola e marcar posição política à esquerda. Já os letreiros e as faixas escuras colocadas acima e abaixo da foto dão um sentido de continuidade com a discografia da banda, já que são praticamente iguais às do álbum *Longe Demais das Capitais* – a identidade visual de ambas também remete ao compacto d'Os Incríveis com versões do Hino Nacional e do Hino da Independência, composições que também têm trechos executados por Licks em *Era um garoto...*.

Na faixa-título, Gessinger discute a onipresença do mundo pop, fazendo até uma instituição milenar como a Igreja Católica alçar seu sumo pontífice ao status de popstar em turnê pelo mundo para se comunicar com seus diferentes públicos. O raio de alcance dos ídolos pop se tornava cada vez maior em um mundo globalizado e coberto por tevês e rádios, mas eles mesmos estavam expostos a algo bastante perigoso: João Paulo II sobreviveu a um atentado a tiros em 1981; já John Lennon não teve a mesma sorte, sucumbindo ao ataque de um suposto fã em 1980.

Apesar da reflexão proposta pela letra de *O papa é pop*, esta vinha embalada em um refrão pegajoso como jingle publicitário, com bateria eletrônica e vocais dos Golden Boys. Nada poderia ser mais pop, mas até os próprios Engenheiros do Hawaii se surpreenderam com o sucesso.

Depois de *Era um garoto...*, *O papa é pop* estourou nas rádios de todo o Brasil, catapultando as vendas do quinto disco da banda. Nas lojas em setembro de 1990, o álbum vendeu 70 mil cópias apenas no primeiro mês. Não era estranho para o grupo, que sabia da fidelidade de seus fãs, mas a indústria musical ficou de boca aberta. O Brasil estava passando pela pior recessão econômica de sua história, também conhecida como Plano Collor, um programa criado para controlar a inflação que confiscou a poupança da população e foi responsável pela falência de incontáveis negócios.

Como o disco era um dos únicos a dar certo naquele momento de receitas magras, a indústria musical e a mídia o empurraram para uma visibilidade jamais experimentada pelo grupo. Assim, 1990 foi o ano em que os Engenheiros do Hawaii se tornaram a maior banda de rock do país. Ajudou nesse processo o fato de que as únicas três bandas que se equiparavam ao grupo gaúcho – Legião Urbana, Titãs e Paralamas do Sucesso – não lançaram LPs naquele ano, que teve como destaques secundários *Na Calada da Noite*, do Barão Vermelho, e *Vivo*, do Lobão.

Em um ano, o *O papa é pop* vendeu 350 mil cópias, conferindo ao grupo seu único disco de platina.

– A água baixou, aí pintou essa ilha dos Engenheiros – metaforiza Gessinger. – Quando houve aquele lance do Collor acabar com a economia do país, todo mundo que dependia de grana pra rolar som e das grandes gravadoras se fodeu, e a gente, como tem uma base de fãs grande e grande circulação, se manteve. *O papa é pop* vendeu só um pouco mais que os outros (*discos dos Engenheiros do Hawaii*). O que aconteceu é que 300 mil, que há um tempo atrás era legalzinho, legal, ficou sendo foda. Me lembro de andar pelos corredores da gravadora e os técnicos de som me agradecerem por ter salvado o ano deles, por um volume de venda que dois anos atrás não seria grande coisa.

Não se trata de falsa modéstia. Três anos antes, a Legião Urbana, por exemplo, conseguiu um disco de diamante por um milhão de cópias de *Que país é este*, e os Titãs ganhavam o duplo de platina pelas 650 mil de *Jesus não tem dentes no país dos banguelas*. No entanto, a ampliação das vendas dos Engenheiros em um momento de crise atestava a fidelidade de seu público, apesar de ter como efeito colateral a "exposição avassaladora" que deixava Gessinger tão pouco à vontade, como ele já descreveu neste capítulo.

As boas vendas também podem dar a falsa impressão de que *O papa é pop* é um álbum de hits. Apesar de ter canções com forte apelo para as rádios, como *Era um garoto...*, a faixa-título, *O Exército de um Homem Só* e *Pra Ser Sincero*, o álbum não era menos conceitual que os anteriores, e contava com faixas longas e cheias de colagens sonoras, como *Anoiteceu em Porto Alegre* e *A violência travestida faz seu trottoir*. Além disso, abusa de citações literárias, como Moacyr Scliar (o título de *O Exército de um Homem Só*) e Carlos Drummond de Andrade (dele vem a oposição entre eterno e moderno de *Nunca Mais Poder*).

– A gente não esperava que *O papa é pop* se tornasse isso tudo – resume Maltz.

O papa é pop foi o primeiro disco de estúdio dos Engenheiros do Hawaii gravado no Rio de Janeiro. E não apenas por conta disso tem uma sonoridade distinta dos anteriores. Foi também o primeiro produzido pela própria banda. O trabalho, no entanto, havia começado muito antes das gravações.

Humberto Gessinger vivia seus anos de maior criatividade. Após um disco ao vivo, o compositor estava mais uma vez sedento para voltar ao estúdio e desaguar seus novos trabalhos. Mesmo em exaustiva turnê, vivia visitando o quarto de Carlos Maltz, e ali mesmo começaram a programar as baterias do próximo disco.

– Dava um trabalho enorme programar. A gente mudava o andamento das músicas, aí tinha que recalcular tudo. Enchi o saco do Carlos com aquelas baterias – conta Gessinger.

O *roadie* Nilson Batista guarda até hoje a bateria eletrônica Dynacord que comprou para que Maltz e Gessinger criassem as baterias ao longo da turnê de *Alívio Imediato*.

– *O papa é pop* foi feito na estrada. Levei a bateria para o Maltz, que foi programando nas viagens. Quando chegava em uma cidade, eu deixava a Dynacord montada no quarto dele e seguia para o local do show. E o Maltz ficava no quarto programando para as músicas do disco. O Humberto ficava lá com ele, dando um suporte. Os dois eram *workaholics*, e o Augustinho também não ficava para trás nisso.

Dessa forma, o estúdio serviu apenas como um espaço para registrar o que havia sido construído na estrada. Por isso, a velocidade de gravação foi alta: os rapazes entraram em estúdio no início de julho e saíram de lá com o disco masterizado antes do final de agosto.

O papa é pop inaugura um novo padrão de gravação dos Engenheiros do Hawaii, seguido depois em *Várias Variáveis* e em *GL&M*.

Gessinger e Maltz já não gravavam mais baixo e bateria ao mesmo tempo, como nos discos anteriores – até porque as baterias ouvidas no disco são as eletrônicas programadas na estrada. Nas gravações, os integrantes do grupo pouco se encontravam. O dia era dividido em três turnos, e cada um dos músicos assumia um horário. Gessinger chegava depois de Maltz e antes de Licks, o que possibilitava que conversasse com cada um deles durante o breve período de entrada ou saída, tendo um maior controle sobre o processo. Apesar da liderança do compositor, havia liberdade no estúdio:

– Humberto podia dar as cartas, mas cada um gravava como queria. Maltz usou os equipamentos e desenvolveu o trabalho como achava melhor. Augustinho, idem – conta Cassio Araujo, único *roadie* da gravação.

Apesar de Gessinger exercer influência maior sobre os discos gravados no Rio, como Maltz já disse anteriormente ("Vinha com uma fita com as demos, com a ideia toda de como tinham que ser os arranjos"), também havia espaço para o inusitado e para a criatividade. Quase todas as baterias de *O papa é pop* são eletrônicas, mas usavam uma tecnologia que permitia ajustar diferentes timbres, o que permitia várias experimentações no estúdio. Além disso, efeitos incidentais como os passos ouvidos ao fim de *Pra Ser Sincero*, foram ideias que surgiram em estúdio. Quem caminha no final da faixa é um então funcionário da BMG que consertava a aparelhagem do local. Araujo explica a escolha:

– Era o único de nós que usava sapato.

A essa altura do livro, talvez seja desnecessário dizer como os mais importantes meios de comunicação reagiram ao disco. Seguindo o padrão de *Ouça o que eu digo: não ouça ninguém* e *Alívio Imediato*, o quinto álbum do grupo recebeu um malho forte da imprensa especializada.

Na *Bizz*, o crítico Celso Masson classificou as canções como "tudo que a juventude desinformada e ingênua gosta", e conclui que "como todo disco dos Engenheiros, este também é só para enganar otário".

Seguindo o mesmo tom, a *Folha de S. Paulo* afirmou que a faixa-título tenta fazer uma leitura irreverente do contemporâneo no estilo de Andy Warhol, porém "não consegue (...) ser mais que uma brincadeira de crianças", afinal "todos sabem que é um hábito infantil repetir frases sem sentido que formam aliterações". A resenha, assinada por Fernando de Barros e Silva, também lamentou a regravação de *Era um garoto...* ("o trio conseguiu transformar de novo em hit uma canção capenga") e conceituou o álbum como "choradeira contracultural" para "alimentar a indústria da diversão".

O público, no entanto, não só comprou como gostou do álbum, elegendo *O papa é pop* como o melhor disco do ano em eleição da revista *Bizz*. A capa do suplemento que divulgava o resultado da enquete da publicação, feita a partir de votos enviados pelos correios, é a expressão maior do clichê "amados pelo público, odiados pela crítica", pelo qual a banda já era conhecida. Sobre uma foto de Humberto Gessinger, era possível ler: "Melhores de 1990: Os leitores consagram os Engenheiros, já os críticos...". Na eleição popular, os Engenheiros levaram a melhor em sete categorias – LP, vocalista, guitarrista, baixista, baterista, letrista e capa –, mas receberam apenas duas menções na votação dos críticos: pior artista e terceiro melhor letrista.

Além do sólido trabalho que o grupo vinha fazendo junto ao público, um personagem em especial merece crédito pelo bom resultado na eleição. Trata-se do misterioso Homem Só, elemento cuja identidade permaneceu oculta por mais de 25 anos, ou melhor, até a publicação deste livro – mais precisamente, da próxima frase. Nilson Batista, o *roadie* de Carlos Maltz, era quem respondia às cartas de cerca de 70 fã-clubes sob o curioso epíteto. Conhecido pelos fãs como o "*roadie* bonzinho", por facilitar mais o acesso do público à banda, Batista também tomou para si a função de responder as cartas. Quando Gessinger o viu escrevendo, sugeriu a criação do personagem. A ideia de uma identidade misteriosa, aliada dos fãs, que pairava em torno da banda criou forte engajamento.

O Homem Só estimulou os fã-clubes a votarem em peso na eleição da *Bizz*, com a promessa de distribuição dos prêmios ganhos. E cumpriu. O rateio dos troféus se deu por uma promoção. "Para ganhar, é fácil, basta enviar quantas cartas puderem. O clube com maior número de contribuições leva a fatura... Cartas para o Homem Só", explicou Nilson Batista, em carta escrita à mão, xerocada e enviada aos clubes. O Homem Só também aproveitou a ação para fazer graça com um hábito mantido pelo guitarrista do grupo, mas recriminado pela equipe: "Cartas para o Augustinho parar de fumar também serão válidas", escreveu.

O sigiloso personagem ganhou um agradecimento à altura do trabalho que vinha fazendo pela banda e por seus fãs. O sexto disco do grupo, *Várias Variáveis*, que chegou em 1991, prestou tributo a ele. No encarte, é possível ler uma mensagem que, embora permita diferentes interpretações, fazia uma referência clara apenas para admiradores mais dedicados: "Este disco é dedicado ao homem só, seja ele quem for, esteja onde estiver".

Antes mesmo do lançamento de *Várias Variáveis*, mais um episódio curioso envolveu crítica e banda. Foi a participação do trio no Rock in Rio II, na mesma noite em que se apresentaram no Maracanã INXS, Carlos Santana, Billy Idol, Supla e Vid & Sangue Azul. Os Engenheiros fizeram uma apresentação que levantou as 100 mil pessoas do estádio, impressionando o crítico americano Jon Pareles, enviado ao Rio de Janeiro para cobrir o evento. Na capa da seção cultural do *The New York Times* de 21 de janeiro de 1991, o grupo foi destacado por ele ao ter conseguido "tantos aplausos quanto as atrações importadas". Sobre a banda, Pareles escreveu: "Os Engenheiros do Hawaii, cuja aparição remonta a Loggins and Messina, mistura ecos de Sting, The Who, Elton John e John Cougar Mellencamp em canções cuidadosamente trabalhadas que claramente significam muito para seu público, que cantou junto em quase todas elas".

No mesmo dia, no entanto, a *Folha de S. Paulo* encarou o grupo gaúcho sob outra perspectiva. A crítica "Engenheiros demoliram rock" começa com: "O grupo escolar Engenheiros do Hawaii encantou a juventude no show de anteontem (...) O público se encarregou de cantar em coro o rosário de lugares-comuns retro-populistas da banda". O enviado ao Rio sequer se deu ao trabalho de conferir como se escrevia o nome do líder da banda e qual instrumento tocava. "Guessinger (*sic*) solou mais com a cabeleira loura do que com a guitarra (*sic*)", escreveu sobre o baixista, e também o classificou como "o Osvaldo Montenegro do roquinho". O texto conclui que "os Engenheiros fazem um rock de impotência, para a impotência da massa".

Em entrevistas da época, o grupo seguia com a mesma postura de sempre em relação aos críticos: bradando sua indiferença ao que escreviam. "Não estamos nem aí para a crítica e nem aí para o público. É uma arrogância necessária", disse Humberto Gessinger para a *Folha de S. Paulo* de 22 de julho de 1991. Carlos Maltz também demonstrou não ter a autoconfiança abalada a partir do que se falava da banda. Na mesma entrevista, depois de ouvir a pergunta "por que uma banda do sul faz tanto sucesso?", disparou contra o repórter do jornal que tanto o criticava: "Porque somos bons pra caralho".

RELATO SOBRE COMO FICAR INSATISFEITO COM BOB DYLAN

Meu Deus, viajei muito com esse pessoal, eu e minha irmã, a Dine. Podemos dizer que fomos pioneiras nisso, tirando o fã-clube Além dos Outdoors e outras fãs como a Elaine e a Chiquinha. Mas a gente seguiu por mais tempo, foram cerca de 20 anos, e tínhamos uma verdadeira vivência de estrada, uma rotina de turnê. Depois da gente, vieram muitos fãs, mas hoje é tudo muito mais acessível. Naquela época, não existia internet. Era um Guia 4 Rodas que me ajudava.

Gastava tubos de telefone para saber onde seriam os shows, ligava pra todos os hotéis das cidades por onde passariam para saber onde a banda se hospedaria, porque o escritório deles não me dava essa informação. A gente gastava muito com isso, porque, no início, ficávamos com a equipe, mas depois, quando mudou o produtor, a coisa foi ficando um pouco mais complicada, e a banda também mudou de comportamento. A gente não queria ser um peso. Além disso, estávamos mais velhas, então era mais confortável reservar um quarto para a gente.

É impossível dizer a quantos shows eu fui. Só em 1990, n'*O papa é pop*, eu viajei para ver quase 200 apresentações da banda. Foram 189 shows, se eu não me engano, na turnê em que eles estavam preparando *O papa é pop*.

A gente conheceu Engenheiros do Hawaii no dia 19 de abril de 1989. Não tem como esquecer essa data. Tenho tudo anotado, muitos ingressos, passagens de ônibus, credenciais... Eu tinha 19 anos e tinha me mudado do Rio de Janeiro para Santos. Eu tinha um namorado, do qual eu gostava muito, e toda minha turma no Rio, então ficava naquela ponte, todo final de semana indo para lá. Naquele final de semana, acabei não indo por causa de uma discussão com esse namorado. Foi uma coisa assim, sem ter o que fazer, fui ao show. Comprei o ingresso de última hora. Eu só tinha um disco deles, que era o *Revolta dos Dândis*, e lembro que escutei o Chá das Cinco, na Transamérica, um dia antes.

Na fila de entrada, tinha uma galera tirando muita onda com paulista. Achei interessante, falei "pô, esses caras não são daqui". Comecei a bater papo com eles, e descobri que eram do fã-clube do Rio. Eles não tinham onde dormir, tinham ido só para ver os três shows daquele final de semana. Perguntei "Vocês estão onde?". Eles responderam "A gente não está em lugar nenhum". Aí falei para eles dormirem lá em casa. Meus pais estavam na Espanha, viajando. Assisti a esse show com minha irmã, achei o máximo. Mas, na verdade, estava muito mais interessada no pessoal do Rio, de ter encontrado aquele pessoal legal.

Quando acabou o show foi muito interessante, porque em vez de estar preocupada com a banda, queria saber onde o fã-clube estava, porque a gente se perdeu. Eles entraram para o camarim e eu não consegui mais achá-los. De alguma forma, consegui entrar para o camarim. Não lembro quem me colocou para dentro, mas entrei. Quando vi, eu estava na frente do Humberto. Foi muito engraçado. Virei para ele e falei: "Você viu o Beto?". Ele disse: "Sou eu, Humberto". Respondi: "Não, eu não quero você, eu quero saber do Beto" (*risos*). Ele olhou na minha cara e disse: "Beto? Que Beto?". Eu: "O Beto, do fã-clube, que veio ver vocês". Ele: "Não sei onde ele está. Você quer um autógrafo?". Eu estava com um cartaz desse fã-clube na mão, que eu queria devolver. Tenho até hoje esse cartaz autografado. Estava escrito "Além do Rio", porque o fã-clube era o Além dos Outdoors. Falei: "Olha, eu quero falar com o Beto, mas se você quiser dar um autógrafo, não tem problema nenhum, pode assinar aqui". Eu não dei a mínima para ele. Queria saber do Beto.

Aí acabei encontrando o Alexandre, que hoje o pessoal chama de Master. Achei que ele era o Carlos Maltz, pois ele também tinha cabelão. Cheguei para ele, perguntei onde estava o Beto, ele não sabia, aí falei: "Então me dá um autógrafo". Ele me disse: "Mas eu não sou o baterista!". No final, peguei autógrafo dos três, mesmo sem estar nem aí, encontrei o pessoal do fã-clube e arrastei para minha casa.

Na sequência, fui a outros shows e aí eu já comecei a gostar mesmo da banda, não só do fã-clube. Na época, meus pais eram muito bem de vida. Meu pai era distribuidor da Ray-Ban para todo o litoral paulista, e eu e minha irmã trabalhávamos com ele, então era fácil trabalhar até quinta e voltar na segunda.

Os Engenheiros foram para Moscou logo em seguida, daí quando eles voltaram de lá, fui ao primeiro show no retorno. Era um show fechado em um festival do Colégio Objetivo, em Santos, onde eu morava, e só podia entrar quem era da escola. Mas eu perturbei muito o diretor, enchi o saco dele e consegui uma liberação. Consegui também entrar no camarim, pois já tinha um pouco de conhecimento do pessoal da equipe técnica. O Humberto ficou muito feliz de ver eu e minha irmã ali. Foi muito engraçado, porque eu e a minha irmã caímos um pouco no gosto dos Engenheiros. Ela é três anos mais jovem que eu. A gente era muito natural com eles desde o início, não pedia autógrafo e tinha mais amizade com a equipe técnica do que com os músicos.

Lembro do Humberto sentado do meu lado nesse show em Santos. Falei para ele: "Ai, que tênis é esse?". E ele "eu comprei em Moscou, você gostou?". Respondi: "Achei horrível!", aí ele começou a rir. Eu era muito sincera, não puxava saco, então eu acho que eles se sentiam à vontade com a gente, porque não tinha aquela "melação" de fã. Depois desse camarim, a gente ficou conversando um tempão e fomos embora no ônibus da banda, porque o hotel deles era perto da minha casa.

Depois disso, ele falou que ia ter outra apresentação, em 23 de outubro de 1989. Era um novo festival do Objetivo, só que no ginásio do Ibirapuera, e ali estariam também Gilberto Gil, Leo Jaime... Era muito mais difícil de entrar porque era de todos os colégios Objetivo, os de São Paulo e tal, mas eu perturbei, perturbei e perturbei e também consegui. Também era muito mais difícil chegar ao camarim, porque havia uma estrutura de outros artistas, inclusive de maior renome, mas conseguimos entrar outra vez. O Humberto ficou muito feliz de ver a gente, nem acreditou, daí a gente foi estreitando esse laço e começou a viajar direto.

Fizemos uma grande amizade com o pessoal da equipe técnica. O Cássio, o Nilson, o Bruno Maciel, o Marcondes... Todos eram muito legais. No início, havia gente interessada em nós, mas não rolava nada. Era algo tipo: "Vocês são legais, mas a gente não vai ficar com ninguém pra seguir a banda". Aí eles passaram a respeitar muito a gente. O próprio Carlos dizia "ninguém vai tocar nelas porque são da banda!" (*risos*). Era uma coisa muito engraçada. Augustinho, Carlos e Humberto, os três protegiam a gente. O Humberto até chamava a gente de "as gêmeas", isso que a gente não é nada parecida. A minha irmã tem 1,80m e eu tenho 1,60m (*risos*). Todos nos conheciam pelo apelido de Gi e Dine (*abreviação de Claudine*).

Eu e a Dine chegávamos nas cidades sempre às sextas-feiras, e aí cruzávamos a estrada sexta, sábado e domingo com eles de ônibus. Ficávamos no hotel, geralmente em algum quarto com a equipe técnica, então não pagávamos. Era bem uma irmandade, uma coisa de amigo, tipo "quero dormir agora, cala a boca!". A gente chegava na cidade, e a equipe técnica geralmente precisava ir para o ginásio, montar tudo. Aí eu e minha irmã aproveitávamos o quarto deles para dormir e tomar banho antes de ir para a passagem de som.

Eu vi uma entrevista do Carlos em que ele dizia que os Engenheiros eram muito mais um conjunto do que um grupo de amigos, e o Augusto falou a mesma coisa para minha irmã, quando eles se encontraram anos depois, por coincidência. Eu achava estranho que muitas vezes eles não jantavam juntos. Era cada um no seu quarto. Tudo bem cada um ter seu quarto, mas achava esquisito cada um ficar enfurnado lá o tempo todo. Mas, nas viagens, os músicos brincavam muito entre si. Algumas vezes, a gente jantava todo mundo junto, em uma mesa gigantesca com os *roadies*... Então, eles eram muito sossegados entre eles. Só comecei a perceber um clima mais estranho, pesado, depois da gravação na sala Cecília Meireles, que deu no disco *Filmes de Guerra, Canções de Amor*. Mas, até então, mesmo que eles não tivessem amizade, achava a banda com um clima natural.

O que eu e minha irmã tivemos foi uma vivência muito grande com essa banda, a ponto de que, no último show que o Augusto fez, em 1993 no Olímpia, ele veio se despedir de mim. Me chamou em um canto do camarim e me agradeceu. Minha irmã não estava nesse show, então ele falou: "Você é uma pessoa muito legal, a sua irmã também, queria agradecer por tudo, por vocês terem nos seguido, por estarem do nosso lado...". E eu não sabia que era o último show dele. Não entendi aquilo. Depois, viria a notícia.

Eu não participei muito de apenas duas turnês, a do *Surfando Karmas & DNA* e a do *Dançando no Campo Minado*. Engraçado que casei duas vezes e desfiz dois casamentos por causa de Engenheiros do Hawaii, pois descobri que eu era casada com a banda, com a estrada. Acredita nisso? (*risos*).

O último show que vi dos Engenheiros foi em 2008, em Blumenau, aqui pertinho, pois hoje moro em Balneário Camboriú. Depois disso, tive um problema de saúde e, em 2010, me casei novamente. Hoje, sou formada em jornalismo e música. Me tornei evangélica, canto na igreja e também dou aula de música.

Vivemos muita coisa legal, mas também passamos por cada história! Teve show que eu fiquei contando dinheiro. Em uma turnê, o contratante era muito mentiroso, os cachês eram pagos praticamente na hora em que os shows iam acontecer. Foi a turnê roubada, como a gente apelidou. Lembro que um desses shows foi pago com dinheiro da bilheteria. Fiquei no camarim contando aquele monte de notas miúdas, com o produtor. Vivi muita coisa assim, de ajudar a montar camarim, varrer palco, recolher coisa...

Outra vez, em Maringá, a gente não conseguiu entrar no quarto do hotel e também estávamos sem dinheiro. O Caco, iluminador da banda, pegou os travesseiros e os lençóis, passou pela portaria do hotel e falou que ia dormir na van com a gente. O Nilson não deve lembrar, mas também dormiu ali. A Elaine e a Chiquinha também estavam nesse dia. De manhã, o

Caco disse: "Vou trazer café, meninas". Ele e o Nilson foram para dentro do hotel e trouxeram tanto Danone, tanta coisa pra dentro da van... Os caras da recepção ficaram olhando com uma cara... Era um frio...

Já no Hollywood Rock de 1990, em São Paulo, consegui um quarto onde a banda estava. Era um hotel de luxo. Para se hospedar lá foi um parto. Fiz uma reserva mil anos antes do evento, pois queria estar no mesmo lugar do pessoal. Não era possível ficar com os *roadies*, pois havia todo um esquema de segurança. Então peguei um quarto para mim.

Uma semana antes do evento, fui confirmar meu quarto, aí os caras disseram que minha reserva tinha caído, que o hotel estava lotado de tanto artista e que eu não podia ficar lá. Surtei. Briguei com todo mundo, fiz um escarcéu. De última hora, tiveram que me aceitar. Ainda assim, passei o maior transtorno. Quando cheguei lá, me barraram, mesmo tendo reserva, e disseram que eu não entraria se não pagasse em dinheiro. Tive que ir até o caixa-eletrônico, sacar o dinheiro e entregar na mão deles a estadia antecipada. No final, fiquei no mesmo andar do Bob Dylan. Olha só minha ingenuidade: eu queria ficar no andar da minha banda, então fiquei indignada que meu quarto era no andar do Bob Dylan (*risos*). Como era muito caro ficar em um quarto para duas pessoas, combinei com a Dine para ela entrar depois. Lembro que falei para ela: "Que ódio, a gente caiu no andar do Bob Dylan" (*risos*).

Gislene Gómez, jornalista e educadora musical

BANHADO
EM SUOR

NOITE APÓS NOITE, CASSIO ARAUJO SAÍA DOS BASTIDORES E ENTRAVA NO PALCO PARA MAIS UMA PERFORMANCE DIANTE DE MILHARES DE PESSOAS. MAS NÃO PRECISAVA SE PREOCUPAR COM A APARÊNCIA: FICAVA OCULTO DA PLATEIA POR UM RACK DE 15 UNIDADES DE PARAFERNÁLIA, PELAS QUAIS PASSAVAM OS SINAIS EMITIDOS PELOS BAIXOS, TECLADOS E PEDALEIRAS DE HUMBERTO GESSINGER IMEDIATAMENTE ANTES DE TOMAREM AS CAIXAS DE SOM DE GINÁSIOS E CASAS DE SHOWS.

– Era uma geladeira – lembra Araujo, então *roadie* do líder dos Engenheiros do Hawaii, a respeito do imenso equipamento.

Pedaleiras de Gessinger e Augustinho Licks, bem como pads de Carlos Maltz, poderiam soar em diferentes timbres ou ativar sons pré-gravados, como o coro "O pop não poupa ninguém", gravado pelos Golden Boys. Atrás do rack de Gessinger, Araujo se sentava com um caixa de disquetes, cada disquinho responsável por uma sonoridade distinta a ser tocada pelos pés do baixista do grupo.

– Hoje, você bota a discografia inteira dos Engenheiros em um pen-drive, mas naquele tempo tudo era feito com disquete. O coro de *O papa é pop* era um disquete, os coros de *Até quando você vai ficar* era outro, e assim seguia. O aparelho não tinha memória. Eu colocava o disquete, carregava, esperava parar de tocar, ejetava, colocava outro disquete e assim por diante – conta Araujo.

O então *roadie* de Gessinger avalia que estar com os Engenheiros do Hawaii foi um dos trabalhos mais exigentes da sua carreira – anteriormente, ele havia trabalhado com Lobão, e há mais de 20 anos excursiona com Maria Bethânia:

– Era difícil porque não havia nada pronto. Era preciso criar soluções. Por ser um trio e querer reproduzir o que se fazia em estúdio, foram muito à frente em termos de equipamento. Usaram coisa que não se usava.

Desde *O papa é pop*, a parafernália só aumentou no palco. O sistema não era à prova de falhas. Muito pelo contrário. Oscilações de energia, calor ou panes inexplicáveis ocorriam. Em um programa *Bem Brasil*, por exemplo, um aparelho parou de funcionar por conta da alta temperatura, comprometendo trechos da apresentação.

Gessinger sabia dos riscos, mas também estava cada vez mais seduzido pela ampliação de sonoridades no palco. Muitas vezes, ao mesmo tempo em que cantava e fazia suas linhas de baixo, tocava também melodias com os pés por meio das pedaleiras Elka e PK-5 – a última é usada por Gessinger até hoje. Por explorar sonoridades distintas e pelo uso cada vez maior de teclados, os Engenheiros começaram a ser rotulados por parte do público e da crítica como uma banda de rock progressivo, o representante nacional de bandas como Rush ou Genesis. O líder do grupo rejeita a comparação:

– Do progressivo, herdei o lance conceitual e a vontade de escrever músicas que vão além dos três minutos. Mas fica nisso. Minha busca era por preencher os espaços vazios que o trio deixava. Tá faltando um baixo? Então vou fazer com a mão esquerda. Na essência, isso é bem punk. A guitarra do Augustinho não era pesada, e eu não sou um músico virtuoso. Então, fomos preenchendo essas brechas com os teclados e tudo mais. Se for para comparar com alguma coisa, me pareço mais com Sonic Youth, Pato Fu ou algo assim, esses caras que vão atrás de uma sonoridade própria mesmo com limitações técnicas.

A crescente dependência da aparelhagem era também um gerador de tensão. Os três Engenheiros entravam no palco como um time entra em campo, louco para correr por mais de 90 minutos e ganhar o jogo. Quem via o show de dentro presenciava esporros dignos de um treinador em final de campeonato. Aparelhos que pifavam podiam levar alguns pontapés e *roadies* desatentos às vezes eram surpreendidos por uma latada vinda de algum músico em apuros com seu equipamento. No entanto, instrumentistas e equipe técnica não costumavam levar os incidentes em cena para o lado pessoal, e ao menos os entrevistados neste livro não demonstraram ressentimento pelo que viveram.

Na maior parte das vezes, o público não percebia qualquer problema vivenciado no palco. Da plateia, tudo parecia correr como o planejado. Uma exceção, no entanto, é bastante conhecida pelos fãs: a apresentação do *Bem Brasil* de setembro de 1993.

Para alguns admiradores dos Engenheiros do Hawaii, o show, gravado em São Paulo e transmitido pela TVE, é uma prova de que o relacionamento entre Gessinger e Licks não andava bem, o que culminaria no fim da formação GL&M três meses depois. Em partes da apresentação, Gessinger grita algumas vezes ao microfone "guitarra!" e até lança um "acorda, Augusto!" para o colega de banda. É possível que este seja o *Bem Brasil* no qual alguns equipamentos deixaram de funcionar por conta do calor, como citou mais acima Araujo, mas, de qualquer forma, a tensão de Gessinger recaiu sobre Licks.

Mais de duas décadas depois, o líder da banda explica o grito de "acorda, Augusto!" como a tentativa de chamar a atenção do guitarrista por ter esquecido de tocar algo combinado em sua pedaleira. Gessinger afugenta qualquer outra leitura mais séria sobre o episódio.

– Isso era uma coisa como "pô, tu ficou de deixar a porta da casa aberta para eu chegar de noite e esqueceu". É um detalhe de show.

Ao longo das viagens, a banda vinha sedimentando uma sonoridade única, com diferentes potencialidades a explorar. A tensão no palco não era problema para a principal força criativa do grupo. Ao contrário, depois de experimentar diferentes formações a partir de 1994, Gessinger atualmente se apresenta em formato de trio.

– Algumas formações podem deixar as coisas mais fáceis. Mas música é expressão. Ou você sangra no palco, ou é melhor nem sair de casa – empolga-se o músico, em entrevista para este livro.

A empolgação era ainda maior no início dos anos 1990. Não havia descanso para os Engenheiros do Hawaii. De quarta-feira a domingo, o grupo pegava a estrada para correr pelo Brasil. Na segunda e na terça, eles voltavam a se reunir, desta vez para ensaiar músicas novas ou mudanças de arranjos.

No tempo que passava fora do palco ou dos ensaios, Gessinger seguia com algum instrumento pendurado no pescoço ou sentado diante do teclado trabalhando por suas músicas. O compositor vivia um momento de criatividade único, lançando depois de *O papa é pop* os álbuns de inéditas *Várias Variáveis* e *GL&M* em intervalos regulares de um ano, mesmo com a desgastante rotina vivida pela banda.

Álvaro Nascimento, produtor que começou a excursionar nesse período, ficou impressionado com a capacidade de trabalho do grupo:

– Sempre que a gente montava o palco, os rapazes aproveitavam a passagem de som para testar as músicas novas. Eles estavam na estrada, mas já trabalhando no próximo disco. Era Humberto quem impunha esse ritmo. Era algo instintivo nele. E era o tempo exato para as coisas darem certo.

A banda até pensou em não gravar disco em 1991, para baixar um pouco o ritmo de trabalho, que havia crescido ainda mais com o sucesso de *O papa é pop*. Chegaram até mesmo a ceder os horários de estúdio que tinham à disposição na BMG Ariola para a gravadora usar com outros artistas, mas Gessinger passou a acumular tanto material que não havia como esperar mais um ano para registrar tudo aquilo.

– Era meu relógio interno que me ditava esse ritmo. Para a gravadora, quando um disco estourava, o melhor era deixar ele rolar até esgotar. Mas eu sempre botava uma pilha para gravar logo, e eles entravam na onda. Eu tinha essa necessidade interna. Era também um momento musical excitante. Por mais que a gente não tivesse relação pessoal com as outras bandas, quando saía um disco dos

Titãs ou da Legião, havia um diálogo dos trabalhos, que te motiva a escrever.

Sem datas para fazer o disco nas suas dependências, a gravadora colocou os rapazes em um estúdio externo. Era o Impressão Digital, no afastado bairro do Recreio dos Bandeirantes, no Rio. Conhecido pela tecnologia de ponta e pela excelência de seus técnicos, era então o único estúdio do Brasil comparável aos mais modernos do primeiro mundo. Pela manhã, Djavan ocupava a sala, e o restante do dia era dedicado aos Engenheiros. A produção foi assinada mais uma vez pelo trio.

– Gravar no Digital foi uma espécie de presente que a gravadora deu ao grupo – julga Cassio Araujo, *roadie* de Gessinger.

Diferentemente de *O papa é pop*, que teve apenas Araujo como *roadie*, cada um dos músicos tinha seu faz-tudo à disposição para gravar *Várias Variáveis*. Nilson Batista, braço direito de Carlos Maltz nessa época, lembra do cuidado especial que a gravadora disponibilizava para o grupo:

– Passei uma semana só trocando pele da bateria e afinando. A sala era gigante. Eu colocava a bateria em um ponto, passava o som e gravava. Depois, colocava em outro lugar e gravava. Quando o Carlos chegava, eu e *(o técnico)* Frank Lee Garrido mostrávamos as opções de som para ele, que escolhia a melhor.

Em *Várias Variáveis*, os Engenheiros não abandonaram o uso mais livre da tecnologia, adotado em *O papa é pop*, mas deixaram de fora a bateria eletrônica característica do álbum anterior. O recurso foi usado por se aliar ao mundo pop, que costumava ser criticado pelos roqueiros mais convictos pelo uso de facilidades digitais. Desta vez, não fazia mais sentido continuar com ela. No entanto, a Dynacord seguia como um importante recurso para as composições na estrada.

– *Quartos de Hotel*, por exemplo, foi toda programada com bateria eletrônica. O Carlos tirou igualzinho. Tudo o que você ouve nessa faixa o Carlos tocou sozinho, sem nenhum acompanhamento – lembra Nilson Batista.

Entre gravações e mixagem, *Várias Variáveis* foi feito em cerca de seis semanas. "Não consideramos estúdio como um lugar pra criação. Já vamos com tudo pronto. É só fotografar. Sempre foi tão difícil para um gaúcho entrar no estúdio que a gente ficou com isso. Nos sentiríamos superburgueses jogando dinheiro fora. Entrando no estúdio e ficando 'vamos apertar esse botãozinho para ver que luz acende'", explicou Gessinger para o jornalista e músico Carlos Eduardo Miranda, o Gordo Miranda, na revista *Bizz* de novembro de 1991.

Além da bateria eletrônica, o compromisso com as guitarras limpas, assumido em *O papa é pop*, foi quebrado em *Várias Variáveis*. O trabalho de Augustinho Licks com as guitarras distorcidas, iniciado em *Ouça o que eu digo: não ouça ninguém* voltou em faixas como *Sala Vip*, *Quartos de Hotel* e *Sampa no Walkman*.

A própria capa do álbum reforça o sentido de continuidade com o que a banda estava fazendo antes de *Alívio Imediato*. Como o fundo verde, o álbum encerra uma trilogia com as cores da bandeira do Rio Grande do Sul, iniciada com o amarelão *A Revolta dos Dândis* e seguida pelo encarnado *Ouça o que eu digo...*. As engrenagens, represadas na capa do disco anterior, também retornaram com tudo, tendo como destaque um *ouroboros*, o símbolo da serpente que devora o próprio rabo. O desenho reforça o sentido de fechamento de um ciclo.

"Com o disco ao vivo e *O papa é pop*, o primeiro que autoproduzimos, não conseguíamos acabar a trilogia. Só depois da primeira experiência com autoprodução a gente teve tranquilidade para voltar e fechar a sequência", explicou Gessinger na mesma revista *Bizz* citada acima.

Fora do estado de origem, a banda passou a buscar cada vez mais inspiração na terra que deixou para trás. Sendo uma banda de música popular, foi justamente para os artistas populares que os Engenheiros voltaram seus olhos, como Gaúcho da Fronteira. A faixa que deveria alavancar *Várias Variáveis* é *Herdeiro da Pampa Pobre*, composta por Gaúcho e Vaine Darde. Em toda a turnê do disco, Gessinger fazia os shows de bombacha. "Um gaúcho 'para exportação', ainda assim, um gaúcho", escreveu o músico sobre o visual em *Pra Ser Sincero* (2009).

Assim como os discos com os quais compõe as cores da bandeira do RS, o álbum de 1991 também não é composto por hits explosivos como *O papa é pop*. *Herdeiro da Pampa Pobre* não tinha o mesmo potencial popular de *Era um garoto...*, e as outras faixas não brincavam com a estética pop e publicitária como a faixa-título do trabalho anterior, que acabou caindo como uma luva nas programações de rádio. Mesmo assim, canções como *Muros e Grades e Piano Bar* conseguiram grande exposição, além de *Ando Só*, que também segue presente nos atuais *setlists* de Gessinger.

Grande novidade neste álbum são as faixas *Curtametragem* e *Descendo a Serra*, que documentam a banda de modo despojado, sem as características somas de gravações. Os *takes* foram registrados por três microfones espalhados pelo estúdio, que transmitem fielmente tudo o que rolou. "Quisemos mesmo fotografar a sessão. Não aquela fotografia nítida. Nos permitimos alguns borrões", explicou Gessinger na *Bizz*.

Além da aprofundada entrevista assinada por Gordo Miranda com os Engenheiros – o mesmo que, ao lado de Edu K, vaiou o primeiro show dos Engenheiros –, a edição da revista *Bizz* de novembro de 1991 marcou a história do trio gaúcho por ser a única com uma resenha positiva em uma sequência de petardos da publicação contra os rapazes. O texto crítico sobre o álbum, escrito por Alex Antunes, brada nada menos para que "se calem as más-línguas. Recém-saídos da trip esquizofrênica em que o público e a crítica os enfiaram (...), os Engenheiros tiveram alta. E o disco é o atestado". Apesar de reconhecer pontos fracos no álbum, como a "fixação nas aliterações" das letras e a "terrível" capa, a resenha comemora o que considerou como "recuperação da agilidade" de *Longe Demais das Capitais* e de *A Revolta dos Dândis*. "Bem tocado e bem produzido. Uma surpresa surpreendente", arrematou o crítico, fazendo um trocadilho com o fato de que o LP era inesperado pela imprensa, já que os Engenheiros haviam divulgado anteriormente que não haveria material novo naquele ano.

Já a *Folha de S. Paulo* seguiu a sua tradição, desancando *Várias Variáveis* do início ao fim em resenha de Erika Palomino, publicada no dia 21 de novembro de 1991. O ataque começou pela capa "de profundo mau gosto" e seguiu pelas letras, que seriam "elucubrações que não chegam a lugar nenhum", sequência do "messianismo instaurado com *O papa é pop*", responsáveis por transformar Gessinger no "Raul Seixas dos anos 90" – pelo visto, Erika também não gostava do roqueiro baiano. A crítica conclui que a banda continuava a mesma, embora um pouco mais "chata", por conta do "agravante de 'maletice' que é esse regionalismo pampa".

Até mesmo o *Jornal do Brasil*, que costumava receber bem a produção dos rapazes, disparou contra *Várias Variáveis*: "O disco é um rascunho que repete ideias de trabalhos anteriores e derrapa numa aparente fadiga criativa", escreveu Fabio Rodrigues em 1º de novembro de 1991. Já *O Globo* considerou o disco de "alta rotação" – ou seja, ganhou quatro de cinco pontos em uma escala de qualidade –, mas publicou uma resenha neutra, que destacava o fato do trio seguir "inquieto e desiludido" e de que alguns versos sintetizavam "tudo o que quer ouvir a garotada de 15 anos".

Depois do sucesso de *O papa é pop*, era de se esperar que a gravadora quisesse que o grupo repetisse o feito anterior, ou até mesmo o superasse. O indício dessa postura é a tiragem inicial do álbum, que bateu as 150 mil unidades, mais que o dobro do disco anterior, que começou a circular com 70 mil. Além disso, os espaços para divulgar o álbum eram cada vez mais amplos na TV – até mesmo um especial exclusivo com o grupo foi veiculado pela Rede Globo em dezembro de 1991, com cenas de show e entrevistas com a banda.

No entanto, o próprio grupo parecia não fazer esforço para se manter como a banda de rock hegemônica do Brasil, posição que Gessinger julgava "desconfortável", como já exposto neste livro. Como também dito anteriormente, *Várias Variáveis* se filiava mais aos álbuns que antecederam *Alívio Imediato* do que ao universo pop explorado há pouco pelo grupo. Sendo assim, o resultado das vendas também ficou mais próximo de *A Revolta dos Dândis* e *Ouça o que eu digo...* do que de *O papa é pop*, garantindo aos Engenheiros mais um disco de ouro, mas não o segundo de platina.

Na estrada, o reencontro com os fiéis seguidores do grupo continuava a acontecer, com façanhas cada vez maiores. Cinco dias depois de *Várias Variáveis* chegar às lojas, os Engenheiros tocaram pela terceira vez sozinhos em um dos maiores palcos de sua cidade natal, feito único por artistas do Estado, encarando a plateia do Gigantinho em 9 de novembro de 1991. Na mesma turnê, em 11 de julho de 1992, foi a vez de lotarem o Maracanãzinho como única atração, quatro anos depois de darem uma virada em sua carreira no mesmo local, com o show no festival Alternativa Nativa.

Como dito anteriormente, o *ouroboros* da capa de *Várias Variáveis* apontava que a banda encerrava um ciclo. As três cores da bandeira do Rio Grande do Sul estavam completas na discografia da banda, e passaram também a estampar o contrabaixo Steinberger de Humberto Gessinger. O grupo havia concluído uma etapa e, para seguir adiante, era preciso inaugurar uma nova busca. Não foi o que aconteceu. Em dois anos, a formação GL&M romperia de maneira explosiva. Entretanto, antes que a corda que os unia estourasse, jogando cada um para um lado – e uns contra os outros –, os Engenheiros do Hawaii adensariam a sonoridade que vinham desenvolvendo em mais um disco de estúdio e gravariam um álbum ao vivo que ficou sem turnê de lançamento.

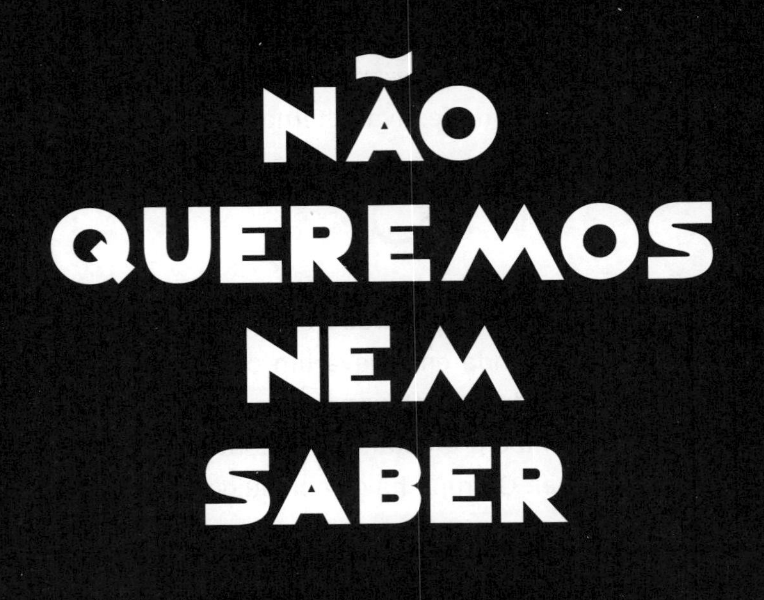
NÃO
QUEREMOS
NEM
SABER

PAQUITA. VANUSA. VERONICA LAKE FAJUTA. OSWALDO MONTENEGRO DO ROQUINHO. RAUL SEIXAS DOS ANOS 1990. A CABELEIRA LOIRA E AS ALONGADAS LETRAS DE HUMBERTO GESSINGER LHE RENDERAM UMA PLURALIDADE DE APELIDOS JOCOSOS, PRINCIPALMENTE DITOS PELAS COSTAS POR QUEM NÃO TINHA MUITO APREÇO PELOS ENGENHEIROS DO HAWAII. COM FAMA NACIONAL E ALTA VENDAGEM DE DISCOS – A BANDA ULTRAPASSOU UM MILHÃO DE UNIDADES EM 1992 –, NÃO HAVIA MAIS COMO FICAR INDIFERENTE AO TRIO GAÚCHO. AINDA MAIS QUANDO ALGUÉM LIGAVA PARA SUA CASA PARA PERGUNTAR O QUE VOCÊ ACHA DELES.

Foi o que o jornalista Luiz Henrique Romanholli fez ao escrever o texto intitulado "A ilha maldita dos Engenheiros", que estampou a capa do Segundo Caderno d'*O Globo* de 4 de julho de 1992. Além de uma grande entrevista com o líder da banda, o texto conta com depoimentos de seus colegas de ofício. É um verdadeiro tiroteio, que dá um bom panorama a respeito da relação do trio com outros grupos e artistas.

Na entrevista, Gessinger volta a elogiar Lulu Santos, com quem já havia vivido uma contenda narrada neste livro, por ter "uma ironia, um certo cinismo que acho genial". Já quando questionado a respeito dos Titãs, o compositor responde: "Titãs é provinciano. Essa coisa de falar mal da igreja hoje. Pelo amor de Deus... Genuflexório... O Lulu tem uma sutileza bem mais atual. Titãs são hippies velhos. Eram hippies e agora cortaram o cabelo. Mas não deixam de ser hippies. Os caras saem abraçados dos shows". A reportagem é ilustrada com uma foto do entrevistado fazendo uma banana.

A reposta dos Titãs veio no dia 17, em uma matéria d'*O Globo* que repercutia a capa do dia 4. Quem tomou a defesa foi o guitarrista Tony Bellotto: "Não entendi por que tanta agressão. Os argumentos dele não me convenceram. Como a coisa de dizer que não podemos falar mal da igreja hoje em dia e depois citar uma palavra da música *Clitóris*, que não tinha nada a ver com a igreja", disse o titã.

O grupo paulista e o trio gaúcho já haviam se bicado anteriormente na imprensa. Em muitas entrevistas, Gessinger havia apontado como ultrapassada a ideia de falar mal da igreja e da polícia, o que indiretamente poderia atingir os Titãs. Por sua vez, o baterista Charles Gavin tornou pública sua aversão pelos autores de *O papa é pop* ao responder que "não veria os Engenheiros do Hawaii" quando questionado sobre o que não assistiria "de jeito nenhum no Hollywood Rock" em *O Globo* de 17 de janeiro do mesmo ano.

Para a matéria do dia 4 de julho, Lobão foi um dos que recebeu a ligação do repórter. Ele tentou demonstrar total indiferença sobre Gessinger: "Não tem a menor relevância para merecer um comentário. Ele é irrelevante para o rock ou qualquer coisa. Por que você está me perguntando isso? Ele matou alguém por acaso?", afirmou o carioca.

Houve quem pegasse mais pesado. "O Humberto Gessinger não passa de uma Veronica Lake fajuta", declarou o jornalista, produtor e compositor Ezequiel Neves. Conhecido como Zeca Jagger, Neves ajudou a catapultar a carreira de Barão Vermelho e Cazuza, sendo também conhecido entre os cariocas como um bom (e ácido) frasista. Zeca explicou melhor a comparação com a louraça, musa da Hollywood dos anos 1940, na reportagem do dia 17: "A única coisa que valia era sua cabeleira, quando mudou seu corte, ela sumiu. Mas os Engenheiros, além de burros musicalmente são mal informados. Será que eles ainda não sabem que o Zeca é um esteta? Jamais transaria com estes monstros". As últimas frases se referem a outras declarações de Gessinger, como explica *O Globo* do dia 17: "Gessinger transportou a polêmica (*iniciada em O Globo do dia 4*) para outros veículos (...). Disse que 'Os Engenheiros não costumam cheirar cocaína na casa do Lobão, nem transar com Ezequiel Neves'".

Outros músicos preferiram não polemizar. Frejat ressaltou que o Barão havia gravado uma parceria entre Gessinger e Dé Palmeira, *O que você faz à noite*, mas disse não acompanhar muito o trabalho dos Engenheiros para fazer algum comentário. João Gordo, do Ratos de Porão, foi pela mesma linha, embora parecesse conhecer menos ainda o grupo. Sobre Gessinger, disse: "Musicalmente não conheço, acho que para o que ele serve, é um bom baterista. Ele é baixista? Pois é, deu pra ver que não conheço nada de rock brasileiro, ô meu. Mas não tenho nada contra o cara".

Conciliador mesmo foi Thedy Corrêa, líder do Nenhum de Nós. O vocalista declarou: "Chegou a haver uma desavença entre nós, que se tornou pública. Mas a gente vai ficando mais velho, mais hábil e hoje superamos essas diferenças. Na verdade, aquilo partiu dele e está encerrado (...). No geral, acho que os letristas brasileiros já estiveram em melhor forma, seja Renato Russo, Humberto Gessinger ou Herbert Vianna. Eu não me comparo a eles, sou um letrista ainda em formação".

Thedy e Gessinger já haviam se provocado mutuamente em veículos de circulação nacional. Uma delas foi em 1989, quando o Nenhum de Nós invadia as rádios e tevês de todo o país com o hit *Astronauta de Mármore*, versão de *Starman*, de David Bowie. Em outubro de 1989, Gessinger declarou à *Bizz*: "Tem muita gente sabendo exatamente o que vai tocar nas rádios. (...) Se (*o grupo*) tem saco para tocar uma versão de David Bowie que não diga nada e isso a seis meses da eleição presidencial, é mérito dele. Pode ser caretice panfletária minha. Acontece que hoje as bandas são uns gigolôs de rádio. Põem um hit lá e ficam ganhando uma grana".

Já em 26 de janeiro de 1991, foi a vez de Thedy Corrêa criticar os Engenheiros do Hawaii, comparando-os à *boy band* New Kids On The Block. Em entrevista por ocasião da segunda edição do Rock in Rio, da qual as duas bandas gaúchas participaram, disparou contra os colegas: "Eles se parecem na falta de conteúdo das letras e de qualidade musical. Insistem naquelas letras cheias de chavões e frases de efeito. Humberto Gessinger parece sofrer a tortura da rima". Ao falar sobre a apresentação no festival, retomou as críticas aos Engenheiros, que haviam se apresentado no mesmo palco no dia 19. "Será um show para que as pessoas se divirtam, dancem. Sem esquecer, porém, que a música até pode ter um papel social, mas nunca do modo leviano como os Engenheiros do Hawaii fazem", disse o cantor.

Mais de duas décadas depois das desavenças, Humberto Gessinger relativiza os discursos agressivos – tanto os que disparou quanto os que recebeu. Para ele, as declarações espelham o tom no qual se discutia o rock nas décadas de 1980 e 1990.

– O espírito da época era meio assim. Tu lê as entrevistas daquele tempo, e elas soam violentas nestes dias mais politicamente corretos. De todos os lados era assim. Quem escrevia sobre música, escrevia assim. Quem ouvia música, ouvia assim. Era um clima de "nós ou eles" – avalia Gessinger.

A própria edição d'*O Globo* do dia 17 aponta que a troca pública de farpas era comum, e nem sempre impedia a boa convivência das bandas. "Bellotto lembra que os Titãs e a Legião Urbana costumavam se atacar através da imprensa e depois, quando se encontravam em festas, se abraçavam, faziam as pazes e esqueciam as brigas", diz o texto. O guitarrista dos Titãs também declarou na mesma matéria que o bate-boca era uma "dinâmica" do meio roqueiro, fomentada pela imprensa: "Até entendo que esta é uma dinâmica das bandas e que vocês jornalistas adoram estimular a discussão".

Atualmente, Gessinger tenta se afastar cada vez mais do ringue da discussão pública:

– Chega uma hora em que tu tem que te fechar um pouco em relação a essas coisas periféricas ao longo da tua carreira. São como os frisos que colocam no carro todo ano para dizer que é um modelo novo. Não é o carro. Não é o essencial. Essa espuma em volta não é a onda – diz o compositor. – Quando tu é jovem, a coisa mais legal é ficar inventando essas frases engraçadas e inteligentes, mas com o tempo isso perde a graça. Tu começa a te focar nos aspectos atemporais do teu trabalho. Hoje acho que, quanto menos eu falo, melhor é para minha música – conclui.

Fofocas e maledicências à parte, fica claro que os Engenheiros eram uma célula à parte no rock brasileiro de então. Não é à toa que o título da reportagem d'*O Globo* de 04 de julho de 1992 é "A ilha dos Engenheiros" e que no dia 17 de julho o mesmo repórter apresenta a banda como "a estranha no ninho do nosso rock". Mais que uma ilha, os Engenheiros do Hawaii eram um arquipélago separado do meio musical do centro do país. Gessinger, Licks e Maltz eram porções de terra não menos distantes entre si, mas que no palco se completavam de modo único.

Desse isolamento tanto externo quanto interno do grupo nasce *Gessinger, Licks & Maltz*, também conhecido como *GL&M*.

– Aquele disco é do Humberto – diz Nilson Batista, que acompanhou as gravações do início ao fim do álbum como único *roadie* de estúdio.

Gessinger havia chegado ao extremo de sua inquietação criativa em agosto de 1992, quando entrou para o estúdio da BMG a fim de gravar o sétimo álbum de sua banda. O compositor chegou a mostrar a demo para Lulu Santos com o objetivo de convidá-lo para a produção.

– Tenho impressão que foi uma coisa de alguém falar para mim que ele estava a fim de nos produzir, e também falar para ele que a gente queria que ele nos produzisse, com a intenção de fazer o encontro – conta Gessinger.

Mas, como disse Nilson Batista, aquele disco era do Humberto. E Lulu parece ter logo sacado isso. Não devia ser difícil. O gaúcho foi falar com ele portando uma demo com as canções inteiras, na ordem em que deveriam entrar no disco e com a capa já desenhada. Alguém que já está com tudo formatado desse modo não precisa de produtor.

Não precisou. *GL&M* foi mais um disco autoproduzido pelos Engenheiros. Na febril onda criativa daqueles dias, Gessinger era sempre o primeiro a chegar ao estúdio. "Numa manhã, cheguei tão cedo que tive que esperar abrirem o prédio. Havia passado o final de semana inteiro escrevendo e reescrevendo coisas", conta o compositor em *Pra Ser Sincero* (2009), ao lembrar que deu de cara com a sala de gravação, que sempre encontrava impecavelmente limpa, coberta de pó de madeira e asas de cupim que se banquetearam no final de semana.

O ritmo criativo de Gessinger impressionava quem estava por perto. Não havia o que pudesse detê-lo em sua imersão musical. Antes da gravação de *Pampa no Walkman*, uma das portas do estúdio foi fechada com descuido, amassando a mão do instrumentista. Os dedos incharam na hora e a equipe técnica concordou que era hora de ele voltar para casa, descansar e cuidar do ferimento.

– Ele foi embora. Mas falei para o pessoal que ele estava com cara de quem ia voltar. E voltou logo em seguida. Dobrou um papel para fazer um palheta bem mole e gravou todo o violão de *Pampa no Walkman*.

Em um momento no qual as guitarras da cena grunge invadiam o rock, Gessinger se dedicou a fazer um disco com muitos teclados – além dos violões de náilon de *Pampa no Walkman* e *Parabólica*. Autodidata, havia começado a tocar o instrumento no palco ainda na turnê de *Alívio Imediato*, viajando com um piano elétrico Rhodes MK-80.

Apesar da demo apresentada a Lulu Santos contar com arranjos para diferentes instrumentos e vocais de fundo, muita coisa mudou ao longo das gravações de *GL&M*, desde seus versos até a sua sonoridade. Diferentemente dos discos anteriores, em que o trio entrava em estúdio apenas para registrar o que já havia sido ensaiado à exaustão, as gravações foram também momentos de criação. "Gravávamos alguma coisa, vinham outras ideias, eu refazia, remontava", escreveu em *Pra Ser Sincero*.

O título *Gessinger, Licks & Maltz* retoma a tradição de usar os sobrenomes dos integrantes para compor o nome da banda de rock, como os progressivos Emerson, Lake & Palmer e o supergrupo Crosby, Stills, Nash & Young. No entanto, mais que isso, o título apontava para o tom pessoal das composições, bem como as fotos estilizadas que compunham o encarte do álbum e o palco da turnê. "Era pra ser uma afirmação da vida real", resume Gessinger em *Pra Ser Sincero*.

– "Eu roubei esses versos como quem rouba pão...". Nossa, essa música é do caralho – empolga-se Nilson Batista ao cantarolar *A Conquista do Espelho*. – "Eu perdi quase tudo que eu tinha / A paz / A paciência / A urgência que me levava pela mão"... Ele estava cantando o que estava vivendo. Não era fácil ser uma banda no *mainstream*. Quem é que tem coragem de cantar que vendeu a alma ao diabo? Era a vida dele que estava ali – conclui.

Um dos mais festejados discos do grupo entre fãs, *GL&M* tem uma sonoridade única e parece não se importar com hits. *Ninguém = Ninguém* foi uma das primeiras faixas a serem trabalhadas, mas foi *Parabólica* que teve a performance mais massiva em rádio. A canção foi composta por Gessinger para sua filha Clara, que havia nascido no início do ano.

O público ficou contente, mas a crítica mais uma vez perdeu a paciência com o grupo. Em 30 de outubro de 1992, a *Folha de S. Paulo* publicou uma resenha de Claudio Tognolli com o título "Guitarrista é culpado no LP de Engenheiros". Para o jornalista, Licks não sabia dominar o *bottle neck*, acessório que faz os sons da guitarra na introdução de *Ninguém = Ninguém*. "Você pode ter a sensação de que sua vitrola ou CD estão com problemas de rotação – mas a culpa é do Licks mesmo", diz o texto. As letras também foram criticadas, classificadas como "gongóricas e incompreensíveis".

A resenha não ficou sem resposta. Pouco mais de um mês depois, *GL&M* apareceu mais uma vez na *Folha*, desta vez em um provocativo anúncio. O reclame, publicado em 7 de dezembro de 1992, contava com imagem de capa do novo disco e trechos de duas críticas. Começava com a de Tognolli: "Nesses tempos de indigência estética, sai mais uma obra para causar dor de cabeça. Sai na praça 'GLM', 7º disco da banda gaúcha Engenheiros do Hawaii. As músicas são furibundas, como todo trabalho desses gaúchos. As letras, gongóricas e incompreensíveis, também cheias daquelas expressões chulas e desgastadas, que o populacho convencionou chamar de 'trocadalhos do carilho'".

No mesmo anúncio, logo abaixo de Tognolli, um trecho de uma rara resenha positiva do álbum fazia o contraponto. O texto foi escrito por Pedro Só e publicado originalmente no *Jornal do Brasil* de 12 de novembro. Assim dizia: "O disco Gessinger, Licks e Maltz é de um grupo importante que deve ser ouvido sem preconceitos (...). Aqueles que criticam a capacidade musical do trio são os mesmos que aplaudem os filhotes da inépcia punk e acham genial o faça-você-mesmo do rock. Os que vociferam contra os jogos de palavras, aliterações, assonâncias e clichês subvertidos das letras de Humberto Gessinger são os mesmos que elogiam os versos autoindulgentes de outras turmas".

Abaixo dos textos, é possível ler em maiúsculas garrafais: "Ninguém = Ninguém. O que importa é você ter sua própria opinião".

Além do anúncio, a banda manteve a provocação aos críticos em entrevista. Na revista *Bizz* de janeiro de 1993, Gessinger disparou contra os que escreviam julgamentos negativos do grupo: "Se os caras querem acabar conosco, vão ter que trabalhar bem melhor do que estão fazendo, nos transformando em heróis. Podiam fazer uma 'associação de críticos contra os Engenheiros', um antifã-clube e tomar chá toda quinta à tarde. Se somos a pior banda do Brasil, esse país é um paraíso, porque somos muito bons".

A própria *Bizz* não se abalou. Em uma resenha de página inteira da revista, Rogério de Campos qualificou as melodias do disco como "monótonas" e as letras como "infames", revelando uma "estética da imobilidade". "O lugar perfeito para ouvir esse disco (e os outros da banda) é em um conjunto habitacional de uma cidade do interior onde só pega um canal de televisão e o calor é tão grande que deixa as pessoas lentas, sem vontade de fazer nada", conclui o crítico.

Em 13 de janeiro de 1993, o jornal paulista *Notícias Populares* documenta mais uma desavença entre o trio e a imprensa. Na reportagem intitulada "Engenheiros tem (*sic*) crise de frescura", o periódico afirmou que a banda não daria nenhuma entrevista por ocasião do Hollywood Rock, festival no qual tocaria no dia 16 do mesmo mês. Assim começa o texto: "Como sempre, a turminha do baixista e cantor Humberto Gessinger já começa fazendo alguma coisa para chamar a atenção para o seu lado. Logo de cara resolveram esnobar a imprensa". Mais adiante, explicam a posição da banda no mesmo tom: "Os bonecos dizem que existe uma cláusula no contrato que não os obriga a dar qualquer entrevista. Só assim eles participam do festival. Eles alegam que, já que os jornalistas só falam mal deles, não são obrigados a recebê-los".

Mal sabiam os Engenheiros que uma vaia muito mais raivosa que a dos críticos os esperava. No gargarejo do palco montado no Morumbi, viveriam um momento lembrado por muitos como o mais difícil da história do grupo.

ESTAMOS SÓS

KURT COBAIN LIDEROU UMA DAS MAIS COMENTADAS APRESENTAÇÕES DA HISTÓRIA DO NIRVANA EM 16 DE JANEIRO DE 1992, DIANTE DAS 110 MIL PESSOAS QUE LOTAVAM O MORUMBI NA SEGUNDA NOITE DO HOLLYWOOD ROCK. PRINCIPAL NOME DA TÃO COMENTADA CENA GRUNGE DE SEATTLE, O VOCALISTA ENTROU EM CENA VISIVELMENTE ALTERADO E COM DIFICULDADE PARA ACERTAR QUALQUER ACORDE. ALÉM DE CUSPIR NAS CÂMERAS DE TELEVISÃO, DESTRUIU INSTRUMENTOS, REFLETORES E AS PRÓPRIAS MÚSICAS EM VERSÕES DESCONJUNTADAS.

Grande parte do público foi embora na metade do show, que ficou marcado para a banda e sua equipe como a pior performance de sua história. Mas, para muitos dos presentes, aquela havia sido uma verdadeira celebração do agressivo, transgressor e imprevisível espírito roqueiro.

Foi esse público, sedento pelas guitarras distorcidas e pela atitude radical das atrações principais, que Humberto Gessinger, Augustinho Licks e Carlos Maltz precisaram encarar naquele úmido sábado paulistano. Era a segunda noite do festival, que se iniciava com a brasileira Dr. Sin e era seguida pelos Engenheiros do Hawaii, pela californiana L7 e pelo Nirvana – aquela edição do Hollywood Rock contava ainda com Alice in Chains, Red Hot Chilli Peppers e Simply Red, entre outros.

Para montar o setlist da apresentação, os Engenheiros pediram a opinião de seus fãs. A banda distribuiu formulários para votação em uma temporada no Imperator, entre 4 e 6 de dezembro de 1992, no Rio de Janeiro. Para a equipe do grupo, a enquete foi um erro.

Mal soaram os primeiros acordes de *Herdeiro da Pampa Pobre*, e as primeiras vaias do público já soavam.

– *Herdeiro da Pampa Pobre* nunca colou entre os roqueiros. Era uma ideia engenheira. Os fãs gostavam. Mas fã é fã. E quem estava ali, próximo ao palco, era gente que havia chegado às 5h da manhã para ver o Nirvana. De certa forma, eram inimigos dos Engenheiros – conta o então *roadie* da banda, Cassio Araujo.

Para quem estava mais longe do palco, o episódio pode ter até passado em branco. Muita gente voltou para casa com a ideia de que o show dos Engenheiros havia sido um sucesso, muito aplaudido pela maior parte do estádio. No entanto, nos 30 primeiros metros de gargarejo, a situação era mais tensa. Esta multidão, munida de jeans com rasgos pré-fabricados, encontrou uma maneira mais efetiva de manifestar sua insatisfação com o grupo além de urrar para o palco. Cortando folhas de papelão – uma marca de cerveja havia distribuído milhares delas, que simulavam uma mão indicando o número um – e as misturando ao saibro da pista que margeava o campo do Morumbi, ainda úmido por uma recente chuva, criavam a munição para atirar contra aquele trio sem graça que atrasava a entrada de seus ídolos. As bolas de papel e terra se espatifavam contra os músicos e seus instrumentos.

No meio do bombardeio, Gessinger pegou o copo de uísque que costumava bebericar ao longo dos shows e o depositou gentilmente na beirada do palco, quase ao alcance do público. Para desviar a atenção de si, ou como uma bravata, disse ao microfone algo como "quem acertar no copo ganha um ingresso para ver nosso show no Rio".

– Aquilo doeu no meu coração. O copo saiu limpo. Não houve nem menção em acertá-lo – lembra Araujo.

As pegajosas bolas iam se acumulando nos instrumentos, caixas de som e qualquer objeto de valor que estivesse à vista, mas a banda não saiu do palco até terminar a apresentação.

– Humberto levou o show até o fim. Heroicamente. Tem muito roqueiro que sairia na segunda música – diz Araujo.

Para a equipe técnica, o resultado foi desolador, como aponta Nilson Batista, então *roadie* de Carlos Maltz.

– A bateria ficou coberta por aqueles coquetéis molotov de barro. A gente ficou arrasado. Eu chorava.

Mas a banda não poderia parar. Uma semana depois, estariam de novo no palco do Hollywood Rock, mas desta vez no Rio de Janeiro, e logo já precisariam seguir para a região Norte, com datas marcadas em Belém (PA) e Manaus (AM). No entanto, não foi fácil se livrar de toda a sujeira atirada no Morumbi. Cassio Araujo, que ficou responsável pela limpeza, afirma que jamais se esquecerá dos dias que se seguiram ao festival:

– Aquilo que o pessoal atirava era devastador. Onde batia, se espalhava e virava um verdadeiro concreto. Tive que levar todos os instrumentos e equipamentos para um lugar e passar um dia inteiro limpando. Só eu sei quanto eu me fodi para limpar aquilo.

Na semana seguinte, o trio repetiu a noite na Praça da Apoteose, no Rio de Janeiro, mas o show não teve maiores percalços. Para a equipe, boa parte da boa recepção se deu por conta da mudança no setlist. *Herdeiro da Pampa Pobre* caiu fora e deu lugar a *Toda Forma de Poder*.

– Humberto começou com "Eu presto atenção no que eles dizem, mas eles não dizem nada", aí pegou melhor. Além disso, São Paulo é mais rock, e o Rio é mais pop – avalia Araujo.

Em 2009, Gessinger passou a limpo o episódio no livro *Pra Ser Sincero*. O músico escreveu: "A imprensa fez a papagaiada de sempre. Nós fizemos o show de sempre. A onda era escarrar? Sinto muito, aí vai uma canção que eu fiz para minha filha. Com meu violãozinho de cordas de náilon. Pra que se monta uma banda, senão para noites como esta?".

O que viria a seguir o distanciaria ainda mais da cena grunge – "não aderir a um movimento pode ser um sinal de respeito a ele", escreveu Gessinger, também em *Pra Ser Sincero*. O disco *Filmes de Guerra, Canções de Amor*, lançado em 1993, veio com duas guitarras semiacústicas, piano, orquestra com regência de Wagner Tiso e percussão. Nada de baixo ou bateria. Menos ainda de distorção. O trio seguia nadando contra a corrente – mas seu fôlego estava prestes a acabar.

CORTANDO O HORIZONTE

O ANO DE 1993 ESTAVA SENDO DE ALTOS E BAIXOS PARA OS ENGENHEIROS DO HAWAII. QUEM CONVIVIA COM A BANDA PODERIA VER BRIGAS, DELÍRIOS DE GRANDEZA, DESTRUIÇÃO DE CAMARINS E FALTA DE DIÁLOGO ENTRE SEUS INTEGRANTES. SERIAM INDÍCIOS DE QUE A FORMAÇÃO GL&M ESTAVA PRESTES A SE ENCERRAR? NÃO NECESSARIAMENTE.

– Desde que comecei a trabalhar com os Engenheiros, logo depois do lançamento de *O papa é pop*, a produção e o escritório já trabalhavam com a possibilidade de uma ruptura. Era visível que aquilo poderia estancar a qualquer momento. Por outro lado, havia uma harmonia muito bacana, um respeito ao público e à marca Engenheiros do Hawaii – conta o produtor Álvaro Nascimento.

Humberto Gessinger, Augustinho Licks e Carlos Maltz tinham suas diferenças, mas todas elas eram equalizadas no palco. O produtor conta que, em um show em Caxias do Sul, em 20 de novembro de 1993, cerca de um mês antes de a imprensa prever a saída de Licks, o baixista e o baterista do grupo passaram o tempo todo brigando na apresentação. Ao deixar o palco, Gessinger teria começado a quebrar o camarim, mas parou ao ser alertado por Nascimento de que os fãs estavam ouvindo a balbúrdia. O produtor afastou quem estivesse próximo e ficou a sós com o músico, que começou a chorar e a tomar uísque compulsivamente. Só algum tempo depois, quando a adrenalina baixou, e público e equipe já haviam se dispersado, é que os dois voltaram ao hotel. Não era algo que ocorresse todos os dias, mas também não chegava a ser uma novidade.

– Todos os três tiveram momentos em que se colocaram em um pedestal. Humberto já virou mesa e quebrou instrumento, mas a gente tem que lembrar que todos tinham seus vinte e poucos anos – pondera Nascimento.

O produtor também lembra que havia momentos em que acompanhava o trio na van que os levava aos shows. O isolamento era total.

– Era um silêncio fúnebre. Você arrumava um assunto, e eles só respondiam com monossílabos. É. Aham. Pode ser... Era um problema entre eles. E a gente jamais ficava sabendo qual era, até porque não era essa nossa função. Mas, de repente, tudo voltava a ficar bem. Era como um eletrocardiograma, cheio de altos e baixos, mas sempre imprevisível – diz Nascimento.

Gessinger não lembra de quebrar camarins, embora reconheça que já danificou um instrumento em um momento de exaltação. Sobre os "mórbidos silêncios" entre os colegas de banda, o líder do grupo afirma que não representavam uma desavença, mas um esgotamento:

– Todas as piadas que a gente queria fazer já tinha feito em sete anos. Vai virando uma rotina e tu começa a ver só o lado ruim das coisas. "Esse show não foi legal", "esse lugar é longe".

O rompimento do trio, em dezembro de 1993, não foi exatamente uma surpresa para quem trabalhava com os músicos, mas foi recebido por muitos com certo espanto. Álvaro Nascimento, que já havia se habituado à ideia de um fim próximo, ficou assombrado quando ela de fato se materializou:

– Como era possível? A gente havia feito três shows em São Paulo cerca de uma semana antes, e todos foram ótimos. Até a última apresentação, eles mantiveram uma redoma de respeito sobre o público e sobre essa entidade que era a marca Engenheiros do Hawaii. Não houve curva de declínio para a banda. Ela acabou em alta. O problema foi com seus integrantes.

Havia mesmo muitos motivos para acreditar que a banda seguiria em frente. O grupo havia recém lançado o disco *Filmes de Guerra, Can-*

ções de Amor, e tocado no Japão e nos Estados Unidos. É verdade que os cinco shows em Nagoya e Iwata, no início de julho daquele ano, não foram um grande sucesso de público. A contratação foi feita por um rico empresário local, por indicação de sua namorada, uma brasileira com ascendência nipônica que lá morava. Sem muita experiência no ramo, o contratante teve algumas desavenças com a família por ter superestimado o sucesso de uma banda brasileira no Japão, ainda mais com uma divulgação pouco eficiente. No entanto, banda e equipe receberam seus cachês e diárias rigorosamente, além de terem passado uma inesquecível temporada no luxuoso hotel Hilton Nagoya, em cujas proximidades os *roadies* fizeram sucesso com suas camisetas da Seleção Brasileira. Gessinger havia conseguido um patrocínio da Umbro, que lhes passava os fardamentos. Peça rara entre os japoneses, o uniforme canarinho chamava atenção por onde passava. Nas lojas de eletrônicos, vendedores ofereciam câmeras de última geração em troca de uma roupa suada. As malas voltaram cheias de badulaques hi-tech.

Mas quem deixou os japoneses verdadeiramente boquiabertos foi Augustinho Licks – e não foi por conta do futebol. A parafernália que usava em suas guitarras deixou técnicos das casas por onde passava impressionados. Mesmo em um ambiente muito mais desenvolvido tecnologicamente do que o Brasil era difícil encontrar quem compreendesse as minúcias do equipamento usado pelo guitarrista.

– Os japoneses ficaram abismados com o que o Augusto fazia. Era um equipamento muito louco – relembra o *roadie* Cassio Araujo.

Nos EUA, o público de Los Angeles e San Diego também não passava de algumas centenas, mas não representava um problema, já que aquela era mesmo uma escala obrigatória na volta, e eles aproveitaram a passada para gravar cenas no deserto de Mojave para o clipe de *Realidade Virtual*.

Filmes de Guerra, Canções de Amor também fazia seu papel. Com quatro canções inéditas – *Realidade Virtual, Às Vezes Nunca, Quanto vale e vida* e *Mapas do Acaso* – e oito regravações, o álbum seguia a senda trilhada pelos anteriores, vendendo bem e tomando porrada da imprensa. Com o cabelo cortado, Gessinger assumiu a guitarra semiacústica na maior parte das faixas, ao lado da guitarra também semiacústica de Augustinho Licks e da percussão de Carlos Maltz. Algumas faixas contam com a participação de vinte músicos da Orquestra Sinfônica Brasileira, sob a regência do mineiro Wagner Tiso. Também houve participação de Paulo Moura, no sax de *Às Vezes Nunca* – faixa na qual Tiso toca sanfona. A gravação se deu em dois dias na Sala Cecília Meireles, no Rio de Janeiro, com presença de fãs e convidados, tendo Mayrton Bahia como produtor. O show também saiu editado em vídeo, sendo lançado em fita e, mais tarde, reeditado em DVD.

A *Folha de S. Paulo*, em 11 de outubro de 1993, publicou uma resenha de Hélio Gomes, que considerava *Mapas do Acaso* "um empastelamento de chavões sinfônicos", classificava a voz de Gessinger como "tão expressiva quanto um saco de risada" e chamava a participação do público de um "coro de menudetes aposentadas". Em pequena nota, *O Globo* considerou o disco "pretensioso e algo vazio", e afirmou que os fãs poderiam "embarcar sem problemas nesta viagem ao redor do umbigo de Gessinger". Mas quem chutou o balde mesmo foi a *Bizz*, que teve resenha assinada por Alexandre Rossi. "Esse disco novo, para variar... é uma bosta", resume o texto. Para o crítico, os "antigos sucessos" foram "surpreendentemente piorados" por Wagner Tiso. "Transborda-se mediocridade, arpejos de descanso de telefone de dentista, timbres enervantes e letras profundas como um banco de areia", avalia o crítico.

Uma honrosa exceção ao tiroteio dos críticos contra os Engenheiros do Hawaii veio mais uma vez do jornalista Pedro Só, o mesmo que elogiou *GL&M* no *Jornal do Brasil*. Desta vez, ele escreveu na revista *General* que "*Filmes de Guerra*... é um belíssimo trabalho, um projeto que pouca gente no pop nacional teria condições de executar sem passar ridículo". Em resenha de uma página, elogiou a "elegantíssima" guitarra de Licks e o vocal de Gessinger, por não ter "a menor intenção de ser cool, rasgando-se em alguns rompantes".

Para o líder da banda, *Filmes de Guerra, Canções de Amor* foi uma tentativa de levar adiante uma formação que já havia se esgotado artisticamente, depois de uma série de álbuns tão inventivos.

– Não tinha mais para onde a gente ir. O elástico já tinha se esticado ao máximo. Lembro de ter ficado algumas madrugadas em Gramado pensando no que a gente podia fazer. Pela primeira vez, estava escrevendo um disco me sentindo limitado.

Foi ainda em Gramado, onde costumava descansar, que encontrou uma nova sonoridade para *Filmes de Guerra, Canções de Amor*. Em uma livraria da cidade, encontrou uma edição importada da revista *Guitar Player*. Na publicação, havia uma grande reportagem com o jazzista americano Tuck Andress. Gessinger foi correndo até a central telefônica mais próxima – não tinha telefone em sua casa – para fazer contato com Licks: havia encontrado ali uma solução acústica diferente dos *unpluggeds* que a MTV já começara a fazer. A revista mostrava toda a aparelhagem usada pelo músico, que o guitarrista dos Engenheiros mandou importar.

– No fim, o microfone era tão sensível que pegava até o som do metrô que passava do outro lado da rua da sala Cecília Meirelles, aí tivemos que jogar fora a gravação da primeira noite. Mas isso demonstra a generosidade do Augustinho. Ele entendia de equipamento muito mais do que eu, mas foi em busca assim que dei a ideia – conta Gessinger.

Para o líder da banda, o fato de Licks ter comprado equipamentos novos, deixando tudo pronto para os ensaios que se avizinhavam, demonstra que o guitarrista se manteve interessado e disposto a trabalhar até seus últimos meses de banda. A conclusão se opõe à versão de Carlos Maltz para o fim do trio. Segundo o baterista, ele e Gessinger achavam que, em virtude de um relacionamento amoroso mais sério do guitarrista, este se afastava do grupo, perdendo o interesse que até então demonstrava no trabalho.

– Eu e o Humberto tínhamos nossas mulheres, mas nosso casamento mesmo era com a banda. E o Augustinho encontrou uma mulher e casou com ela. Isso foi uma coisa inadmissível para a gente naquela época. Era como se a gente fosse padre, mas ele abandonasse a batina – reflete Carlos Maltz, mais de 20 anos depois do ocorrido.

Gessinger não confirma que via desinteresse em Licks:

– Não. O Augustinho sempre foi muito correto.

No entanto, mais um dado aponta que o comportamento do guitarrista estava sendo encarado como distanciamento, pelo menos para Maltz. Na sessão de julgamento do processo judicial movido por Licks contra Gessinger e Maltz, o baterista afirmou sob juramento que, desde o disco *GL&M*, o companheiro de banda "já não colaborava tanto como no início", conforme é possível ler no registro das oitivas.

Para o líder dos Engenheiros, o gradual esgotamento das possibilidades artísticas entre os integrantes da banda é que foi minando sua formação clássica. Sobre Licks, o compositor lembra que o companheiro de grupo ficou chateado com algumas críticas, como as da resenha "Guitarrista é culpado no LP de Engenheiros", que Claudio Tognolli escreveu para a *Folha de S. Paulo* sobre o álbum *GL&M*.

– Me surpreende mais a permanência durante tanto tempo do que o fim dessa formação. A gente veio de uma velocidade máxima, me pegou em uma superatividade de produção, apanhando muito da crítica. Chega uma hora em que tu olha para o lado e pensa "ah, se eu tivesse um guitarrista mais pesado..."; o guitarrista pensa "porra, se meu cantor tivesse umas músicas melhorzinhas..."; e o baterista pensa também outra coisa – explica Gessinger.

O músico argumenta que pensamentos como o descrito acima iam se acumulando com o tempo, não havendo um momento ou fato específico que tenha colaborado para o rompimento:

– Começam a rolar essas rachaduras internas e, se a banda for formada por três alemães porto-alegrenses, eles não vão se falar, e esse negócio vai aumentando. Depois que desmorona, as pessoas querem saber onde foi que começou a desabar, mas foram essas coisas pequenas que deram nisso.

Filmes de Guerra, Canções de Amor foi a última tentativa de manter unido um grupo cujas "rachaduras" logo se mostrariam irreversíveis.

– Depois de ter feito *GL&M* e *Várias Variáveis*, com canções que exigem que a banda esteja afinada e focada, já não tinha mais firmeza de que *(os demais integrantes)* iam comprar minhas ideias do mesmo jeito. Esteticamente, sentia que algumas portas haviam se fechado na banda – relembra Gessinger.

Seja por enxergarem um suposto desinteresse de Augustinho Licks ou por estarem vivendo uma combinação de esgotamento e falta de diálogo – ou ainda por uma combinação disso tudo –, Humberto Gessinger e Carlos Maltz decidiram que era melhor seguirem adiante sem o guitarrista. No entanto, o modo como o rompimento foi feito teve consequências desastrosas.

– Foi uma verdadeira criancice – define Gessinger.

Em uma reunião com Licks, na qual o líder do grupo não estava presente, Maltz anunciou a saída do guitarrista.

– Teve um momento em que a gente comunicou a ele que não estávamos mais a fim de que ele ficasse na banda – conta Maltz. – Era uma coisa que, à época, fazia sentido, porque a gente tinha chamado ele para entrar na banda. Então, do mesmo modo como tínhamos chamado, estávamos demitindo. Mas, olhando hoje, percebo que isso foi uma coisa completamente absurda. A banda era ele também. Não éramos mais donos do grupo, como achávamos – avalia o baterista.

A conversa descrita acima provavelmente ocorreu nos primeiros dias de dezembro de 1993. No dia 17 do mesmo mês, a primeira notícia sobre a separação de Licks ganhou a imprensa, ainda como uma hipótese. Na reportagem "Repertório acústico racha Engenheiros" do jornal *O Globo*, o texto afirma que "Licks procurou um famoso advogado carioca para garantir seus direitos, no caso de sair do grupo", mas o produtor Álvaro Nascimento desmentiu a ruptura e o cancelamento, afirmando que o grupo estava apenas "de férias".

Quatro dias depois, a empresa M.J. Comunicações entrou com o pedido no Instituto Nacional de Propriedade Industrial (INPI) para registrar em seu nome a marca "Engenheiros do Hawaii". Em 12 de janeiro de 1994, uma alteração no contrato social da M.J. consolidaria Augustinho Licks e sua esposa, Márcia Jakubiak, como os únicos sócios da empresa – até então, a M.J. era de Márcia e de um sócio minoritário, que detinha apenas 4% das cotas.

O guitarrista não planejava fazer qualquer novo trabalho sob o nome de Engenheiros do Hawaii. A tentativa de registro do nome do grupo por Licks, via M.J. Comunicações, era apenas estratégica. Tratava-se de um modo que o músico encontrou para se assegurar de que receberia um valor justo por sua saída da banda – Gessinger e Maltz inicialmente não pretendiam pagar nenhum valor substancial a ele, pois assim procederam com Marcelo Pitz, sete anos antes, e não viam motivos para agir diferente.

No processo judicial que Licks moveu em janeiro de 1994 contra os ex-parceiros, a estratégia fica clara. Pode-se ler no texto da ação que "o Autor (*Augustinho Licks*), também sócio da empresa M.J. Comunicações LTDA., (...) registrou a marca 'Engenheiros do Hawaii' no nome da referida sociedade, não com o objetivo de usá-la sem antes dividir os haveres da sociedade com os réus, mas com o firme propósito de impedir que qualquer outra pessoa, tirando proveito do desentendimento entre Autor e Réus (*Gessinger e Maltz*), da marca se apoderasse". Ainda sobre o tema, o documento conclui: "O valor da marca será levado em consideração na apuração da partilha dos haveres da sociedade de fato".

A notícia de que Licks havia dado início ao registro do nome Engenheiros do Hawaii abalou Gessinger e Maltz.

– Para mim e para o Carlos, a saída do Augusto foi quando a gente deixou de ser criança mesmo. Até então, a gente era uns caras da faculdade de Arquitetura que montaram uma banda e tudo foi dando certo. De repente, te dizem que tem uns caras que vão falar com advogado... Ahn? Mas como assim? – relembra Gessinger.

O compositor também recorda do sentimento de inadequação diante daquele momento. Depois de consultar um advogado, resolveu escrever um texto a respeito do que estava ocorrendo, mas o resultado ficou tão infantil que os envolvidos acharam melhor não divulgá-lo.

– Se aquele texto algum dia for descoberto e publicado, vou me matar, me jogar pela janela – exagera o autor. – Parecia criança chorando. Era um papo filosófico, artístico. A gente começou a se dar conta que a vida real não era assim. Ficamos tri perdidos – completa ele.

Maltz também conta que ficou marcado pelo momento:

– Aquele lance de "tem uns amigos tocando comigo, eles são legais, além do mais, não querem nem saber" é o que a gente era. A gente gostava do ritmo alucinante do nosso trabalho porque isso nos mantinha fora do mundo. Essa era a nossa droga. Vivíamos em uma bolha, onde a gente só vivia a banda, o sonho da banda... Estávamos vivendo nosso Pink Floyd particular. De repente, tínhamos que lidar com advogado, com causa... Foi uma coisa que me deixou muito revoltado.

A revolta do baterista e do baixista ficou mais do que clara nas declarações que deram aos jornais da época. No último dia do ano de 1993, o *Jornal do Brasil* publicou uma matéria sobre a contenda, intitulando-a com uma declaração de Maltz. Em letras garrafais, estava escrito "Licks é um burocrata". Era a primeira vez que o baterista rompia o silêncio para falar do tema. Em determinado trecho, ele declara: "Até seria melhor que tivessem rolado uns tapas, mas nós não somos de briga. O que aconteceu é que o Augusto estava muito burocrático, tipo guitarrista profissional contratado, que sempre foi o caminho dele".

Dias depois, no jornal porto-alegrense *Zero Hora*, o baterista pegou mais pesado. Desta vez, o título foi "Maltz diz que Licks era um peso morto". Entre as declarações, publicadas em 7 de janeiro de 1993, o músico afirmou que considerava "uma atitude covarde" a contratação de um advogado por Licks ("parece até papo de mulher que se separa do marido"), que o guitarrista "nunca foi um engenheiro do Hawaii de verdade" ("parecia mais interessado no dinheiro do que no som") e que era um "mala" ("Se tivermos que comparecer ao tribunal vamos levar o nosso ortopedista como testemunha, para mostrar nossas costas encurvadas de segurar esse mala por tanto tempo").

Já Gessinger, que passou a maior parte do tempo em sua casa em Gramado – aquela que não tinha telefone –, não atendeu a imprensa na época. Apenas uma suposta declaração sua causou repercussão. Em uma matéria da revista *Veja* de 12 de janeiro de 1994, há uma foto do compositor com a seguinte legenda: "Humberto Gessinger sobre o ex-colega: 'É um chato'". Na entrevista, é atribuída a ele a seguinte frase sobre Licks: "É um chato, que nem se vestir sabe".

Mais de 800 mil exemplares da publicação da editora Abril circularam por todo o Brasil, mas nenhuma das frases ali contidas era de Gessinger. Mais tarde, a própria casa editorial assumiu não ter entrevistado o músico. Questionada pela Showbras, escritório que empresariava a banda, a jornalista Marleth Silva respondeu em carta: "procurei os três componentes da banda, e não encontrei nenhum". Segunda ela, as declarações teriam sido relatadas por terceiros, cujos nomes não seriam revelados, uma vez que tinha "direito e dever de preservar nossa fonte".

Só no *Jornal do Brasil* de 3 de fevereiro de 1994 que Gessinger deu uma alfinetada no ex-companheiro. Ele declarou: "É uma barra enfrentar a estrada se não houver uma relação boa; é melhor trabalhar num banco como burocrata. Só a criatividade pode resistir à estrada. E o Augusto era meio inerte". No entanto, na mesma entrevista pondera que "Augusto era gente fina" e que a formação GL&M acabou porque "se esgotou".

Licks não respondeu a nenhuma das provocações na imprensa. Pegou o carro e saiu para uma viagem pelo litoral brasileiro, parando de praia em praia entre Rio de Janeiro e Porto Alegre. Era uma maneira de ficar distante do batalhão de fãs e jornalistas que fazia ponto em frente à sua casa, no bairro carioca da Urca – cartas de admiradores inconformados com sua saída chegavam aos sacos dos correios.

Afonso Roberto, o Beto, irmão de Licks, foi um incentivador do silêncio. Meses antes, o jornalista havia passado por um escândalo midiático que ficou marcado na história brasileira: a cassação do mandato de Ibsen Pinheiro na Câmara dos Deputados. Beto era assessor de Pinheiro quando o episódio ocorreu. O deputado era inocente, mas a Justiça só o reconheceu em 2000, no entanto, já era tarde: a imagem do parlamentar já havia sido condenada pela imprensa.

– Aconselhei muito Augustinho. Ele não queria confronto. Então expliquei que, se ele desse uma declaração, ao invés da frase dele aparecer no jornal no dia seguinte, lá estaria mais um desaforo contra ele. É que o repórter que o ouvisse ligaria também para a outra parte, para ter a opinião do outro lado. Então decidiu-se que era melhor ficar quieto – esclarece Beto.

Dedé Ribeiro, produtora cultural em Porto Alegre e amiga de Licks, lembra que o músico decidiu que só voltaria a falar com os ex-companheiros de banda na Justiça:

– Augusto ficou muito arrasado e surpreso pelo modo como se deu sua saída. Sabia que, se falasse algo a respeito, poderia dizer coisas que não queria, pelo calor da hora. Então fechou essa porta. E jamais abriu.

Por intermédio de seu advogado, Augustinho Licks moveu uma ação ordinária na 2ª Vara Cível do Rio de Janeiro contra Humberto Gessinger e Carlos Maltz, na qual pedia dissolução da sociedade de fato e indenização por danos morais e agressão à imagem. O ingresso da ação se deu em 25 de janeiro de 1994.

No documento, Licks buscava provar que, desde 1987, quando ingressou nos Engenheiros do Hawaii, compunha com os outros dois companheiros de banda uma sociedade de fato, ou seja, apesar de não firmada em documento, haveria uma conjugação de esforços de seus integrantes para um fim comum, a melhor exploração de suas atividades profissionais. A sociedade teria progredido muito nos sete anos em que Licks dela participou, até que houve uma quebra dos elementos subjetivos que uniam seus sócios. Sendo assim, o autor da ação requeria que a Justiça decretasse a dissolução desta sociedade, determinando que Gessinger e Maltz pagassem a ele o valor que lhe cabia por sua saída. Uma perícia judicial deveria apurar que valor seria esse.

Sobre a indenização por danos morais e agressões à imagem profissional, a ação se referia a declarações de Maltz e Gessinger sobre o ex-companheiro de banda dadas à imprensa da época, principalmente as citadas acima neste livro. Adjetivos como "mala", "inerte" e "burocrático" teriam abalado o guitarrista e ferido o modo como o meio musical e o público encaravam seu trabalho. Por conta disso, pedia uma indenização de 12 mil salários mínimos – 6 mil de cada um dos ex-companheiros. Na época, este valor era equivalente a cerca de 800 mil dólares.

Em 2 de fevereiro de 1995, enquanto a capital fluminense se preparava para ver os Rolling Stones no Maracanã, Licks, Gessinger e Maltz se enfurnavam em uma sala de audiência para tentar dar fim ao processo que começara mais de um ano antes. Em parte, tiveram sucesso. Uma conciliação sobre o pedido de dissolução de sociedade de fato foi aceita pelas partes. Segundo o acordo, Gessinger e Maltz teriam que pagar 60 mil dólares a Licks, em três prestações. O guitarrista, por sua vez, abria mão da marca "Engenheiros do Hawaii", comprometendo-se em transferir seu registro aos ex-companheiros de grupo.

Já em relação à indenização por danos morais e à imagem, as tentativas de acordo foram infrutíferas. A questão voltou a ter progresso poucos meses depois do acordo, quando o juiz elaborou sua sentença, condenando os réus a indenizarem Licks em 400 salários mínimos pelas declarações dadas, além do pagamento de despesas processuais e honorários de advogados. A decisão foi publicada em Diário Oficial no dia 12 de abril de 1995.

Parece que nenhuma das partes ficou contente com a sentença. Ambas apresentaram apelação cível. Licks pedia que a sentença acolhesse o valor inicial da indenização, de 12 mil salários mínimos;

já Gessinger e Maltz requeriam o contrário: sem especificar valores, queriam que o valor fosse "fortemente reduzido".

Os desembargadores da 7ª Câmara Cível do Rio de Janeiro decidiram, então, em acórdão, dar provimento parcial ao apelo de Gessinger e Maltz, reduzindo a indenização de 400 para 30 salários mínimos mais os ônus sucumbenciais da sentença – o desembargador Gustavo Itabaiana foi voto vencido na decisão. A notícia do acórdão foi publicada no Diário Oficial em 25 de setembro de 1995.

Na sequência, os advogados de Licks moveram um recurso especial para elevar a indenização, mas não houve sucesso. Assim, os autos foram conclusos em 10 de janeiro de 1997.

Sendo assim, depois da batalha judicial, Humberto Gessinger e Carlos Maltz precisaram pagar a Augustinho Licks 60 mil dólares pela dissolução de sociedade de fato e 30 salários mínimos por danos morais e à imagem, além de uma soma desconhecida de honorários e custas processuais.

Desde então Augustinho Licks não voltou a tocar em bandas ou em projetos musicais de maior porte. Compôs algumas trilhas para teatro e mantém um workshop em que compartilha seus conhecimentos musicais com diferentes gerações, montando-o sem periodicidade definida em diferentes cidades do país. O músico vive no Rio de Janeiro, onde continua sendo assediado por fãs de todo o Brasil. No entanto, é avesso a entrevistas, principalmente quando o tema é Engenheiros do Hawaii.

– Às vezes chegam no bairro alguns fãs de lugares distantes do país, trazidos por amigos cariocas como o Emerson Gimenes. Formou-se até uma "turma da mureta", e a maioria nunca me viu tocar ou no máximo era criança acompanhando os pais em algum show. Conversamos ali, e por vezes rola alguma emoção a mais, tamanho é o efeito residual do que aconteceu na época da banda – escreveu Licks, por e-mail.

O guitarrista não descarta uma volta aos palcos, mas não tem data:

– Adoraria tocar para essas pessoas, mas não para aproveitar a carência delas. Quem sabe um dia alguma coisa faça sentido, ganhe forma, e eu consiga criar as condições necessárias.

NEM
POR ISSO
FICAREMOS
PARADOS

OS ENGENHEIROS DO HAWAII AGUARDAVAM NO AEROPORTO DE CURITIBA O ÔNIBUS QUE OS LEVARIA AOS SHOWS DO FINAL DE SEMANA NO INTERIOR DO PARANÁ. ERA MADRUGADA, E O VEÍCULO ESTAVA ATRASADO. SEM MAIS NENHUM VOO POR CHEGAR OU SAIR, APENAS A BANDA E UM PAR DE SEGURANÇAS ESTAVA NO LOCAL, COM TODAS AS LOJAS E BARES FECHADOS.

O grupo estava reformulado, e começava a andar de vento em popa. Com Humberto Gessinger, Carlos Maltz, Ricardo Horn, Fernando Deluqui e Paulo Casarin, os Engenheiros estiveram em rede nacional em programas como *Domingão do Faustão*, *Programa Livre* e *Luau MTV*. Nas rádios, o hit *A Promessa* fazia seu papel de catapultar as vendas de *Simples de Coração*, álbum que atingiu a marca de 100 mil unidades comercializadas apenas um mês depois de lançado, dando ao grupo mais um disco de ouro.

Pelo sucesso que a banda voltava a ter dois anos depois do baque sentido pela saída de Augustinho Licks, era de se presumir que os integrantes viviam um momento de euforia e comemoração naquele solitário aeroporto Afonso Pena. Que nada. A tensão que os cercava era tão densa que parecia capaz de ser tocada no ar. Humberto Gessinger e Carlos Maltz já não se falavam há meses, e o diálogo deles com os outros músicos também não era exemplar. Mas ficaria pior.

Ninguém se lembra muito bem o que foi dito naquele espaço capaz de acender em Maltz uma fagulha de raiva há tempos exposta... De repente, o cabeludo baterista, fazendo jus ao apelido de Capitão Caverna, foi visto voando no meio daquela sala. E só tocou o solo quando atingiu seu destino: o pescoço daquele que era seu companheiro de banda há mais de dez anos.

Motivado por algo que ouviu Gessinger conversar com alguém e tomou por provocação, Maltz teve um rompante e quase transpôs a barreira da agressão física.

– Ele me imobilizou – relembra Gessinger, com os olhos distantes. – Eu estava falando bobagem com um *roadie*, e devo ter feito alguma piada que se relacionou com algo que ele estava vivendo. Mas não era a intenção, eu não sabia o que estava rolando com a vida do Carlos naquela época.

O vocalista não reagiu. Já o baterista chegou a cerrar o punho e erguê-lo, mas o golpe não veio.

– Olhei para o rosto do Humberto e vi um menino. Uma criança. Por isso o larguei – conta Maltz, explicando que se deu conta do caráter emocionalmente frágil e imaturo do colega naquele momento.

Quem esteve perto jura que não foi bem assim, e que deu trabalho à equipe apartar Maltz de Gessinger antes que aquele chegasse aos finalmentes. Seja como for, algo já havia se rompido há muito tempo entre os dois. Apesar de seguirem lado a lado, estavam mirando em direções opostas. Logo cada um estaria livre para trilhar seus próprios (e tortuosos) caminhos.

Quando Augustinho Licks saiu dos Engenheiros do Hawaii, Humberto Gessinger e Carlos Maltz precisaram furar a bolha que os conectava a um mundo feito apenas de música, poesia, estrada e criação. Como Maltz apontou anteriormente, ambos precisavam desembarcar de um sonho de "Pink Floyd particular", para tratar com advogados sobre causas, marcas e indenizações.

É claro que houve resistência em aceitar a nova realidade. Talvez em busca de reatar certa ingenuidade inaugural, Gessinger convidou um componente de seu antigo regional de chorinho, que não via há dez anos. A entrada de Ricardo Horn foi justificada na imprensa pela antiga amizade entre os dois músicos. Palavras como "identificação pessoal" não eram escondidas dos repórteres. "Os dois (Gessinger e Maltz) dizem que não procuraram o melhor guitarrista do Sul, mas alguém com quem tivessem mais afinidade", registrou a matéria "Os Engenheiros de volta às origens", do *Jornal do Brasil* de 3 de fevereiro de 1994.

Cadinho, como Horn era apelidado, era o mais virtuosista do grupo de chorinho que compunha com Gessinger e outros colegas de Anchieta na adolescência. No entanto, não fez carreira como músico. Era, na verdade, um guitarrista amador de jazz e blues, que cursava jornalismo e trabalhava no banco de dados do jornal *Zero Hora*. As pouco conhecidas Sucata e Big Family foram algumas bandas pelas quais passou. A ideia de integrar os Engenheiros do Hawaii soou como uma brincadeira para ele.

Cadinho atualmente mora em São Paulo, onde deixou a música de lado para trabalhar com marketing digital.

Os ensaios de adaptação se deram ao longo de meses em Porto Alegre. Nem instrumentos adequados para uma *gig* Cadinho tinha à disposição. Ele começou a tocar com uma Gibson Lucile dada a ele por Gessinger – o instrumento havia sido anteriormente de Lulu Santos –, mas aos poucos foi adquirindo equipamentos para montar um bom set.

A estreia do novo trio se deu no Rio de Janeiro, na Enseada Botafogo, em 12 de maio de 1994. Depois de quase um ano de shows, o escritório que empresariava o trio estava descontente com as performances, e começou a pressionar por mudanças.

– Estávamos virando outra vez uma banda de garagem – relembra Maltz. – Não tenho nada contra o Ricardo Horn, mas ele não estava em condições de assumir aquilo ali. O cara estava na garagem, e a gente de repente o colocou no *mainstream*. Isso demonstra o quanto a gente era imbecil, a ponto de achar que uma coisa dessas daria certo. Às vezes as pessoas acham que a gente era calculista.

Que nada. Éramos uns retardados mesmo. Românticos. Vivendo em uma fantasia total.

Em abril de 1995, o guitarrista paulistano Fernando Deluqui ingressou na banda. Ele era egresso do RPM, grupo que a Showbras também empresariava. Já no mês seguinte, foi a vez de Paulo Casarin agregar seu teclado à trupe. Também conhecido como Paolo Casarin, o tecladista gaúcho atuava na cena roqueira brasileira desde os anos 1970, tocando em grupos como Bixo da Seda e acompanhando artistas como Baby Consuelo, Moraes Moreira e Pepeu Gomes.

– A gente se deu conta de que tinha se fodido ao tirar o Augusto. Aí tivemos que colocar, além do Horn, o Deluqui e o Casarin para segurar a onda que ele segurava – avalia Maltz.

Gessinger hoje avalia como mais uma de suas "criancices" o convite feito a Horn. No entanto, ele também não estava contente com a emenda que era agregar novos músicos. O grupo estava se descaracterizando.

– Se olhar as fotos daquela época, parece muito pouco com a gente – diz Gessinger.

Em vez de tomar as rédeas da banda que criou, o líder do grupo foi se tornando cada vez mais ensimesmado. Pelo modo distante e não muito carinhoso de tratar com os colegas, Humberto Gessinger começou a atender pelo apelido Cavalo. A alcunha não era tabu, e na época chegou até mesmo a circular pela imprensa.

Maltz, então, assumiu maior protagonismo. O baterista passava por profundas mudanças pessoais, repensando desde a relação conjugal até sua espiritualidade.

– Não era uma banda. Era um bando. Foi a tentativa de manter unida uma coisa que já tinha acabado – afirma o baterista.

Mergulhado cada vez mais profundamente em leituras de C. G. Jung e de astrologia, o dono das baquetas dos Engenheiros buscava suas próprias verdades. E também passou a expressá-las com suas próprias músicas.

As composições de Maltz foram mais um motivo para que os dois fundadores dos Engenheiros se afastassem. Não havia briga ou discussão, mas silêncios e omissões. Nos shows, na hora de tocar *Castelo dos Destinos Cruzados*, composta e cantada pelo baterista, Gessinger costumava sair do palco, deixando o baixo a cargo de outro integrante, por exemplo.

– Eu estava abrindo as portas da minha percepção para outras realidades. O Humberto não quis "contaminar" a banda com essas coisas – afirma Maltz. – A gente não estava brigando por dinheiro de direitos. Eram visões de mundo que começavam a se diferenciar, a se individualizar.

O disco *Simples de Coração* nasceu em meio a toda essa confusão. Produzido por Greg Ladanyi, em Los Angeles, foi uma aposta alta da gravadora. E teve resultado. Lançado em novembro de 1994, vendeu mais de 100 mil cópias em pouco mais de um mês.

Mas, ao longo das gravações, Gessinger já estava com a cabeça em outro lugar. Nos finais de semana, ficava enfurnado no quarto de hotel, compondo boa parte das músicas que estariam no futuro disco *Humberto Gessinger Trio*, enquanto seus companheiros de banda aproveitavam para fazer turismo pela cidade. Algumas vezes, propôs até mesmo deixar a banda para Maltz e os outros integrantes, mas a ideia nunca foi levada a sério por eles.

Depois de lançado o álbum, a relação não melhorou em nada.

– Após cada show, eu dizia "larguei, larguei". Meu mantra era "I wanna go home take off this uniform and leave the show" (*frase da curta canção* Stop, *do Pink Floyd, no disco The Wall*) – relembra Gessinger.

Por uma noite, no entanto, os Engenheiros do Hawaii precisaram dar conta do recado sem Humberto Gessinger. Foi em 26 de janeiro de 1996, na casa de shows Moinho Santo Antônio, em São Paulo. Para alguns fãs, era uma demonstração de que o vocalista estava insatisfeito com os rumos da banda, deixando então seus companheiros expostos, para que sentissem que não poderiam alçar voo sem ele. Gessinger nega que ficou de fora da apresentação de propósito. Maltz, que teve que encarar o microfone em algumas das músicas daquela noite, acredita no ex-companheiro:

– Não é que o Humberto não fosse capaz de nos sacanear. Mas o que ele jamais faria era faltar a um compromisso. Nem no show do Alternativa Nativa, quando caiu de cara no chão, ele parou de tocar – diz Maltz, relembrando o episódio de 1988.

O comprometimento de Gessinger com o palco é mesmo singular. Meses antes, em um show na Chapada dos Guimarães, no Mato Grosso, o músico foi dar um de seus saltos de cima do praticável da bateria, o que já havia se tornado uma tradição nos shows. Sem reparar que havia uma barra de ferro ligando duas colunas acima da bateria, deu de cara com ela, esmigalhando três ou quatro dentes. Cuspiu os cacos, pediu para a câmera de TV que gravava a apresentação se reposicionar, a fim de não captar o lado afetado pelo choque, e levou o show até o fim. No dia seguinte, havia uma participação marcada em um show de Lulu Santos. Como era domingo, não foi possível encontrar um dentista, mas Gessinger não desmarcou o encontro com o músico carioca. Na apresentação, cantou *Parabólica* em uma versão "desproporcionalmente emocionada", pois "cada vez que passava ar pelos dentes quebrados, eu via estrelas", escreveu no livro *Pra Ser Sincero*. O acidente deixou uma marca até hoje visível no sorriso de Gessinger: o dente de ouro que substituiu um dos naturais quebrados.

O que explica a falta do integrante mais conhecido do grupo em um show é, na verdade, uma série de pequenos erros. A apresentação fazia parte de um projeto de uma grande marca de refrigerantes. Duas apresentações eram previstas: uma no Metropolitan, no Rio, e outra, no dia seguinte, no Moinho Santo Antônio, em São Paulo. Em ambas, Pato Fu abria a noite.

As duas bandas chegaram juntas na capital paulista. No hotel, a entrada foi tumultuada. Os integrantes dos grupos e suas equipes técnicas, repentinamente, lotaram a recepção, e, do lado de fora, fãs e jornalistas faziam pressão para entrar. No meio da confusão, o produtor Álvaro Nascimento tentou apressar ao máximo o *check in* de Humberto Gessinger. Além da saída rápida do músico ajudar a desmobilizar os fãs, o protocolo era ser o mais ágil possível quando os integrantes estavam acompanhados, e o cantor estava com a mulher, Adriane.

Em meio ao apuro, Gessinger recebeu a chave de um quarto, mas o sistema do hotel deu baixa em outro.

– As chaves são guardadas em um escaninho com várias casinhas. Na base de cada uma, havia um número. A menina que nos recebeu possivelmente pegou a chave da casinha de baixo, mas anotou o número do apartamento de cima – explica Nascimento.

O Pato Fu fez seu *check in* e foi direto para o Moinho Santo Antônio fazer a passagem de som. Os Engenheiros do Hawaii ficaram descansando em seus quartos. Como de praxe, Nascimento tentou acordar Gessinger por volta das 14h ou 15h para o almoço, mas, como o músico não atendia às ligações, imaginou que estivesse cansado e quisesse dormir mais um pouco.

Que nada. As chamadas do produtor estavam caindo em um quarto desocupado, aquele anotado no sistema do hotel, e não ocupado de fato pelo artista. Gessinger, por sua vez, estranhou o fato de ninguém chamá-lo para o almoço, bem como de não ter recebido da produção seu costumeiro *home list* – lista com todos os cômodos ocupados pela equipe, que Nascimento passara desta vez por baixo da porta do quarto desocupado.

Sem o *home list*, Gessinger ligou para a recepção a fim de fazer contato com seu produtor, mas uma nova confusão foi criada. Por algum equívoco de comunicação, o número que lhe foi passado foi de outro produtor ali hospedado, quase homônimo ao dos Engenheiros. Em vez de Álvaro Nascimento, as ligações de Gessinger eram transferidas para o quarto de Aluizer Nascimento, do Pato Fu, que já estava com sua banda no Moinho Santo Antônio. O músico, então, parou de fazer contato, pensando que a produção estivesse envolvida com outras questões, como o não pagamento de cachês ou algo do tipo, o que eventualmente atrasava algumas apresentações.

Nesta fase do grupo, não era raro também que seu líder não estivesse na passagem de som, o que não causou maior preocupação. No entanto, na medida em que o horário da apresentação se aproximava, o nervosismo com o sumiço crescia. Momentos antes do Pato Fu entrar no palco, a produção voltou ao hotel e entrou com a chave reserva no quarto em que o vocalista deveria estar, mas encontrou o cômodo vazio. Para completar, alguém que trabalhava nas proximidades do hotel afirmou ter visto Gessinger e Adriane saírem do hotel para um passeio, mas terem entrado sob coerção em um táxi. A conclusão foi óbvia: eles haviam sido sequestrados.

– Voltamos todos para o Moinho. A polícia foi acionada, e até o Secretário de Segurança Pública de São Paulo foi comunicado. Humberto estava súper em evidência na época. Quando me dei conta, estava depondo diante de um delegado em uma das salas do Moinho – conta Álvaro Nascimento.

O Pato Fu fez ali um dos shows mais longos de sua trajetória, entretendo o público enquanto o líder da banda que tocaria depois não chegava. Os Engenheiros resolveram não cancelar o show em cima da hora, e entraram no palco sem Gessinger. Foi o único show do grupo sem o vocalista e baixista. A apresentação ficou marcada na memória de muita gente, não exatamente por sua qualidade, como lembra o *roadie* Cassio Araujo:

– O Carlos entrou no palco, pediu ao público que rezasse pelo Humberto, porque ninguém sabia onde ele estava. Depois disso, a banda começou a tocar e fez o show mais grotesco da história dos Engenheiros do Hawaii.

Dos integrantes, quem se dispôs a cantar encarou o microfone, em uma apresentação repleta de improvisos. Até *covers* entraram no repertório.

– Deluqui sabia tudo de Rolling Stones, então tocaram algumas versões. Mesmo assim, o show não deve ter ido muito além dos 40 minutos – relembra Araujo.

Em bom porto-alegrês, Maltz resume como foi a apresentação:

– Uma chinelagem total. No fim, virou uma *jam*.

Ao voltarem para o hotel, banda e equipe técnica deram de cara com o suposto sequestrado logo na chegada, tomando calmamente um picolé na recepção. Diferentemente do que algumas testemunhas afirmaram para produção e polícia, o músico não havia saído em momento algum do local.

– De 100 shows, 105 atrasam. Fiquei esperando no meu quarto, na boa. De repente, ouço um barulho no corredor. Eram os caras do Pato Fu voltando. Foi aí que eu fiquei sabendo que não tinha ido ao show – relembra Gessinger. – Foi ridículo. Parece enredo mal escrito de novela mexicana. Nunca perdi um show, e fui perder logo desse jeito. Mas, não sei... Parece que estava rolando algum tipo estranho de energia.

Com boas ou más energias, um ciclo estava para se encerrar meses após o folhetinesco episódio do Moinho Santo Antônio. Nessa época, o vocalista já estava ensaiando com Luciano Granja e Adal Fonseca no projeto *33 de Espadas*, embrião do que viria a ser o Humberto Gessinger Trio. Enquanto isso, Carlos Maltz vislumbrava novas possibilidades para trabalhar suas inquietações artísticas, o que logo o faria constituir a banda Irmandade. Foi assim que, em agosto de 1996, os líderes dos Engenheiros do Hawaii decretaram férias ao grupo. A banda, tal como era antes do recesso, jamais voltou a se reunir. No ano seguinte, Gessinger retomaria o uso do nome com o álbum *Minuano*, mas, na formação, não haveria mais nenhum integrante do "bando".

Antes deste retorno, no entanto, Maltz já havia formalizado sua saída do grupo. Segundo o baterista, ele não exigiu nenhum pagamento de Humberto Gessinger por sua parte da banda, apenas pediu o reembolso do que havia pago no processo de saída de Augustinho

Licks. O líder do grupo não lembra o que pagou ao ex-companheiro ("não entro em um banco desde 1989"), mas afirma que foi, de fato, uma saída tranquila.

– Estava começando uma nova vida, e o fato de não querer ganhar grana nenhuma tem relação com isso. Quis me desvincular energeticamente da parada – explica Maltz. – Minha família e minha mulher não me perdoam por isso. Acham que sou um retardado completo. Mas isso faz parte de ser engenheiro do Hawaii, e é por isso também que, logo depois, eu e o Humberto nos reaproximamos – completa ele, explicando que, depois de anos sem se falarem, os ex-colegas começaram a se relacionar novamente por volta de 2001.

Outros integrantes do quinteto tiveram um rompimento menos tranquilo. Em agosto de 1998, Paulo Casarin ingressou na Justiça com uma ação contra Gessinger, por dissolução de sociedade de fato cominada com indenização por danos materiais e morais. O documento alegava que os Engenheiros do Hawaii constituíam uma sociedade, mas "Humberto Gessinger, no período de 'férias' do grupo, arbitrariamente excluiu da sociedade os reais integrantes da banda pra colocar em seus lugares os componentes da banda Humberto Gessinger Trio". A questão foi resolvida com um acordo, no qual o dono do grupo pagou R$ 30 mil ao tecladista. Já Ricardo Horn, em agosto de 1997, moveu uma medida cautelar inominada contra Gessinger. A ação foi retirada, também após um acordo, mas o valor deste é desconhecido.

Depois de se separar do segundo casamento e acabar com o que lhe restava de recursos investindo na banda Irmandade, Carlos Maltz recomeçou a vida praticamente do zero em 1998. Além de estudos aprofundados de astrologia, viagens para avistar naves extraterrestres e experiências com chá de *hoasca* fizeram parte dessa busca.

– Eu estava buscando a saída em qualquer lugar. Era um ateu procurando desesperadamente por Deus – conta Maltz.

Mudando-se para Brasília, com um novo amor e já encarando a astrologia como ofício, cursou Psicologia, contando também com o apoio financeiro da família nesta nova caminhada. De lá para cá, lançou dois livros, *Abilolado Mundo Novo* (2010), com temas que debatia com fãs e amigos no Twitter, e *O Último Rei do Rock* (2015), romance de ficção científica.

A música não ficou de lado. Em 2001, lançou o álbum solo *Farinha do Mesmo Saco*. No ano seguinte, voltou aos Engenheiros do Hawaii para uma participação no disco *Surfando Karmas & DNA*, cantando a faixa *e-Stória*, feita em parceria com Gessinger. Em 2004, foi a vez de participar do *Acústico MTV* do grupo que fundou. Na ocasião, cantou *Depois de Nós*, música que já havia registrado em *Farinha do Mesmo Saco*.

– Não vou dizer que não há mágoa entre mim e Humberto, mas o que nos une é mais forte – afirma Maltz. – A gente é irmão e ponto.

A saída de Maltz acabou com a única relação em pé de igualdade da banda. O baterista e o baixista do grupo dividiam igualmente seus ganhos e, embora o vocalista fosse uma liderança visível, o dono das baquetas gozava de status de fundador e tinha grande carisma diante dos fãs. Gessinger concorda que, depois da formação GL&M, na qual os três integrantes dividiam em partes iguais lucros e responsabilidades, os Engenheiros do Hawaii se tornaram um nome para a carreira solo de seu líder, tendo os demais músicos como contratados.

– A partir daí, eu é que tinha o contrato. E o que eu demorei para me dar conta é que tem pessoas que razoavelmente preferem que seja assim, ser só músico. Na minha cabeça, eu via todo mundo como artista, não como músico. Do ponto de vista da composição, sempre foi a mesma coisa, segui fazendo parcerias com os integrantes, mas de ter uma banda trabalhando em igualdade, foi até ali.

Mesmo assim, a banda seguiu uma trilha de sucesso, com mais cinco discos de estúdio e três ao vivo depois da saída de Maltz. O grupo só parou depois de 2008, após algumas reformulações de integrantes. Depois de um período no duo Pouca Vogal, com Duca Leindecker, Gessinger passou a encarar o público em carreira solo, mas voltou a atuar em trio.

– Ainda com (*Luciano*) Granja, Adal (*Fonseca*) e Lucio (*Dorfman*), comecei a explorar as possibilidades como se fosse um cantor com pessoas acompanhando. E, depois, mais ainda com a troca de formação. Tinha duas guitarras, teclado e tudo mais, mas sentia que estava perdendo mais que ganhando. O som ficava mais arredondadinho, é mais fácil de tocar, me incomodo menos. Mas quem disse que quero me incomodar menos? – questiona-se Gessinger. – Voltei para o esquema do trio. Trabalho agora da mesma maneira que no início dos Engenheiros.

RELATO SOBRE COMO UMA COLEÇÃO VIRA UM MEMORIAL

A primeira tatuagem que eu fiz foi do *Alívio Imediato*, que é de 1989, o ano em que eu nasci. Depois fiz na mão o símbolo de *A Revolta dos Dândis*. Não sei o que quer dizer, já me disseram que é uma parada relacionada a óvni. E também tenho uma foto do Humberto em todo o braço, da época do *Várias Variáveis*. Tenho quatro ou cinco tatuagens dos Engenheiros, mas a que eu mais gosto é essa da foto real dele, pegando o braço todo.

O primeiro contato foi por meio da minha madrinha. Fui com ela a um show no ginásio Militão, aqui em Bagé, quando eu tinha 10 anos. Não conhecia, aí vi aquele baixista loiro, cabeludo, batendo cabeça... Aquilo me chamou atenção, mas eu era uma criança. Foi em 2002 que comecei minha coleção. Passei a curtir rock, aí ouvi *Surfando Karmas & DNA*, e me dei conta de que era a mesma banda que d'*O papa é pop*, *Pra ser sincero*... Comprei um CD da Tequila Baby, o *Punk rock até os ossos*, *Girassóis da Rússia*, do Cidadão Quem, e o *Surfando Karmas...*, mas os Engenheiros tomaram conta, aí comecei a colecionar e não parei mais. Foi assim que o Memorial Humberto Gessinger foi tomando forma.

Ganhei muita coisa de fãs mais antigos. Esse disco de ouro do *Várias Variáveis*, por exemplo, pertencia à Ana Ruzzarin, que acompanhava a banda desde o início e, anos depois, achou esse aí e o do *Simples de Coração* em um antiquário, em São Paulo. Ela comprou e doou para o Andrews e para o Bola, que também mantinha um museu dedicado aos Engenheiros, em São Paulo, mas, por falta de espaço, precisaram se desfazer de boa parte do material. Foi aí que eles me passaram esse disco, muito material impresso, e uma coleção grande de VHS, com dezenas de fitas.

O Humberto também me ajudou, me mandou bastante coisa. Ele falou para a Ana que esse disco de ouro provavelmente era do Licks. A Ana levou para o Humberto autografar, depois veio para cá.

Essa guitarra também é única. Foi feita quando Humberto, Carlos e Augusto visitaram uma fábrica de instrumentos. Os três autografaram, depois foi passada uma camada de verniz por cima. Um fã ganhou em uma promoção da Rádio Mix, em São Paulo, em 1991. Anos depois, esse fã se tornou *roadie* da Natiruts. Negociei essa guitarra com ele pela internet. Ele não queria passá-la para alguém que fosse pintar, desfazer toda a história dela, aí me vendeu por um valor simbólico, que era R$ 300,00 na época.

A primeira foto que fiz com Humberto é aquela lá (*aponta para a parede tomada por cartazes da banda*), em Pelotas. Essa imagem tem uma história engraçada. Tinha falado com o Humberto por e-mail, nem acreditei que ele respondeu ao e-mail na época, aí combinamos de tirar uma foto. Mas não deu nada certo do combinado por e-mail, mesmo assim, consegui fazer a foto. Era um show no Theatro Guarany. De um lado da rua ficava o teatro, e do outro o hotel onde Humberto estava parando. Ele atravessou, e eu fui atrás para tirar a foto. Quando cheguei perto, ele gritou "O carro!" e me deu um empurrão. Se não fosse ele ter feito isso, eu teria sido atropelado.

Minha madrinha era paciente da Rosália, irmã do Humberto que é médica e mora aqui em Bagé. Minha madrinha se tratava do coração com ela. Então a Rosália ficou sabendo que tinha na cidade um fã que gostava um pouco além da conta do irmão dela e começou a me repassar algumas coisas, como revistas e CDs.

Por essa época, comecei a viajar o Estado para ver os shows. A proximidade maior começou em 2007. Foi quando Humberto começou a me chamar pelo nome. Foi algo meio mágico, eu não esperava isso. A Rosália também deixou eu viajar com o Francisco na primeira viagem dele sozinho. Fui com ele para Porto Alegre. Tudo aconteceu de repente. Fui ao consultório dela, aí falei que ia para São Paulo ver a gravação do DVD *Novos Horizontes*. Ela ia, mas não sei muito bem como foi o esquema, por que não pôde ir com o Francisco, mas sei que ela me pediu para ir com ele. Na rodoviária de Porto Alegre, estavam nos esperando a mãe do Humberto, dona Casilda, e a outra irmã dele, Rosana. Nos vimos ali, mas fomos em voos diferentes para São Paulo, ver a gravação.

Rosália me passou todos os cuidados. Até então, eu nunca tinha lidado com alguém com Síndrome de Down, mas foi muito legal. Com isso, ganhei o autógrafo mais significativo que tenho do Humberto. Ele escreveu "valeu a parceria", por causa desse cuidado com o Francisco.

Depois eu fiz o site engenheirosdohawaii.net, mais tarde abreviado para enghaw.net. Sempre tinha esse negócio de fazer sorteios, e fazia também abaixo-assinado aqui em Bagé. Os últimos três shows do

Humberto aqui se deram por causa de abaixo-assinado. Foram dois do *Pouca Vogal* e um do *Insular*.

Aqui em Bagé, os produtores de evento não gostam de se arriscar. Mandei um e-mail para a produção do Humberto, aí me mandaram toda a parte técnica e valores. Encaminhei para o promotor daqui, que achou inviável. Fiz então o abaixo-assinado, que conseguiu cerca de duas mil assinaturas, imprimi tudo e levei para ele. Com isso, ele percebeu que era viável, e chamou o show. Um ano depois, fiz a mesma coisa. Depois rolou da mesma forma com o Humberto solo, com o *Insular*. Foi quando ele veio aqui em casa. Foi uma surpresa!

Combinei com ele de gravar o vídeo de um sorteio, mas não era para ele vir aqui. A Clara e a Adriane foram para Aceguá, fazer umas compras, e ele ficou na casa da Rosália. Aí falei com ele por e-mail. Ele me disse que tinha esquecido da gravação, mas que estava vindo. Vários fãs do Estado estavam aqui em casa, pois tinham vindo para o show. A gente nem acreditou quando ele chegou. Ficou todo mundo travado (*risos*). Gravamos o vídeo no meu quarto.

Não tenho tanta influência de música na família. Sempre fui criado só eu e a mãe. Sou adotivo. Minha mãe sempre me incentivou, todas as viagens, os materiais que eu pedia quando era mais novo, ela me patrocinava tudo. Ela é professora aposentada, nunca foi muito de música ou de rock, mas depois que conheceu os Engenheiros foi diferente. Ela viu que os fãs se encontram e se abraçam, que é uma família também.

No fim, a mãe acabou indo também a vários shows comigo, entrou em camarim, conheceu o Humberto. Sempre foi megaparceira. Hoje, está com 76 anos, e segue me apoiando.

Esse clima família prevalece. Viajei por todo o Estado e sempre tive onde ficar. Quando fui às gravações do *Novos Horizontes*, estava com a cabeça aérea. Conheci o Francisco, a mãe do Humberto, fui ao camarim, gravei entrevista para o DVD, peguei a guitarra do cara da Natiruts... Aconteceu um monte de coisa de uma tacada só. Era São Paulo, eu não conhecia nada, estava muito aéreo. A Ana me cuidou horrores naqueles dias, foi fundamental.

Depois disso tudo tive meu filho, e me afastei um pouco das viagens, agora estou planejando voltar. Humberto nasceu em 17 de julho de 2014. A mãe queria dar o nome de Maria Luiza ou Sebastian. Aí combinei com ela: se for guria, pode ser Maria Luiza, mas se for homem, vai ser Humberto. Eu estava filmando a ultrassonografia. No que o doutor falou que era do sexo masculino, falei para ela: é Humberto. Gosto do nome, não conheço nenhum piazinho chamado Humberto. No colégio, vai ser um nome diferente, isso é legal.

A gente se separou há 11 meses, ele está morando com ela. Vejo só aos finais de semana. Hoje mesmo vou lá ver ele. O que ficou de legal da relação foi a criança.

Trabalho com fotografia, como autônomo. Faço mais aniversário de criança, coisas assim. Foi nos shows do Humberto que comecei a desenvolver. Ele me deu oportunidade de fotografar em cima do palco, em passagem de som, aí fui colocando fotos no site. Ele dizia que eu estava fotografando bem, e eu comecei a acreditar um pouquinho.

Humberto também sempre me estimulou a voltar a estudar, sempre me cobrava. Imagina teu ídolo te falando sobre isso. Quero voltar agora. É uma coisa que é boa para mim. Às vezes sou bom com os outros, mas esqueço um pouco de mim. Parei de estudar no primeiro ano do ensino médio. Quero terminar o ensino médio e fazer faculdade, Comunicação Social ou Artes.

Na época da separação, entrei em depressão, não saía, fiquei mais fechado. Foi nesse momento que voltei com a ideia do memorial, de retomar o que eu gostava de fazer. Não deveria ter me afastado tanto, mas não foi por mal.

Já veio gente de São Paulo para ver o Memorial, aí levei eles também nos pontos turísticos de Bagé. Demos uma volta, tiramos fotos. E do Estado veio bastante gente de diferentes cidades, como Guaporé, Cachoeirinha e Porto Alegre. É só entrar em contato comigo e marcar.

O que me cativou no Humberto Gessinger sempre foram as letras, não entendo nada de música, arranjos, essas coisas. Tempos atrás, até comprei uma gaitinha de boca, mas não fui muito adiante, também por não ter com quem tocar. Nunca fui muito de fazer turma. Isso também deve ter ajudado a me identificar com o Humberto, pois ele tem um trabalho muito pessoal.

Na época do colégio, meus colegas não curtiam a banda como eu. Ficavam me perguntando como é que eu entendia as letras. Mas é que tem várias interpretações. O legal do trabalho do Humberto é justamente que cada um pode dar o seu sentido, e também pode mudá-lo ao longo do tempo, conforme o que acontece na tua vida.

Aqui no Sul tem essa coisa de não saber se os Engenheiros foram uma banda gaúcha ou nacional. Tem uma galera que vem aqui, vê as fotos e se surpreende: "Olha, eles foram no Faustão!" (*risos*). Aí se dão conta de que a coisa foi muito maior. Então eu explico que o Humberto continua fazendo menos shows no Rio Grande do Sul do que em outros estados, e que sempre foi assim.

Tenho muita coisa a fazer pelo memorial. Minha ideia é compartilhar, digitalizar material, deixar tudo cada vez mais acessível... Mas, acima de tudo, é preciso voltar a viajar. É na estrada que tudo acontece.

Leandro de Souza, fotógrafo

DISCOGRAFIA COMENTADA

RELAÇÃO DE DISCOS DA BANDA GRAVADOS ATÉ 1995, PERÍODO ESTUDADO POR ESTA BIOGRAFIA

LONGE DEMAIS DAS CAPITAIS (1986)

Disco com influências do ska e da new wave, emplacou canções nas rádios e despertou à época comparações com os Paralamas do Sucesso. O álbum, no entanto, conta com participações especiais de músicos de outras vertentes, como o cantor e compositor Nei Lisboa, destaque da música gaúcha, que empresta a voz na faixa *Toda Forma de Poder*; e o saxofonista Manito, do grupo de jovem guarda Os Incríveis, que toca em *Segurança*. Todas as músicas são de Humberto Gessinger, com exceção de *Sopa de Letrinhas*. O álbum empurrou o grupo para a consagração nacional, com *Toda Forma de Poder* na novela *Hipertensão*, vendendo mais de 100 mil cópias em um ano, sendo o primeiro disco de ouro do rock gaúcho.

Lado A

1. Toda Forma de Poder (Gessinger)
2. Segurança (Gessinger)
3. Eu ligo pra você (Gessinger)
4. Nossas Vidas (Gessinger)
5. Fé Nenhuma (Gessinger)
6. Beijos pra Torcida (Gessinger)

Lado B

7. Todo mundo é uma ilha (Gessinger)
8. Longe Demais das Capitais (Gessinger)
9. Sweet Begônia (Gessinger)
10. Nada a Ver (Gessinger)
11. Crônica (Gessinger)
12. Sopa de Letrinhas (Gessinger / Pitz)

Gravado nos estúdios RCA (SP). Produção: Reinaldo Barriga

A REVOLTA DOS DÂNDIS (1987)

Primeiro álbum com o guitarrista Augusto Licks, tem uma sonoridade bastante diferente do anterior, com influência do folk americano. A faixa-título faz referência a um capítulo do livro *O Homem Revoltado*, de Albert Camus, e foi a primeira música de trabalho, sem atingir muito sucesso. A popularidade se deu meses mais tarde, quando *Infinita Highway* se tornou um hit radiofônico espontâneo. Por conta disso, o álbum não atingiu a marca de 100 mil unidades vendidas em um ano, não sendo disco de ouro, embora tenha superado o número depois. Chamou atenção para o fato dos Engenheiros serem uma banda que investia em boas canções.

Lado A

1. A Revolta dos Dândis I (Gessinger)
2. Terra de Gigantes (Gessinger)
3. Infinita Highway (Gessinger)
4. Refrão de Bolero (Gessinger)
5. Filmes de Guerra, Canções de Amor (Gessinger)

Lado B

6. A Revolta dos Dândis II (Gessinger)
7. Além dos Outdoors (Gessinger)
8. Vozes (Gessinger)
9. Quem tem pressa não se interessa (Gessinger / Maltz)
10. Desde Aquele Dia (Gessinger)
11. Guardas da Fronteira (Gessinger)

Gravado nos estúdios RCA (SP). Produção: Reinaldo Barriga

OUÇA O QUE EU DIGO: NÃO OUÇA NINGUÉM (1988)

Aprofunda a sonoridade do álbum anterior, mas com guitarras um pouco mais pesadas. Poucas faixas superam os três minutos ideais para o rádio, e algumas delas ocuparam as paradas de sucesso, como a faixa *Somos Quem Podemos Ser*. Mas também há músicas que deixam visível a influência do rock progressivo: com cinco minutos, *Variações Sobre um Mesmo Tema* é divida em três partes, uma cantada por Humberto Gessinger, outra com a voz de Augusto Licks e um trecho instrumental. É um álbum que demonstra a integração musical do trio formado há apenas um ano – três das faixas são compostas em parceria por Humberto Gessinger e Augusto Licks.

Lado A

1. Ouça o que eu digo: não ouça ninguém (Gessinger)
2. Cidade em Chamas (Gessinger)
3. Somos Quem Podemos Ser (Gessinger)
4. Sob o Tapete (Gessinger / Augusto Licks)
5. Desde Quando? (Gessinger)
6. Nunca se Sabe (Gessinger)

Lado B

7. A Verdade a Ver Navios (Gessinger)
8. Tribos e Tribunais (Gessinger / Augusto Licks)
9. Pra Entender (Gessinger)
10. Quem Diria? (Gessinger)
11. Variações Sobre Um Mesmo Tema (Gessinger / Augusto Licks)

Gravado nos estúdios BMG Ariola (SP). Produção: Maluly

ALÍVIO IMEDIATO (1989)

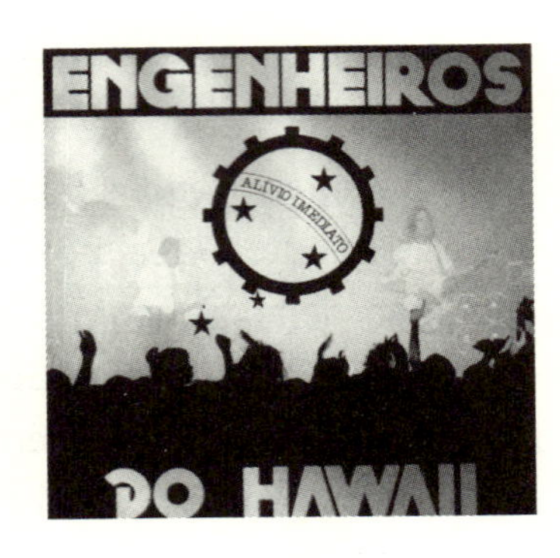

Primeiro ao vivo, foi gravado no Canecão, no Rio de Janeiro, em julho de 1989. Reúne os maiores sucessos dos álbuns anteriores, como *Infinita Highway, Toda Forma de Poder, Somos quem podemos ser* e *Ouça o que eu digo: não ouça ninguém*. Depois desse disco, os Engenheiros mantiveram o padrão de um álbum ao vivo para cada três em estúdio. Há ainda duas faixas novas, gravadas em estúdio, também no Rio de Janeiro: *Nau à Deriva* e *Alívio Imediato*. A dupla de canções explorava recursos eletrônicos não utilizados até então pelo grupo, apontando uma virada na sonoridade, que seria mais explorada em *O papa é pop*.

Lado A

1. Nau à Deriva (Gessinger)
2. Alívio Imediato (Gessinger)
3. A Revolta dos Dândis I (Gessinger)
4. A Revolta dos Dândis II (Gessinger)
5. Infinita Highway (Gessinger)

Lado B

6. A Verdade A Ver Navios (Gessinger)
7. Toda Forma de Poder (Gessinger)
8. Terra de Gigantes (Gessinger)
9. Somos quem podemos ser (Gessinger)
10. Ouça o que eu digo: não ouça ninguém (Gessinger)
11. Longe Demais Das Capitais (Gessinger)
12. Tribos e Tribunais (Gessinger/Licks)

Gravado ao vivo no Canecão e nos estúdios BMG (RJ). Produção: Marcelo Sussekind

O PAPA É POP (1990)

Maior sucesso da história dos Engenheiros do Hawaii e o primeiro disco produzido pelos integrantes da banda. O conceito que atravessava o álbum é um bailado entre referências pop e profundas, sacralizadas e profanas. Moacyr Scliar (*O Exército de um Homem Só*), Os Incríveis (*Era um garoto, que como eu, amava os Beatles e os Rolling Stones*) e Carlos Drummond de Andrade (autor dos versos "E como ficou chato ser moderno / Agora serei eterno", em *Nunca Mais Poder*) são apenas algumas das citações. Alcançou a marca de 250 mil unidades vendidas em menos de um ano, rendendo ao grupo o inédito disco de platina, sendo o maior triunfo do rock nacional de 1990.

Lado A

1. O Exército de um Homem Só (Gessinger / Licks)
2. Era um garoto, que como eu, amava os Beatles e os Rolling Stones (Luzini / Migliacci) (versão: Brancato)
3. O Exército de um Homem Só II (Gessinger / Licks)
4. Nunca Mais Poder (Gessinger / Licks)
5. Pra Ser Sincero (Gessinger / Licks)
6. Olhos Iguais aos Seus (Gessinger)

Lado B

7. O papa é pop (Gessinger)
8. A violência travestida faz seu trottoir (Gessinger)
9. Anoiteceu em Porto Alegre (Gessinger)
10. Ilusão de Ótica (Gessinger)

Bônus (exclusiva em CD): Perfeita Simetria (Gessinger)

Gravado nos estúdios BMG (RJ). Produção: Engenheiros do Hawaii

VÁRIAS VARIÁVEIS (1991)

Completa uma trilogia iniciada com *A Revolta dos Dândis* e seguida por *Ouça o que Eu Digo: Não Ouça Ninguém*: os três discos, a partir das cores de cada uma das capas, formam a bandeira do Rio Grande do Sul. Além da gravação de *Herdeiro da Pampa Pobre*, de Gaúcho da Fronteira e Vaine Darde, traz outros sucessos como *Piano Bar*, *Ando Só* e *Muros & Grades*. Gravado no sofisticado estúdio Impressão Digital, consegue trafegar por diferentes densidades sonoras, do leve ao pesado, sendo o único disco elogiado em uma série de resenhas negativas da revista *Bizz*.

Lado A

1. O sonho é popular (Gessinger)
2. Herdeiro da Pampa Pobre (Gaúcho da Fronteira / Darde)
3. Sala Vip (Gessinger)
4. Piano Bar (Gessinger)
5. Ando Só (Gessinger)
6. Quarto de Hotel (Gessinger)

Lado B

7. Várias Variáveis (Gessinger / Licks / Maltz)
8. Sampa no Walkman (Gessinger)
9. Muros & Grades (Gessinger / Licks)
10. Museu de Cera (Gessinger / Licks)
11. Curtametragem (Gessinger / Licks)
12. Descendo a Serra (Gessinger)
13. Não é sempre (Gessinger)
14. Nunca é Sempre (Gessinger)

Gravado no estúdio Impressão Digital (RJ). Produção: Engenheiros do Hawaii

GESSINGER, LICKS & MALTZ (1992)

Título inspirado nas bandas de rock progressivo dos anos 1960 e 1970, como Emerson, Lake & Palmer, aprofunda a sonoridade própria que o trio vinha desenvolvendo, com uso de teclados, samplers e sobreposição de vozes. Tem faixas mais longas, que remetem o ouvinte a atmosferas diferentes, como *Canibal vegetariano devora planta carnívora* e *A Conquista do Espaço*, mas há espaço também para a musicalidade do regional, com a milonga *Pampa no Walkman*. Nas rádios, *Parabólica* é o grande sucesso.

Lado A

1. Ninguém = Ninguém (Gessinger)
2. Até quando você vai ficar? (Gessinger)
3. Pampa no Walkman (Gessinger)
4. Túnel do Tempo (Gessinger)
5. Chuva de Containers (Gessinger)
6. Pose (Anos 90) (Gessinger)

Lado B

7. No inverno fica tarde + cedo (Gessinger)
8. Canibal vegetariano devora planta carnívora (Gessinger / Licks)
9. Parabólica (Gessinger / Licks)
10. A Conquista do Espelho (Gessinger)
11. Problemas... Sempre existiram (Gessinger)
12. A Conquista do Espaço (Gessinger)

Gravado nos estúdios BMG (RJ). Produção: Engenheiros do Hawaii

FILMES DE GUERRA, CANÇÕES DE AMOR (1993)

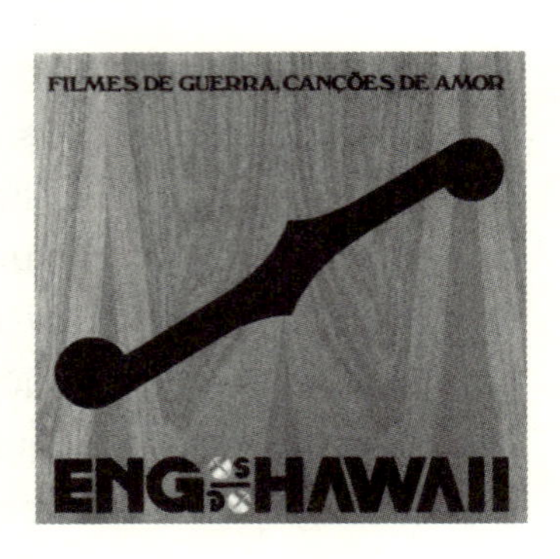

Gravado ao vivo na sala Cecília Meireles, no Rio de Janeiro, traz arranjos de cordas sofisticados do maestro Wagner Tiso. O álbum conta com músicas dos discos anteriores e também com as inéditas *Mapas do Acaso* e *Quanto vale a vida, Às vezes nunca* e *Realidade Virtual* (as últimas duas registradas em estúdio). Em plena era grunge, os Engenheiros foram na contramão das guitarras distorcidas: a sonoridade é semiacústica, inspirada em nomes do jazz como o americano Tuck Andress.

Lado A

1. Mapas do Acaso (Gessinger)
2. Além dos Outdoors (Gessinger)
3. Pra entender (Gessinger)
4. Quanto vale a vida (Gessinger)
5. Crônica (Gessinger)
6. Pra Ser Sincero (Gessinger / Licks)

Lado B

7. Muros & Grades (Gessinger / Licks)
8. Alívio Imediato (Gessinger)
9. Ando Só (Gessinger)
10. O Exército de um Homem Só (Gessinger / Licks)
11. Às Vezes Nunca (Gessinger)
12. Realidade Virtual (Gessinger)

Gravado na sala Cecília Meirelles e nos estúdios BMG (RJ). Produção: Mayrton Bahia

SIMPLES DE CORAÇÃO (1995)

Primeiro álbum depois da ruidosa saída do guitarrista Augusto Licks, conta com Humberto Gessinger, Carlos Maltz e três novos integrantes: Ricardo Horn (guitarra), Fernando Deluqui (guitarra, ex-RPM) e Paolo Casarin (teclado). A falta de entrosamento entre os músicos é compensada por uma produção caprichada, assinada pelo americano Greg Ladanyi (Kansas, Jeff Healey Band e Fleetwood Mac). *A Promessa* se converteu em grande hit, catapultando as vendas e fazendo a banda circular novamente com mais força. No entanto, a formação em quinteto não se sustentou para mais um disco – ao longo das gravações nos EUA, Gessinger já estava compondo as músicas que gravaria no ano seguinte com o Humberto Gessinger Trio.

Lado A
1. Hora do Mergulho (Gessinger)
2. A Perigo (Gessinger)
3. Simples de Coração (Gessinger)
4. Lance de Dados (Gessinger)
5. A Promessa (Gessinger, Casarin)
6. Por Acaso (Gessinger)

Lado B

7. Ilex Paraguariensis (Gessinger)
8. O Castelo dos Destinos Cruzados (Maltz, Horn, Lúcio)
9. Vícios de Linguagem (Gessinger)
10. Algo Por Você (Gessinger, Deluqui)
11. Lado a Lado (Gessinger, Casarin)

Gravado nos estúdios O'Henry's (Los Angeles) e Rock House (RJ). Produção: Greg Ladanyi

AGRADECIMENTOS

Um obrigado a:

Humberto Gessinger, Carlos Maltz e Augustinho Licks, por terem pavimentado esta highway.

Thais, por ter uma paciência que só o amor explica;

Aristeu, Iolanda, Iara e Mario, Ionara e Marcelo, Inara e Angelica, pelo apoio incondicional;

Xico, Valquiria e Renata, por estarem sempre perto;

Luciane, Paulo, Isadora, Emanuel e Ismael, por terem me encontrado no meio desse furacão.

Gustavo Guertler, Fernanda Fedrizzi e Patrícia Rodrigues, time incansável da Belas Letras.

Patrícia Rocha, motor de arranque desse projeto, e toda a equipe do 2° Caderno (ZH).

Emerson Gimenes, que sabe como poucos a arte de ser fã.

Andrews e Bola, por preservarem como ninguém a memória dos EngHaw.

Edvalci Nascimento, Ariston "Sal" Junior, Gislene Gómez e Leandro de Souza, pelos depoimentos que entraram;

Tirson Benarrós e Cristiana Queiroz, pelos depoimentos que não couberam.

Gordo Miranda; Rainer Steiner; Emilio Pacheco (maior HD interno da música gaúcha); Carlos Stein; Katia Suman; Dedé Ribeiro; Julio Reny; Sasha Cavalcante; Caco e Fernando Sommer, Eurico Salis; Terezinha, José Rogério e Afonso Licks; Patrícia de Oliveira e PAP Propriedade Intelectual; Carlo Pianta; Valdomiro Gomes Soares e Marpa Marcas e Patentes; Nei Lisboa; Carlos Magno; Nei Van Soria; Lucio

Dorfman; Mara Rabello; Lau Sampaio; Leo Henkin; Mauro Borba; Reinaldo Barriga; Cassio Araujo; Luiz Carlos Maluly; Luiz Paulo Fedrizzi; Álvaro Nascimento; Marcelo Sussekind; Adal Fonseca; Nilson Batista; Leandro Branchtein; Ilton Carangacci; Rogério Bondar; Airton Seligman; Renata, Marta e Leão Maltz (*in memoriam*); King Jim; Alexandre Master; Kenny Keating; Marta Peliçoli; Carmen Rial; Paulo Casarin; Dario Zalis; Jodele Larcher; Rosália e Casilda Gessinger pelas entrevistas.

Mariana Baptistella, Fabio Godoh, Julio Forster, Davi José da Silva, Saulo Henrique Caldas, Jean Marcel, Mauricio Zenzano, Richardson Tiburcio, Abina Rabina, Nando "Gessinger", Lindomar Aguiar, Sandro Trindade, Fabio Magela, Sérgio Lucena e muitos outros de fé que iluminaram esse caminho.

Juarez Fonseca, pelo exemplo que é e por sempre ser tão gentil e acessível.

Cristiano Bastos, por tudo o que faz pela nossa música.

Ana Cláudia Meira, pela análise.

André Albert e rede CouchSurfing, por terem me possibilitado estadia e pesquisas em São Paulo.

Paula Bianchi e seus colegas de apartamento, por terem me acolhido tão generosamente no Rio de Janeiro.

Biblioteca da PUCRS, em cujos computadores escrevi este livro, mesmo sem ter qualquer vínculo com a universidade.

E a todos que escaparam da minha memória, com sinceridade.

Leia o QR Code e conheça outros
títulos do nosso catálogo

@editorabelasletras
www.belasletras.com.br
loja@belasletras.com.br
54 99927.0276

2025 - 2 reimpressões
Este livro foi composto em Roboto e impresso pela gráfica Viena em janeiro de 2025.